Kohlhammer

W. W. WI-96

Wolfgang Fritz
Dietrich von der Oelsnitz

Marketing

Elemente marktorientierter
Unternehmensführung

2., überarbeitete und
erweiterte Auflage

Verlag W. Kohlhammer

Die Deutsche Bibliothek – CIP-Einheitsaufnahme

Fritz, Wolfgang:
Marketing : Elemente marktorientierter Unternehmensführung /
Wolfgang Fritz ; Dietrich von der Oelsnitz. - 2., überarb. und erw.
Aufl. - Stuttgart ; Berlin ; Köln : Kohlhammer, 1998
ISBN 3-17-015687-X

2., überarbeitete und erweiterte Auflage 1998

Alle Rechte vorbehalten
© 1996 W. Kohlhammer GmbH
Stuttgart Berlin Köln
Verlagsort: Stuttgart
Umschlag: Data Images GmbH
Gesamtherstellung:
W. Kohlhammer Druckerei GmbH + Co. Stuttgart
Printed in Germany

Vorwort zur ersten Auflage

Es gibt seit langem eine Reihe sehr guter und umfassender Marketing-Lehrbücher, unter denen die Texte von Kotler und Bliemel, Meffert sowie insbesondere Nieschlag, Dichtl und Hörschgen die auflagenstärksten im deutschsprachigen Raum sind. In ihren neuesten Auflagen erreichen die Lehrbücher dieser Kategorie meist einen Umfang von weit mehr als 1.000 Seiten didaktisch hervorragend aufbereiteten Lehrstoffs, der zuweilen, etwa in dem Grundlagenwerk von Berndt, sogar in mehreren Bänden präsentiert wird. Auch jene Bücher, die ursprünglich nur als kurze Einführungen in das Marketing gedacht waren, bewegen sich in ihren neuesten Auflagen auf ähnlich enzyklopädische Dimensionen zu. Demgegenüber besteht jedoch ein Mangel an kurzen Einführungstexten, die einen komprimierten Überblick über die Elemente moderner marktorientierter Unternehmensführung bieten.

Genau dies aber ist das Anliegen des vorliegenden Lehrbuchs, das einer Grundlagenvorlesung entspringt, die die Autoren seit 1993 an der Technischen Universität Braunschweig im Rahmen des Grundstudiums sowie an der Verwaltungs- und Wirtschaftsakademie Braunschweig halten. Die Zuhörerschaft setzt sich dabei überwiegend aus Studierenden zusammen, die noch kaum fachspezifische Vorkenntnisse besitzen. Die wiederholte Anfrage aus diesem Kreis nach einem kurzen, auch für Anfänger verständlichen Einführungstext hat uns zur Erstellung dieses Studienbuchs angeregt. Es richtet sich damit an Studierende an Universitäten, Fachhochschulen, Verwaltungs- und Wirtschafts- sowie Berufsakademien, die damit beginnen, sich die Begriffe und Konzepte unseres Fachs anzueignen, aber auch an Wirtschaftspraktiker und fachfremde Leser, die sich kurz und prägnant über den wesentlichen Inhalt der heutigen Marketing-Lehre informieren wollen.

Unser Buch heißt im Untertitel „Elemente marktorientierter Unternehmensführung". Damit wollen wir deutlich machen, daß modernes Marketing längst aus dem Stadium einer bloßen Absatzlehre hinausgelangt und mittlerweile zu einer Gesamtkonzeption der bewußt an Markterfordernissen orientierten Unternehmensführung geworden ist.

Um diese Schrift anzufertigen, mußten viele Personen tatkräftig zusammenwirken. Zu danken haben wir vor allem Frau Edeltraut Lilge, die den Hauptteil dieses Textes EDV-erfaßt hat, den Herren Dipl.-Kfm. Jens Effenberger und Dipl.-Kfm. Martin Kerner für die kritische Durchsicht des Manuskripts sowie Herrn Dipl.-Wirtschaftsinformatiker Stefan Bennemann, der mit seiner Umsicht und seinem Organisationstalent zur Bewältigung der technischen Probleme bei der Erstellung dieses Lehrbuchs maßgeblich beigetragen hat.

Zu danken ist ferner allen anderen wissenschaftlichen Hilfskräften, die den Großteil der Abbildungen erstellt haben, sowie Herrn Katzenmayer vom Kohlhammer-Verlag, der uns verständnisvoll betreut und mit sanfter Hand in die richtigen Bahnen gelenkt hat.

Braunschweig, im April 1996 *Wolfgang Fritz*
Dietrich von der Oelsnitz

Vorwort zur zweiten Auflage

Die Veröffentlichung eines einführenden Marketing-Lehrbuchs stellt heute für Autor und Verleger angesichts des gesättigten Lehrbuchmarkts ein Risiko dar. Um so erfreulicher ist es, wenn das neue Buch bereits zwei Jahre nach seinem Erscheinen vergriffen ist und die anhaltende Nachfrage eine weitere Auflage verlangt.

Auch in seiner zweiten Auflage ist dieses Lehrbuch als kurzer, komprimierter Einführungstext in das moderne Marketing-Management gedacht. Der Text wurde vollständig überarbeitet und dort, wo es uns erforderlich zu sein schien, aktualisiert und inhaltlich ergänzt (z.B. Relationship-Marketing; Multimedia-Kommunikation; Marketing-Implementierung; Marketing-Kontrolle). Darüber hinaus wurden Fehler beseitigt und Versäumnisse behoben (z.B. Messen und Ausstellungen). Besonderen Wert haben wir darauf gelegt, den Seitenumfang durch die Überarbeitung nicht wesentlich zu erhöhen.

Unser Dank gilt auch diesmal Herrn Dipl.-Wirtsch.-Inform. Stefan Bennemann, der erneut die technischen Probleme der Druckvorlage souverän gemeistert hat. Zu Dank verpflichtet sind wir auch Frau Dipl.-Wirtsch.-Psych. Antje Möllenberg, die den Text kritisch durchgesehen und durch viele Anregungen verbessert hat. Und schließlich danken wir Herrn Frank Katzenmayer für die anhaltende Unterstützung durch den Kohlhammer-Verlag.

Braunschweig und Ilmenau, *Wolfgang Fritz*
im Juli 1998 *Dietrich von der Oelsnitz*

Inhaltsübersicht

	Seite
Abbildungsverzeichnis	13
1. Einleitung	15
2. Allgemeine Grundlagen des Marketing	17
2.1. Begriffliche und konzeptionelle Grundlagen	17
2.1.1. Grundversionen des Marketing-Begriffs	17
2.1.2. Alternative Marketing-Konzeptionen	22
2.1.3. Der Erfolgsbeitrag einer marktorientierten Unternehmensführung	31
2.1.4. Die Aufgaben des Marketing-Managements	33
2.2. Die Marketing-Situation	34
2.2.1. Die Unternehmenssituation	34
2.2.2. Die Umweltsituation	38
2.2.2.1. Die Umwelt I	38
2.2.2.2. Die Umwelt II	40
2.3. Verhaltenswissenschaftliche Aspekte des Marketing	43
2.3.1. Das Kaufverhalten von Konsumenten	43
2.3.1.1. Typen und Phasen individueller Kaufentscheidung	43
2.3.1.2. Psychologische Ansätze zur Erklärung des Konsumentenverhaltens	48
2.3.1.3. Soziologische Ansätze zur Erklärung des Konsumentenverhaltens	59
2.3.2. Das Kaufverhalten von Organisationen	64

3. Marketing-Forschung ... 69
3.1. Begriff und Ziele der Marketing-Forschung ... 69
3.2. Allgemeine Aufgaben der Marketing-Forschung ... 72
3.2.1. Die fünf „Ds" der Marketing-Forschung ... 72
3.2.2. Die Datenerhebung ... 74
3.2.2.1 Grundformen der Datenerhebung ... 75
3.2.2.2. Sonderformen der Datenerhebung ... 78
3.2.3. Die Datenanalyse ... 81
3.3. Spezielle Aufgaben der Marketing-Forschung ... 84

4. Ziele und Basisstrategien des Marketing ... 86
4.1. Marketing-Ziele ... 86
4.1.1. Unternehmens- und Marketing-Ziele ... 86
4.1.2. Aspekte der Planung von Marketing-Zielen ... 88
4.2. Marketing-Basisstrategien ... 92
4.2.1. Begriff und Systematik ... 92
4.2.2. (Primär) Kundenorientierte Strategien ... 94
4.2.3. (Primär) Konkurrentenorientierte Strategien ... 99
4.2.4. Übergreifende Strategien: Strategische Partnerschaften ... 104

5. Instrumente der Absatzmarktgestaltung ... 109
5.1. Überblick ... 109
5.2. Produktpolitik ... 110
5.2.1. Der produktpolitische Gestaltungsbereich ... 110
5.2.2. Spezielle Aspekte der Produktpolitik ... 115
5.2.2.1. Produktinnovation ... 115
5.2.2.2. Produktmodifikation und -elimination ... 129
5.2.2.3. Produktmarkierung ... 133

5.3. Preispolitik 135
    5.3.1. Der preispolitische Gestaltungsbereich 135
    5.3.2. Spezielle Aspekte der Preispolitik 136
        5.3.2.1. Ansätze zur Preisbestimmung 136
        5.3.2.2. Dynamische Preispolitik 147
        5.3.2.3. Preisdifferenzierung 150
        5.3.2.4. Produktübergreifende Preispolitik 151

5.4. Distributionspolitik 153
    5.4.1. Der distributionspolitische Gestaltungsbereich 153
    5.4.2. Spezielle Aspekte der Distributionspolitik 156
        5.4.2.1. Die Wahl des Absatzwegs 156
        5.4.2.2. Aspekte der Absatzwegesteuerung 159
        5.4.2.3. Die Außendienstgestaltung 164

5.5. ✓Kommunikationspolitik 172
    5.5.1. Der kommunikationspolitische Gestaltungsbereich 172
    5.5.2. Spezielle Aspekte der Kommunikationspolitik 173
        5.5.2.1. Werbung 173
        5.5.2.2. Verkaufsförderung (Sales Promotion) 180
        5.5.2.3. Öffentlichkeitsarbeit (Public Relations) 180
        5.5.2.4. Messen und Ausstellungen 181
        5.5.2.5. Product Placement 183
        5.5.2.6. Sponsoring 185
        5.5.2.7. Event-Marketing 188
        5.5.2.8. Multimedia-Kommunikation 189
        5.5.2.9. Integrierte Kommunikation 191

5.6. Marketing-Mix 192
    5.6.1. Das Problem der Kombination absatzpolitischer
        Instrumente 192
    5.6.2. Ausgewählte Problemlösungsansätze 193
        5.6.2.1. Verfahren der Grobauswahl 193

		5.6.2.2. Ansätze zur Feinauswahl 195

           5.6.2.2. Ansätze zur Feinauswahl 195
           5.6.2.3. Praktikerregeln 196

6. Marketing-Implementierung 197

    6.1. Das Grundproblem der Verankerung des Marketing im Unternehmen 197

        6.1.1. Die Verankerung des Marketing in der Unternehmenskultur 197

        6.1.2. Die Verankerung des Marketing in der Organisationsstruktur 198

    6.2. Relevante Formen der Marketing-Organisation 200

        6.2.1. Produktmanagement 201

        6.2.2. Kategoriemanagement 203

        6.2.3. Kunden- bzw. Marktmanagement 204

    6.3. Kundenorientiertes Prozeßmanagement und Business Reengineering.. 206

7. Marketing-Kontrolle 209

    7.1. Der Gegenstandsbereich der Marketing-Kontrolle 209

    7.2. Formen der Marketing-Kontrolle 210

        7.2.1. Ergebnisorientierte Marketing-Kontrolle 210

        7.2.2. Marketing-Audit 211

        7.2.3. Strategische Überwachung 212

Literaturverzeichnis 214

Stichwortverzeichnis 228

Abbildungsverzeichnis

		Seite
Abb. 1:	Unterschiede zwischen der MARKETING$_1$- und der MARKETING$_2$-Version	21
Abb. 2:	„Broadening" und „Deepening" des Marketing	23
Abb. 3:	Beispiel einer unternehmerischen Sozio-Marketing-Kampagne	26
Abb. 4:	Der Erfolgsbeitrag der Marktorientierung	32
Abb. 5:	Die Aufgaben des Marketing-Managements	34
Abb. 6:	Das Selbstverständnis deutscher Industrieunternehmen	36
Abb. 7:	Einflußfaktoren des Kaufverhaltens von Konsumenten	47
Abb. 8:	Der Zusammenhang zwischen Aktivierung und Leistung	53
Abb. 9:	Prägnante und weniger prägnante Markenzeichen	58
Abb. 10:	Der Einfluß der sozialen Schicht auf die Wahrnehmung von Konsumangeboten	61
Abb. 11:	Die Barbie-Puppe in Japan und den USA	63
Abb. 12:	Modell des organisationalen Kaufverhaltens nach Webster/Wind	66
Abb. 13:	Gegenstandsbereich der Marketing-Forschung	71
Abb. 14:	Prozeßphasen der Marketing-Forschung	73
Abb. 15:	Vor- und Nachteile der drei „klassischen" Formen der Befragung	77
Abb. 16:	Multivariate Verfahren und typische Fragestellungen in der Marketing-Forschung	83
Abb. 17:	Ziele von Industrieunternehmen	87
Abb. 18:	Zielbeziehungen in deutschen Industrieunternehmen	90

Abb. 19:	Kategorien von Marketing-Basisstrategien	93
Abb. 20:	Undifferenziertes, differenziertes und konzentriertes Marketing	98
Abb. 21:	Strategische Allianzen in der Telekommunikationsbranche	107
Abb. 22:	Typische Nutzenstruktur verschiedener Produktkategorien und Ansatzpunkte für eine Nutzenerweiterung	112
Abb. 23:	Programmbreite und Programmtiefe	114
Abb. 24:	Vereinfachtes Beispiel eines morphologischen Kastens	118
Abb. 25:	Scoring-Modell	122
Abb. 26:	Break-Even-Analyse	123
Abb. 27:	Verschiedene Adoptertypen	128
Abb. 28:	Ein erweitertes Konzept des Produktlebenszyklus	131
Abb. 29:	Verschiedene Markentypen	135
Abb. 30:	Elemente des Zielkostenmanagements („Target Costing")	141
Abb. 31:	Preissenkung im elastischen und unelastischen Bereich einer Preis-Absatz-Funktion (PAF)	143
Abb. 32:	Umsatzwirkungen einer Preisänderung bei verschiedenen Preiselastizitäten	144
Abb. 33:	Abschöpfungs- und Penetrationsstrategie	147
Abb. 34:	Verschiedene Absatzkanäle	157
Abb. 35:	Entscheidungskriterien der Absatzkanalpolitik	158
Abb. 36:	Typische Zieldivergenzen zwischen Hersteller und Handel	160
Abb. 37:	Modell des kritischen Umsatzes	167
Abb. 38:	Formen der Steuerung eines Verkaufsaußendienstes	171
Abb. 39:	Schritte bei der Werbeplanung und -realisierung	174
Abb. 40:	„Projekt Zukunft" der Technischen Universität Braunschweig	186
Abb. 41:	Das Produktmanagement als Matrix-Organisation	202
Abb. 42:	Kundengruppenorientierte Marketing-Organisation	205

1. Einleitung

Marketing ist, im Gegensatz zu einer populären Meinung, weit mehr als nur Werbung. Marketing wird heute gleichgesetzt mit marktorientierter Unternehmensführung. Dies bedeutet, daß wesentliche betriebliche Funktionen, wie z.B. Forschung und Entwicklung, Beschaffung, Produktion und Vertrieb, konsequent auf die Anforderungen des Absatzmarkts hin ausgerichtet werden müssen. Diese betrieblichen Aktivitäten haben dann im Dienste einer umfassenden Kunden- und Wettbewerbsorientierung des Unternehmens zu stehen.

Die wissenschaftliche Forschung zeigt, daß das **Marketing** zu den **wichtigsten Quellen des Unternehmenserfolgs** zählt. Zusammen mit der Produktions- und Kostenorientierung sowie der Mitarbeiterorientierung sichert die Marktorientierung den Erfolg von Industrieunternehmen nachhaltig. Erforderlich dazu ist insbesondere eine harmonische Abstimmung des Marketing mit dem Produktions- und Kostenmanagement sowie der Mitarbeiterführung. Werden die Absatzmärkte eines Unternehmens enger, wie es heute vielfach der Fall ist, dann wird das Marketing sogar zum wichtigsten Erfolgsfaktor der Unternehmensführung. Auch dies belegt die Forschung (vgl. Fritz 1995a, S. 330).

Angesichts dieser recht eindeutigen wissenschaftlichen Erkenntnis überrascht es, daß das Marketing in der Wirtschaftspraxis teilweise auf Zurückhaltung stößt. So glauben manche Unternehmen (nicht nur) in der Investitionsgüterindustrie, allein ihre Technologiekompetenz reiche aus, um im Wettbewerb zu bestehen. Andere Firmen suchen Absatzerfolge durch einseitig auf Kosteneinsparung fixierte Business-Reengineering-Programme zu sichern. In beiden Fällen setzen sich die Unternehmen einem erheblichen Risiko aus, denn sie vernachlässigen den **Kunden**, der aber letztlich über ihren Markterfolg entscheidet. Und sie unterschätzen das Marketing, dessen besondere Kompetenz es gerade ist, für eine möglichst große Kundennähe des Unternehmens zu sorgen. Unternehmen können daher auf das Marketing nicht verzichten. Sie müssen in vielen Fällen Marketing sogar intensiver und konsequenter praktizieren, um im Wettbewerb auf Dauer erfolgreich zu sein.

Die grundlegenden Ansatzpunkte für eine konsequent marktorientierte Unternehmensführung werden in diesem Buch verdeutlicht. Ausgegangen wird dabei von begrifflich-konzeptionellen und verhaltenswissenschaftlichen **Grundlagen** des Marketing (Abschnitt 2.).

Nach deren Erarbeitung steht zunächst die **Marketing-Forschung** im Vordergrund, deren Funktion es ist, Informationen zur Planung und Kontrolle der Marketing-Konzeption des Unternehmens bereitzustellen (Abschnitt 3.).

Die zur inhaltlichen Gestaltung der Marketing-Konzeption erforderlichen Entscheidungen umfassen zuerst die Bestimmung der **Marketing-Ziele**, d.h. der aus der Sicht des Marketing erwünschten Situationen, sowie die Wahl geeigneter **Marketing-Strategien**, die den langfristigen Korridor der Zielverfolgung festlegen (Abschnitt 4.).

Nach Maßgabe der Ziele und Strategien des Marketing bedarf es dann der Planung, Auswahl und Realisation konkreter **Marketing-Maßnahmen** der Produkt-, Preis-, Kommunikations- und Distributionspolitik, um die übergeordneten Vorgaben auch tatsächlich zu erreichen (Abschnitt 5.).

Zugleich sind meist auch Anpassungen im Bereich der Organisationsstruktur und der Unternehmenskultur erforderlich, um das Marketing im Unternehmen zur vollen Entfaltung zu bringen; daher wird auch auf die **Marketing-Implementierung** eingegangen (Abschnitt 6.).

Ob die gewählten Maßnahmen zur Umsetzung der Marketing-Konzeption den gewünschten Erfolg erzielt haben, bedarf der genauen Überprüfung. Dies ist die Aufgabe der **Marketing-Kontrolle** (Abschnitt 7.).

Diese grundlegenden Aufgaben des Marketing-Managements eines Unternehmens sowie die Ansatzpunkte zu ihrer Bewältigung werden in diesem Lehrbuch vorgestellt.

2. Allgemeine Grundlagen des Marketing

2.1. Begriffliche und konzeptionelle Grundlagen

2.1.1. Grundversionen des Marketing-Begriffs

Der Begriff „**Marketing**" leitet sich vom Stammbegriff „market" („Markt") ab. Dieser ist in den verschiedenen Fachdisziplinen der Ökonomie allerdings nicht immer mit dem gleichen Inhalt gefüllt. Während die *Volkswirtschaftslehre* als Markt den Ort des Zusammentreffens von Angebot und Nachfrage kennzeichnet, versteht die *Betriebswirtschaftslehre* unter einem Markt häufig die Gesamtheit aller Kaufinteressenten für ein Produkt – ein Sprachgebrauch, der auch von der Wirtschaftspraxis oft übernommen wird. Wenn also im Wirtschaftsteil einer Zeitung zu lesen ist, daß sich maßgebliche Verbandsfunktionäre zufrieden mit der „diesjährigen Marktentwicklung" zeigen, dann bringt diese Formulierung häufig nichts anderes als die unternehmerische Genugtuung über einen steigenden Verkauf zum Ausdruck. Der Begriff „Markt" verkürzt sich in dieser Sichtweise auf die Kunden und den Absatz von Unternehmen.

Diese absatzmarktbezogene Perspektive kennzeichnet auch ein weit verbreitetes Grundverständnis des Marketing-Begriffs. Insgesamt aber lassen sich mindestens **drei grundlegende Begriffsversionen** unterscheiden, nämlich das Marketing als Absatzpolitik von Unternehmen, das Marketing als marktorientierte Unternehmensführung und das Marketing als Management von Austauschprozessen und -beziehungen (vgl. Fritz 1995b, S. 8 f.; ders. 1995c).

a) **Marketing als Absatzpolitik von Unternehmen („MARKETING$_0$")**

Die älteste, jedoch auch heute noch vielfach vertretene Auffassung identifiziert das Marketing mit der **Absatzwirtschaft** bzw. der **Absatzpolitik** eines Unternehmens (vgl. Engelhardt 1993, Sp. 18). Damit ist jene spezielle betriebliche Funktion gemeint, die in der marktlichen Verwertung der Sach- und Dienstleistungen eines Unternehmens besteht (Leistungsverwertung). Diese Funktion ist anderen betrieblichen Funktionen teils unter-, teils gleichgeordnet, etwa der Führung, der Beschaffung, der Produktion (Leistungserstellung), der Finanzierung und der Kontrolle (vgl. Gutenberg 1958, S. 23).

Dieser Sichtweise entstammt der Entwurf eines absatzpolitischen Instrumentariums, das die verschiedenen Mittel und Möglichkeiten eines Unternehmens bezeichnet, die Vorgänge auf seinem Absatzmarkt zu gestalten (vgl. Gutenberg 1958, S. 85 ff.). Heutzutage werden meist **vier Kategorien absatzpolitischer Instrumente** unterschieden (vgl. z.B. Meffert 1998, S. 317 ff.; Nieschlag/Dichtl/Hörschgen 1997, S. 21):

- die **Produkt- und Programmpolitik** (z.B. Produkt- und Verpackungsgestaltung; Markenbildung; Kundendienst; Angebotsprogramm);
- die **Preispolitik** (z.B. Preiskalkulation; Rabatte; Zahlungsbedingungen; Kreditgewährung);
- die **Distributionspolitik** (z.B. Absatzwegewahl; Gestaltung des Vertriebssystems; persönlicher Verkauf; Distributionslogistik);
- die **Kommunikationspolitik** (z.B. Werbung; Verkaufsförderung; Öffentlichkeitsarbeit; Messen und Ausstellungen, Sponsoring; Product Placement; Event-Marketing; Multimedia-Kommunikation).

Diese absatzpolitischen Instrumente bilden auch wesentliche Bestandteile moderner Marketing-Versionen. Sie werden dort jedoch in einen größeren Zusammenhang als den der betrieblichen Absatzfunktion gestellt.

b) Marketing als marktorientierte Unternehmensführung („MARKETING$_1$")

Marketing wird heutzutage häufig mit **marktorientierter Unternehmensführung** gleichgesetzt (vgl. Engelhardt 1993, Sp. 18; Fritz 1995a, S. 32 f.) Dies bedeutet speziell für die westlichen Industrienationen, in denen der Absatz meist den dominanten Engpaß des unternehmerischen Handelns bildet, daß alle betrieblichen Funktionen (insbesondere Forschung und Entwicklung, Beschaffung, Produktion, Vertrieb) konsequent auf die Anforderungen des Absatzmarkts hin ausgerichtet werden müssen. **Alle** betrieblichen Aktivitäten, und nicht nur die der Absatzpolitik, stehen dann im Dienste einer umfassenden **Kunden-**

und Wettbewerbsorientierung des Unternehmens (vgl. Backhaus 1997, S. 8). Die oben erwähnten absatzpolitischen Instrumente kommen dann im Rahmen einer umfassenderen marktbezogenen Gesamtkonzeption der Unternehmensführung zum Einsatz.

Vor diesem Hintergrund ist es die zentrale Aufgabe des Managements eines Unternehmens, die Wettbewerber dauerhaft darin zu übertreffen, Kundenwünsche zu erkennen und zu erfüllen. Dazu bedarf es insbesondere der systematischen Analyse der Kundenbedürfnisse und der Konkurrenzangebote, der Entwicklung eigener Leistungsangebote, mit denen ein Wettbewerbsvorteil erzielt werden kann, der Kommunikation des Leistungsvorteils im Kreise der aktuellen und potentiellen Kunden sowie der Beachtung der technischen, ökonomischen, politisch-rechtlichen, demographischen und gesellschaftlichen Rahmenbedingungen des Anbieter- und Nachfragerverhaltens (vgl. Engelhardt 1993, Sp. 19). Darüber hinaus ist vielfach auch die Anpassung der unternehmensinternen Prozesse, der Unternehmenskultur und der Organisationsstruktur an die Erfordernisse des Markts notwendig (vgl. hierzu Abschnitt 6.).

c) **Marketing als Management von Austauschprozessen und -beziehungen ("MARKETING$_2$")**

Versteht man Marketing als einen Prozeß der **Herbeiführung und Gestaltung von Austauschprozessen und -beziehungen** (vgl. Kotler/ Bliemel 1995, S. 7), so ergibt sich daraus die wohl umfassendste denkbare Marketing-Perspektive. In dieser Sicht können nämlich sowohl Einzelpersonen und Personengruppen als auch Organisationen jeder Art Marketing betreiben. Unter dem zuletzt genannten Aspekt kommen nicht nur erwerbswirtschaftliche Betriebe (Unternehmen) in Betracht (**Business-** oder **kommerzielles Marketing**), sondern auch nichterwerbswirtschaftliche Institutionen, wie z.B. Gebietskörperschaften, Parteien, Kirchen, Theater (**Non-Business-** oder **nicht-kommerzielles Marketing**). Die zu gestaltenden Austauschvorgänge können sich zum einen organisationsintern vollziehen (**internes Marketing**) oder aber im organisationsexternen Bereich (**externes Marketing**) etwa mit Partnern auf Absatz- und Beschaffungsmärkten oder in der allgemeinen Öffentlichkeit stattfinden (**Absatz-**, **Beschaffungs-** und **Public Marketing**; vgl. Raffée/Fritz/Wiedmann 1994, S. 45). Steht die Gestaltung von Austauschphänomenen speziell im Dienste der Lösung sozialer Probleme, so spricht man von **Social-** oder **Sozio-Marketing** (vgl. ebenda, S. 37). Ein austauschorientiertes Marketing umfaßt die Gestaltung kurzfristiger **Transaktionen** ebenso wie das Management langfristiger **Beziehungen** mit den Austauschpartnern im Sinne des Relationship-Marketing (vgl. Meffert 1995, Sp. 1474; ders. 1998, S. 24 f.). Diese umfassende Begriffsversion des Marketing konkretisiert sich in verschiedenen Marketing-Konzeptionen, auf die im Abschnitt 2.1.2. näher eingegangen wird.

Die auf der Grundlage der Austauschidee vorgenommene erhebliche Ausweitung der Marketing-Perspektive ist nicht unumstritten (vgl. Engelhardt 1993, Sp. 22). Dennoch hat sich das Marketing nicht nur im Bereich der Unternehmen, sondern z.B. auch in dem der Non-Profit-Organisationen und der öffentlichen Betriebe durchaus bewährt (vgl. Kotler 1978; Raffée/Fritz/Wiedmann 1994).

Die wesentlichen **Unterschiede** zwischen den beiden heutzutage relevanten Marketing-Versionen sind in Abbildung 1 zusammengefaßt. Während die MARKETING$_1$-Version die Kunden- und die Wettbewerbsorientierung als grundlegende Leitideen betont und damit das Absatzmarketing von Unternehmen als den Handlungsschwerpunkt herausstellt, richtet sich die MARKETING$_2$-Version, wie erwähnt, auf die Gestaltung von Austauschprozessen und -beziehungen zum einen mit betriebsinternen Personen (internes Marketing) und zum anderen mit betriebsexternen Partnern auf Absatz- und Beschaffungsmärkten sowie in der allgemeinen Öffentlichkeit (externes Marketing in Gestalt des Absatz-, Beschaffungs- und Public Marketing). Die dadurch erzeugte interessenpluralistische Perspektive verlangt vom Marketing eine Ausrichtung des Handelns an den Bedürfnissen, Erwartungen und Forderungen aller relevanten Anspruchsträger (**Gratifikationsorientierung**) und nicht nur eine Orientierung an den Wünschen der Leistungsabnehmer (**Kundenorientierung**). Da aber vielfach die Interessen der Lieferanten, Geldgeber, Eigentümer, Manager, Kunden und der allgemeinen Öffentlichkeit nicht konvergieren werden, muß sich das Marketing nach der wichtigsten Interessenlage richten, die zugleich den dominanten Engpaß bildet, dem sich die Institution gegenübersieht (**Engpaßorientierung**).

Sollten zwei oder mehr verschiedene Interessenlagen bzw. Engpässe gleichzeitig vorherrschen, so fällt dem Marketing die Aufgabe einer Harmonisierung der Interessen oder Ausbalancierung der Engpässe zu („Gleichgewichts-Marketing"; vgl. Raffée 1979, S. 5). Z.B. im Bereich öffentlicher Institutionen (z.B. Universitäten; Krankenhäuser) dürfte dies der Regelfall sein, da diese oft mit einer Situation knapper personeller, finanzieller und sachlicher Ressourcen ebenso konfrontiert sind wie mit Engpässen im Absatzbereich und einer allgemein kritischen Einstellung der Öffentlichkeit.

Versionen Merkmale	MARKETING$_1$	MARKETING$_2$
Leitideen	Kunden- und Wettbewerbs-orientierung (primär)	Gratifikations-orientierung Engpaß-orientierung Gesellschafts-orientierung
Aktionsbereiche	Absatzmarketing (primär)	Absatz-, Beschaffungs- und Public Marketing internes und externes Marketing Transaktionen und Beziehungen
Subjekte bzw. Träger	kommerzielle Institutionen (Unternehmen)	kommerzielle und nichtkommerzielle Institutionen, Personen

Abb. 1: Unterschiede zwischen der MARKETING$_1$- und der MARKETING$_2$-Version (vgl. Fritz 1995c, S. 8)

Um die wichtigen Entwicklungen in Öffentlichkeit und Gesellschaft zu registrieren und zu nutzen, bedarf es neben der Gratifikations- und Engpaßorientierung einer weiteren Leitidee, die für die MARKETING$_2$-Version charakteristisch ist: der erweiterten **Umweltorientierung** oder **Gesellschaftsorientierung**, die auch die Idee der sozialen Verantwortung umfaßt (vgl. Raffée/Fritz/Wiedmann 1994, S. 48 f.).

All dies macht deutlich, daß die MARKETING$_2$-Version eine erhebliche Erweiterung der MARKETING$_1$-Version darstellt, d.h. letztere als Spezialfall umfaßt. Dies wird noch dadurch unterstrichen, daß sich – wie erwähnt – die MARKETING$_2$-Version als Orientierungskonzept nicht nur für kommerzielle Institutionen, d.h. Unternehmen, eignet, sondern auch für nichtkommerzielle Organisationen und für natürliche Personen, die damit ebenfalls Subjekte einer Marktorientierung werden können (vgl. Fritz 1995c).

Der Begriff „**marktorientierte Unternehmensführung**" läßt sich vor dem Hintergrund der MARKETING$_2$-Version definieren als das *Management von Austauschprozessen und -beziehungen mit unternehmensinternen und -externen Partnern, insbesondere mit Partnern auf Absatz- und Beschaffungsmärkten sowie im Bereich der allgemeinen Öffentlichkeit* (vgl. Raffée/Fritz/Wiedmann 1994, S. 45). Dies erweitert den Blickwinkel der MARKETING$_1$-Version ganz erheblich.

In der Wirtschaftspraxis wird der Marketing-Begriff jedoch meist nicht in diesem umfassenden Sinne verwendet, sondern in der Regel auf den unternehmensexternen Bereich eingeschränkt, insbesondere auf die Gestaltung der Austauschbeziehungen zu den Partnern auf dem Absatzmarkt (vgl. Fritz 1995a, S. 14). Obwohl dieses praxisorientierte Marketing-Verständnis konzeptionell zu kurz greift, trägt ihm das vorliegende Lehrbuch durch eine entsprechende Schwerpunktsetzung bei der Stoffauswahl Rechnung. Zuvor aber soll die gesamte konzeptionelle Spannweite des modernen Marketing verdeutlicht werden.

2.1.2. Alternative Marketing-Konzeptionen

Eine **Marketing-Konzeption** stellt einen umfassenden, gedanklichen Entwurf dar, der sich an einer Leitidee bzw. an bestimmten Richtgrößen (Zielen) orientiert und grundlegende Handlungsrahmen (Strategien) wie auch die notwendigen operativen Handlungen (Instrumenteneinsatz) zu einem schlüssigen Plan zusammenfaßt (vgl. Becker 1998, S. 5). In der Marketing-Wissenschaft sind zahlreiche unterschiedliche Marketing-Konzeptionen entworfen worden, die aber nicht immer zu ganzheitlichen, d.h. Ziele, Strategien und Maßnahmen integrierenden Handlungsorientierungen ausgearbeitet worden sind. Die wichtigsten dieser Konzeptionen sollen im folgenden kurz skizziert werden.

a) Kommerzielles Marketing

Das Marketing ist im Bereich der privatwirtschaftlichen Unternehmen entstanden. Wird Marketing von diesen Unternehmen zur Realisation kommerzieller Ziele (z.B. Umsatz, Gewinn, Deckungsbeitrag) eingesetzt, dann sprechen wir vom **kommerziellen Marketing** oder **Business Marketing** (vgl. Raffée 1974, S. 106 ff.). Marketing ist dann, sofern es sich nicht nur auf die Steuerung der Absatzfunktion beschränkt, zugleich identisch mit marktorientierter Unternehmensführung, deren Inhalt in diesem Buch noch ausführlich erläutert werden wird.

Angesichts des Erfolgs, den das kommerzielle Marketing zu verzeichnen hat, sind schon vor Jahrzehnten Versuche unternommen worden, die marktorientierte Denkhaltung insbesondere auf nicht-kommerzielle Institutionen zu übertragen und damit den Gegenstandsbereich des Marketing zu erweitern („**Broadening**" des Marketing). Daneben wurden Konzeptionen entworfen, die das an kommerziellen Interessen ausgerichtete Zielsystem des Marketing kritisch überprüfen und durch eine stärkere Berücksichtigung humanitärer, sozialer und ökologischer Aspekte vertiefen sollten („**Deepening**" des Marketing). Abbildung 2 verdeutlicht diesen Vorgang.

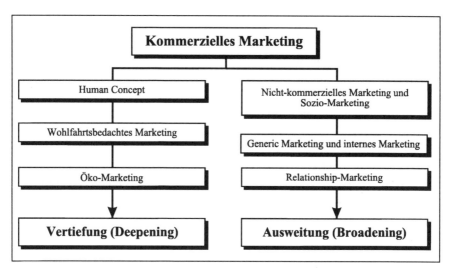

Abb. 2: „Broadening" und „Deepening" des Marketing

b) Nicht-kommerzielles Marketing

Nicht-kommerzielles Marketing stellt das Marketing nicht-unternehmerischer Betriebe dar, die eben nicht aus erwerbswirtschaftlichem Eigeninteresse handeln und deshalb z.B. nicht nach Gewinn streben, sondern vor allem gesellschaftsorientierte bzw. soziale Funktionen wahrnehmen (vgl. Raffée 1974, S. 199 ff.; ders. 1976). Analog bezeichnet man diese Form des Marketing auch als **Non-Business-Marketing** oder **Non-Profit-Marketing** (vgl. Raffée/Wiedmann 1995). Wesentlich geprägt wurde dieser Ansatz von Kotler, der davon ausgeht, daß viele nicht-erwerbswirtschaftliche Institutionen vor ähnlichen Problemen stehen wie gewinnorientierte Unternehmen. So müssen sich z.B. auch Kirchenvertreter, Museumsdirektoren, Universitätspräsidenten, Bibliotheksleiter sowie Stiftungs- und Vereinsvorstände überlegen, wie sie die Allgemeinheit für ihr „Produkt" interessieren können (vgl. Kotler 1978).

Das Non-Business-Marketing wird dementsprechend vor allem von **Non-Profit-Organisationen** betrieben. Dies können zum Beispiel sein:

- öffentliche Verwaltungen (z.B. Universitäten, Polizei, Bundeswehr, Stadtverwaltungen, Ministerien);
- soziale Einrichtungen und Stiftungen (z.B. Deutsches Rotes Kreuz, Altershilfe, Aktion Sorgenkind);
- Umweltschutzorganisationen (z.B. World Wildlife Fund, Greenpeace);
- religiöse Institutionen (z.B. Kirchen, sonstige Glaubensgemeinschaften);
- kulturelle Organisationen (z.B. Theater, Bibliotheken, Museen);
- politische Institutionen (z.B. Parteien, Gewerkschaften, Verbände).

Einen Sonderfall stellen öffentliche bzw. gemischt-öffentliche Unternehmen dar, deren Zielsetzung sowohl kommerzielle als auch nicht-kommerzielle Akzente aufweist (vgl. Raffée/Fritz/Wiedmann 1994, S. 21 f., 37).

c) Sozio-Marketing

Das Sozio-Marketing (synonym: Social Marketing) existiert in zwei Ausprägungen (vgl. Wiedmann/Raffée 1995):

(1) Das **Sozio-Marketing im engeren Sinne** ist durch eine *institutionenspezifische* Sichtweise gekennzeichnet. Dementsprechend fällt hierunter das *Marketing aller sozialen Organisationen*, d.h. solcher Insti-

tutionen, deren Hauptziel in der Erfüllung einer sozialen Aufgabe besteht (vgl. Bruhn/Tilmes 1994, S. 23). Sozio-Marketing liegt mithin dann vor, wenn z.B. das Deutsche Rote Kreuz seinen gesellschaftlichen Einfluß dadurch nutzt, daß es mehrmals im Jahr um karitative Spenden wirbt. In dieser Perspektive stellt das Sozio-Marketing lediglich einen Spezialfall des nicht-kommerziellen Marketing dar und bietet insofern nichts Neues.

(2) Demgegenüber beruht das **Sozio-Marketing im weiteren Sinne** auf einer *problem- bzw. tätigkeitsorientierten* Sichtweise. Sozio-Marketing im weiteren Sinne ist dann das *Marketing für aktuelle soziale Ziele oder Ideen*; es umfaßt somit – unabhängig von einer spezifischen Institution – alle Marketing-Aktivitäten, die der Förderung aktueller gesellschaftlicher bzw. sozialer Belange dienen. Dazu zählen nicht nur die Maßnahmen des nicht-kommerziellen Sozio-Marketing, sondern auch die sozialen Aktivitäten privatwirtschaftlicher Unternehmen bis hin zu ihrem Sozio-Sponsoring (vgl. Abschnitt 5.5.2.5.), d.h. der Bereich des kommerziellen Sozio-Marketing (Raffée/Wiedmann/Abel 1983).

Abbildung 3 zeigt, wie das Unternehmen Siemens vor einigen Jahren eine Anzeigenkampagne wider die gesellschaftliche Intoleranz gegenüber Ausländern durchgeführt hat. Das Marketing eines Großunternehmens der Privatwirtschaft stand in diesem Fall auch im Dienste der Förderung eines öffentlichen Anliegens.

Dieses Beispiel verdeutlicht einen Fall des **kommerziellen Sozio-Marketing** und zugleich auch des wohlfahrtsbedachten Marketing von Unternehmen (s.u. Punkt g). Weitere Beispiele hierfür liefern die spektakulären Spendenaufrufe des „Stern" zur Rußlandhilfe, das Mäzenatentum einzelner Unternehmerpersönlichkeiten (z.B. Otto-Beisheim-Stiftung; Körber-Stiftung) sowie die diversen Öko-Sponsoring-Aktivitäten vieler Großunternehmen (z.B. die „Aktion Wattenmeer" von IBM).

Abb. 3: Beispiel einer unternehmerischen Sozio-Marketing-Kampagne (Die Zeit vom 25.12.1992)

d) Generic Concept of Marketing

Den Hintergrund der austauschorientierten Definition des Marketing („MARKETING$_2$"; vgl. Abschnitt 2.1.1.) bildet das **Generic Concept of Marketing** von Kotler, das einen hohen Grad an Allgemeingültigkeit unter den Marketing-Konzeptionen für sich in Anspruch nehmen kann (vgl. Raffée 1974, S. 111 f.). Das Objekt des Marketing stellen in dieser Sicht sämtliche „Werttransaktionen" zwischen sozialen Einheiten dar, d.h. sämtliche Austauschvorgänge von Gütern, Geld, Zeit, Energie und Gefühlen zwischen verschiedenen Parteien, seien dies Einzelpersonen, Personengruppen oder Institutionen (vgl. Kotler 1976, S. 234). Zugleich sind in dieser allgemeinen Sicht nicht nur die Austauschvorgänge mit der Umwelt, sondern auch alle organisationsinternen Austauschprozesse angesprochen.

Kotler spricht dementsprechend von einem **externen Marketing** einerseits, einem **internen Marketing** andererseits (ebenda, S. 232).

Durch die Bezugnahme auf Sachverhalte wie z.B. Zeit, Energie und Gefühle überwindet das Generic Concept die enge ökonomische und rein absatzpolitische Perspektive eines herkömmlichen Marketing-Verständnisses ganz erheblich. Darüber hinaus richtet es den Blick auf die organisationsinternen Basisbedingungen und Vorgänge des Marketing, die sehr lange vernachlässigt worden sind. Gerade diese Perspektive des internen Marketing hat sich als außerordentlich fruchtbar erwiesen und ist in jüngerer Zeit verstärkt zum Gegenstand der Erkenntnisbemühungen geworden (s.u. Punkt e).

e) Internes Marketing

Internes Marketing ist die Übertragung des externen, d.h. auf unternehmensfremde Zielgruppen bezogenen, Marketing-Konzepts auf die Gestaltung innerbetrieblicher Austauschprozesse. Es kann deshalb auch als eine Erweiterung (Broadening) des herkömmlichen kommerziellen Marketing-Konzepts aufgefaßt werden. Diese Erweiterung findet heute in dreierlei Hinsicht statt (vgl. Stauss 1995, Sp. 1046 ff.):

(1) Im Rahmen des **personalorientierten internen Marketing** wird internes Marketing vor allem als Methode zur innerbetrieblichen Durchsetzung einer mit Blick auf den externen Kunden konzipierten Marketing-Strategie begriffen. Im Mittelpunkt steht hier die Sicherstellung eines kundenfreundlichen Mitarbeiterverhaltens (vgl. Stauss/Schulze 1990, S. 152 f.; Stauss 1995, Sp. 1048 f.). Dies ist vor allem im persönlichen Verkauf sowie in der Erbringung persönlicher Dienstleistungen wichtig, bei denen die konkrete Leistung des Anbieters erst in einem unmittelbaren Interaktionsprozeß mit dem Kunden entsteht. Als Instrumente für eine demgemäße Verhaltenssteuerung der Mitarbeiter stehen neben dem absatzmarktorientierten Einsatz personalpolitischer Instrumente (z.B. Personalauswahl und -entwicklung) verschiedene Maßnahmen der Kommunikationspolitik (z.B. Trainings, an Mitarbeiter gerichtete Public-Relations-Maßnahmen) zur Verfügung.

(2) Das **Marketing interner Leistungen** soll sicherstellen, daß ein kundenorientiertes Denken auch in die Gestaltung innerbetrieblicher Vorgänge und insbesondere in die Produktion interner Leistungen systematisch einfließt. Ausgehend von den Anforderungen des Absatz-

markts werden dazu innerbetriebliche Kunden-Lieferanten-Beziehungen erzeugt, die gewährleisten sollen, daß sich jeder Mitarbeiter bzw. jede Abteilung an den Ansprüchen der Abnehmer der eigenen Leistung, der internen Kunden, orientiert (**kundenorientiertes Prozeßmanagement**). Das Marketing greift damit eine Grundidee des *Total-Quality-Management-Konzepts* auf (vgl. Hentze et al. 1993, S. 196 ff.; v. d. Oelsnitz 1992). Darüber hinaus können jene organisatorischen Einheiten, die ein abgrenzbares Servicespektrum anbieten (z.B. Forschung und Entwicklung, Datenverarbeitung, Marktforschung), ihr Angebot kundenorientiert weiterentwickeln und ihre Leistungsfähigkeit im Unternehmen, z.B. mit Hilfe kommunikationspolitischer Maßnahmen, gezielt nachweisen. Dies erhöht ihre Legitimation insbesondere dann, wenn die Unternehmensleitung eine Fremdvergabe (Outsourcing) der betreffenden Leistungen in Betracht zieht (**abteilungs- oder funktionsbezogenes Leistungs-Marketing**; vgl. Stauss 1995, Sp. 1052).

(3) Im Rahmen des **kooperationsinternen Marketing** schließlich wird der Blick auf die Steuerung größerer Unternehmensverbindungen, z.B. einer strategischen Allianz (vgl. Abschnitt 4.2.4.), gelenkt. Hierbei steht die Gestaltung von Austauschbeziehungen zwischen den Mitgliedern dieser Unternehmensverbindung im Vordergrund, die rechtlich selbständig bleibende Betriebe über Kooperationen zu einem neuen organisatorischen Systemkomplex zusammenbindet. Ein kooperationsinternes Marketing kann dabei versuchen, die Bedürfnisse der einzelnen Systemmitglieder bestmöglich zu befriedigen, etwa durch die Bereitstellung eines entsprechenden Leistungsangebots durch eine Kooperationszentrale. Es kann aber auch danach trachten, räumlich oder sachlich dezentrale Kooperationsmitglieder, z.B. rechtlich selbständige Vertriebspartner, zu einem einheitlichen Marktverhalten anzuhalten (vgl. Stauss 1995, Sp. 1054).

f) Relationship-Marketing

Gute, langfristige **Geschäftsbeziehungen** zu seinen Kunden sind für ein Unternehmen oft das wichtigste Betriebskapital. Die im Marketing häufig übliche Beschränkung der Betrachtung auf einzelne Austauschvorgänge ist jedoch für das Verständnis und das Management solcher Geschäftsbeziehungen nicht ausreichend. Die dafür notwendige Perspektivenerweiterung bietet das Konzept des Relationship-Marketing (vgl. Meffert 1998, S. 24 f.).

Relationship-Marketing zielt darauf ab, die einzelnen Kunden des Unternehmens zu identifizieren, eine Beziehung zu ihnen aufzubauen, die sich über viele Einzeltransaktionen erstreckt, sowie diese Beziehung zum Nutzen des Unternehmens und des Kunden langfristig weiterzuentwickeln (vgl. Stone/Woodcock/Wilson 1996, S. 675). Ein solches **Beziehungsmarketing** kann sich aber auch an andere Anspruchsgruppen richten, zu denen dauerhafte Beziehungen aufgebaut werden sollen, z.B. Mitarbeiter, Kapitalgeber, Lieferanten, Presse usw.

Eine wesentliche Erfolgsvoraussetzung für das Relationship-Marketing ist der Aufbau von Vertrauen. Dies kann nur erreicht werden, wenn die Schaffung von Vertrauen Bestandteil der Unternehmenskultur ist und alle Mitarbeiter des Unternehmens sich diesem Ziel verpflichtet fühlen (vgl. Meffert 1998, S. 25). Darüber hinaus bedarf es geeigneter strategischer und organisatorischer Vorkehrungen, um ein Beziehungsmarketing zu verwirklichen, etwa die Schaffung eines Kundenmanagements, die Beschäftigung von Beziehungsmanagern und die Einrichtung eines effizienten Beschwerdemanagements (vgl. Diller 1995a, 1995b; Abschnitt 6.2.). Auch die inzwischen weit verbreiteten Kundenbindungs- bzw. Loyalitätsprogramme (z.B. Lufthansa Miles&More) und Kundenclubs (z.B. Kunden-Club des Volkswagen-Konzerns) stehen im Dienste des Relationship-Marketing (vgl. Palmer 1995, S. 472).

Das Beziehungsmarketing gewinnt zunehmend an Bedeutung; denn die Pflege bestehender Kundenbeziehungen ist wesentlich kostengünstiger und oft auch ertragreicher als die meist mühsame Gewinnung neuer Kunden (vgl. Stone/Woodcock/Wilson 1996, S. 676).

g) Human Concept und wohlfahrtsbedachtes Marketing

Der humanistische Aspekt des Marketing wurde bereits Ende der 60er Jahre von Dawson (1969) hervorgehoben. Im Gegensatz zu den bisher angesprochenen Konzepten erhält das Marketing-Verständnis im **Human Concept** eine vertiefende, betont normative Komponente. Das Human Concept will letztlich durch eine Ergänzung des betriebswirtschaftlichen Zielkatalogs um humanitäre Ziele eine Überwindung der ansonsten vornehmlich gewinn- bzw. rentabilitätsdominierten Marketing-Konzeption erreichen, womit es auch prinzipielle ethische Fragen des Marketing anspricht. Im Rahmen des Marketing sollte dementsprechend nicht primär nach absatzträchtigen Produktangeboten gefragt werden (*„Can it be* *sold?"*), sondern zunächst nach der ethischen Vertretbarkeit eines bestimmten Angebots (*"Should it be sold?"*; vgl. Raffée 1974, S. 112 ff.).

Das Human Concept verlangt eine umfassende Reorientierung der Unternehmenspolitik, die nicht nur den „echten" Interessen der Kunden, sondern auch denen der Arbeitnehmer und der Gesellschaft Rechnung tragen soll. Damit kann das Human Concept als eine Vertiefung (Deepening) des kommerziellen Marketing sowie als ein Vorläufer neuerer marketing-ethischer Konzeptionen aufgefaßt werden.

Zu den letztgenannten zählt beispielsweise das sog. **wohlfahrtsbedachte Marketing-Konzept**, das dem Marketing die Übernahme sozialer Verantwortung zuweist und ihm die Aufgabe auferlegt, einen Ausgleich zwischen Unternehmensgewinn, Kundeninteressen und gesellschaftlichen Anliegen herbeizuführen (vgl. Kotler/Bliemel 1995, S. 41). Die Übernahme humanitärer und sozialer Verantwortung soll dabei letztlich auch dem langfristigen Unternehmenserfolg zugute kommen. Hochrangige Manager, wie z.B. Helmut Maucher, der Vorsitzende des Verwaltungsrats der Nestlé AG, vertreten die Auffassung, daß Unternehmen auf lange Sicht nicht überleben können, ohne ethische und soziale Verantwortung zu übernehmen (vgl. o.V. 1996, S. 1).

h) Öko-Marketing

Eine aktuelle Vertiefung des kommerziellen Marketing stellt die Konzeption des **Öko-Marketing** dar. Im Rahmen einer umweltbewußten Unternehmensführung hat das Öko-Marketing die Aufgabe, bei der Planung und Ausführung der Marketing-Aktivitäten eine *Vermeidung bzw. Verringerung von Belastungen der natürlichen Umwelt* zu bewirken. Damit treten ökologische und umweltethische Entscheidungskriterien neben die herkömmliche Kunden- und Wettbewerbsorientierung des unternehmerischen Marketing (vgl. Kirchgeorg 1995, Sp. 1943). Vor dem Hintergrund des hohen Stellenwerts des Umweltschutzes im Bewußtsein der Öffentlichkeit und einem in erheblichem Maße ökologisch geprägten Kaufverhalten der Kunden kommt dem Öko-Marketing innerhalb einer umweltschutzorientierten Unternehmensführung eine wichtige Rolle für die Sicherung des Unternehmenserfolgs zu (vgl. Fritz 1995d). Im Gegensatz etwa zum Human Concept ist die Konzeption des Öko-Marketing inzwischen detailliert ausgearbeitet worden (vgl. Kirchgeorg 1990, 1995; Meffert/Kirchgeorg 1997). Interpretiert man die Berücksichtigung der Belange der natürlichen Umwelt als ein aktuelles soziales Problem, so läßt sich das Öko-

Marketing auch als eine Spielart des Sozio-Marketing sowie des wohlfahrtsbedachten Marketing verstehen.

i) Die konzeptionelle Basis dieses Buchs

Der Überblick über das Konzeptionenspektrum im Marketing macht deutlich, daß nicht stillschweigend von einem einheitlichen Marketing-Verständnis ausgegangen werden kann; es ist vielmehr jeweils explizit der Gegenstandsbereich der eigenen Marketing-Überlegungen anzugeben. Wir wollen dieser Einsicht hier ebenfalls folgen und erklären daher, daß sich der Fokus der weiteren Ausführungen insbesondere auf

- das kommerzielle Marketing im Sinne der Führung von
- Industrieunternehmen vor allem (aber nicht nur) des
- Konsumgütersektors
- mit dem Schwerpunkt des Absatzmarkts

richten wird. Dies entspricht der in der Wirtschaftspraxis und in den meisten Marketing-Lehrbüchern vorherrschenden Sicht, die daher auch einen in das Marketing einführenden Text prägen muß.

2.1.3. Der Erfolgsbeitrag einer marktorientierten Unternehmensführung

Man kann feststellen, daß in den vergangenen Jahren und Jahrzehnten zahlreiche Unternehmen den Versuch unternommen haben, das Marketing als Konzept marktorientierter Unternehmensführung konsequent zu praktizieren (vgl. Fritz 1995b, S. 10). Dennoch stellt sich die Frage, ob Unternehmen durch eine systematische Anwendung des Marketing auch erfolgreicher sind als marketing-ignorante Unternehmen. Gegenbeispiele gibt es durchaus: *IBM* und *Nixdorf*, zwei ehemals für ihre ausgewiesene Marketing-Kompetenz gelobte Computerhersteller, mußten deutliche Image- und Erfolgseinbußen hinnehmen. *IBM* hat sich inzwischen wieder aus seiner Talsohle bewegt; *Nixdorf* wurde letztlich von Siemens übernommen. Es verwundert daher nicht, daß der spezifische Erfolgsbeitrag einer marktorientierten Unternehmensführung angesichts derartig exponierter Beispiele sowohl in der Praxis als auch in der Wissenschaft durchaus kontrovers diskutiert wird. So hat beispielsweise der Trendforscher und „Managementguru" Gerd Gerken vor dem Marketing gewarnt, da dieses Führungskonzept seiner Ansicht nach nicht mehr in der Lage ist, mit der sprunghaften Markt- und Bedarfsentwicklung Schritt zu halten. Daher sollten Unternehmen lieber einen „Abschied vom Marketing" nehmen (vgl. Gerken 1990).

Konzentriert man sich auf die Frage, inwieweit die Marktorientierung zum gesamten Unternehmenserfolg beitragen kann, dann muß festgehalten werden, daß das **Marketing** nach einschlägigen Ergebnissen der empirischen Erfolgsfaktorenforschung **als eine Grundsäule des Unternehmenserfolgs** anzusehen ist (vgl. Fritz 1995a, S. 248 ff.; ders. 1997 sowie Abbildung 4). In deutschen Industrieunternehmen bildet die Marktorientierung, zusammen mit der Produktions- und Kostenorientierung sowie der Mitarbeiterorientierung, einen der wesentlichen Erfolgsfaktoren. Sehen sich die Unternehmen aber beispielsweise einer Situation gegenüber, in welcher der Absatzmarkt den dominierenden Engpaß bildet, den sie überwinden müssen, so wird das Marketing sogar zum wichtigsten Erfolgsfaktor der Unternehmensführung (vgl. Fritz 1995a, S. 330 f.). In einer solchen Situation befinden sich heutzutage aber die meisten Unternehmen zahlreicher Wirtschaftszweige.

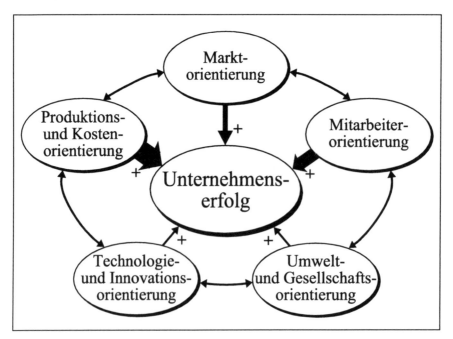

Abb. 4: Der Erfolgsbeitrag der Marktorientierung (Fritz 1995b, S. 12)

Angesichts dieser recht eindeutigen wissenschaftlichen Einschätzung würden Unternehmen einen erheblichen Fehler machen, wenn sie sich vom Marketing verabschiedeten. Sie müssen dagegen in vielen Fällen ihr Marketing intensivieren, um langfristig erfolgreich zu sein.

2.1.4. Die Aufgaben des Marketing-Managements

Die Hauptaufgabe des Marketing-Managements besteht darin, das Marketing als Führungskonzeption eines Unternehmens zur vollen Entfaltung zu bringen (vgl. Köhler 1995a, Sp. 1598). Daraus ergeben sich folgende Teilaufgaben (vgl. Raffée/Fritz/Wiedmann 1994, S. 51 f.):

(1) Die **Analyse der Marketing-Situation** eines Unternehmens, wodurch unter Einsatz des Instrumentariums der Marketing-Forschung eine geeignete Informationsbasis für den Entwurf der Marketing-Konzeption geschaffen werden soll (vgl. Abschnitte 2.2., 2.3. und 3. dieses Buchs);

(2) die **Planung der Marketing-Konzeption** des Unternehmens, d.h. die Festlegung der **Leitideen und Ziele des Marketing**, der Entwurf zieladäquater **Marketing-Strategien** und die Gestaltung konkreter **Marketing-Maßnahmen**, mit deren Hilfe die Strategien konsequent umgesetzt werden können (Produkt-, Preis-, Distributions- und Kommunikationspolitik; vgl. Abschnitte 4. und 5. dieses Buchs);

(3) die **Implementierung der Marketing-Konzeption**, z.B. durch die Schaffung geeigneter personeller Voraussetzungen sowie organisationsstruktureller und unternehmenskultureller Rahmenbedingungen (vgl. Abschnitt 6. dieses Buchs);

(4) die **Marketing-Kontrolle**, welche die Strukturen, Prozesse und Ergebnisse des Marketing überprüft und gegebenenfalls eine Revision der geltenden Marketing-Konzeption initiiert. Die Resultate der Marketing-Kontrolle fließen somit wieder in den Prozeß der Marketing-Planung ein (vgl. Abschnitt 7. dieses Buchs).

Diese Aufgaben des Marketing-Managements werden von Abbildung 5 noch einmal zusammengefaßt.

Abb. 5: Die Aufgaben des Marketing-Managements (vgl. Fritz 1995c, S. 16)

2.2. Die Marketing-Situation

2.2.1. Die Unternehmenssituation

Naturgemäß verhalten sich marktorientiert geführte Unternehmen anders als solche, die weniger einer Kunden- und Wettbewerbsorientierung folgen. Offensichtlich resultieren entsprechende Differenzen nicht nur aus der Verschiedenartigkeit der Umweltbedingungen, denen sich die einzelnen Unternehmen gegenübersehen; als mindestens ebenso wichtig erscheinen für das jeweilige Unternehmensverhalten auch die spezifischen Leitlinien,

Maximen und Grundhaltungen des Top-Managements, d.h. dessen Meinungen und Vorstellungen darüber, wie das Unternehmen sich selbst verstehen und am Markt präsentieren soll. Solche Grundvorstellungen reflektieren die Unternehmenskultur und finden ihren konkreten Niederschlag in der Ausgestaltung der **Unternehmenspolitik**. Diese prägt folglich den grundlegenden Rahmen des gesamten Marketing und legt als „übergeordnete Politik des Ganzen" letztlich die Gesamtorientierung des Unternehmens langfristig fest (vgl. Gomez 1981, S. 77; Ulrich 1990, S. 18 f.). Die Unternehmenspolitik stiftet somit die konkrete Sinnorientierung sowie die Maßstäbe des unternehmerischen Handelns. Entsprechende Festlegungen sind Bestandteil und zugleich Aufgabe des **normativen Managements** (vgl. hierzu Bleicher 1992, S. 82 ff.).

Eine derartige Gesamtausrichtung des Unternehmens ist auch für die jeweilige Form des Unternehmensauftritts in der Öffentlichkeit von entscheidender Bedeutung. Das normative Management bestimmt über die sich aus den Grundwerten ergebenden Zieldefinitionen nicht nur das strategische Vorgehen eines Unternehmens, sondern letzten Endes auch sein Selbstverständnis und damit die Unternehmensidentität oder **Corporate Identity**. Der faktische Inhalt dieses Selbstverständnisses läßt sich anhand empirischer Untersuchungen genauer angeben. Abbildung 6 gibt hierzu exemplarisch die Ergebnisse einer Befragung deutscher Industrieunternehmen wieder.

Abbildung 6 zeigt, daß das Selbstverständnis der befragten Unternehmen maßgeblich durch kunden-, verkaufs- und absatzmarktorientierte Grundwerte geprägt ist. Unter dem Marketing-Aspekt fällt allerdings auf, daß weitere wesentliche Postulate modernen Marketing-Denkens, wie z.B. eine ausgesprochene Wettbewerbs- und Öffentlichkeits- bzw. Gesellschaftsorientierung, von geringerer Bedeutung sind. Der unternehmenspolitische Rahmen deutscher Industrieunternehmen bringt das moderne Marketing-Konzept somit bisher nur partiell zur Geltung.

Die Ermittlung des unternehmerischen Selbstverständnisses bzw. des unternehmenspolitischen Rahmens ist bereits Teil einer **Analyse der Marketing-Situation**, die sich sowohl auf das Unternehmen selbst als auch auf dessen Umwelt erstrecken muß. Die Aufgabe einer solch umfassenden Situationsanalyse ist es, jene Informationen bereitzustellen, die für die Planung, Realisation und Kontrolle der Marketing-Konzeption erforderlich sind. Die Situationsanalyse darf nicht nur rein deskriptiv-diagnostische, sondern muß auch prognostische Aktivitäten umfassen.

	x̄	SD
1. „Wir sind ein Unternehmen, für das eine maximale Kundennähe, d.h. das dauerhafte Erkennen und Erfüllen aller Wünsche unserer Kunden die oberste Leitmaxime darstellt." (*Kundenorientierte Grundhaltung*)	5,82	0,95
2. „Wir legen größten Wert auf technisch perfekte Produkte." (*Produkttechnische Grundhaltung*)	5,69	1,07
3. „Wir sind ein Unternehmen, das alle betrieblichen Vorgänge konsequent auf den Absatzmarkt und insbesondere auf den Kunden hin ausrichtet." (*Absatzmarktorientierte Grundhaltung*)	5,45	1,08
4. „Wir verstehen uns als ein besonders verkaufsorientiertes Unternehmen." (*Verkaufsorientierte Grundhaltung*)	5,28	1,20
5. „Die Optimierung aller Betriebsabläufe und vor allem die Perfektion unserer Produktionsverfahren sind für unser Unternehmen oberste Leitprinzipien." (*Produktionsorientierte Grundhaltung*)	5,19	1,12
6. „Wir sind ein besonders kostenbewußtes Unternehmen." (*Kostenorientierte Grundhaltung*)	5,00	1,06
7. „Wir verstehen uns als ein Unternehmen, das besonderen Wert auf ein möglichst hohes finanzielles Ergebnis legt." (*Finanzielle Grundhaltung*)	4,99	0,93
8. „Wir sind ein besonders innovationsfreudiges Unternehmen (z.B. durch die Einführung neuer Produkte)." (*Innovationsorientierte Grundhaltung*)	4,78	1,32
9. „Wir sehen uns als ein Unternehmen, das eine besondere Verantwortung für den Schutz der natürlichen Umwelt trägt." (*Umweltschutzorientierte Grundhaltung*)	4,51	1,44
10. „Für unser Unternehmen sind Wohlfahrt und Selbstverwirklichung unserer Mitarbeiter oberstes Gebot." (*Mitarbeiterorientierte Grundhaltung*)	4,43	1,17
11. „Wir legen besonderen Wert darauf, uns umfassend am Verhalten unserer wichtigsten Konkurrenten zu orientieren." (*Wettbewerbsorientierte Grundhaltung*)	4,14	1,46
12. „Wir sind in erster Linie ein technologieorientiertes Unternehmen." (*Technologieorientierte Grundhaltung*)	4,09	1,66
13. „Wir sind ein Unternehmen, das auf die öffentliche Meinung großen Wert legt." (*Öffentlichkeitsorientierte Grundhaltung*)	3,71	1,57
14. „Wir verstehen uns als ein Unternehmen, das einen Beitrag zur Lösung gesellschaftlicher Probleme zu leisten hat." (*Gesellschaftsorientierte Grundhaltung*)	2,89	1,50

Anmerkung: x̄ = arithmetisches Mittel; SD = Standardabweichung; Skala 1 = gar nicht, ..., 7 = in extrem hohen Maße.

Abb. 6: Das Selbstverständnis deutscher Industrieunternehmen (Raffée/Fritz 1992, S. 309)

Die diesbezügliche Analyse der **unternehmensinternen Marketing-Situation** hat dabei zunächst das Marketing-Management des Unternehmens selbst zu durchleuchten. Dabei geht es insbesondere um die Frage, ob und inwieweit das Marketing-Konzept im Unternehmen bereits verankert ist. Darüber hinaus ist zu prüfen, wie es um die jeweiligen finanziellen und personellen Marketing-Ressourcen sowie um die Effizienz und Intensität der Vernetzung des Marketing mit anderen Unternehmensbereichen (Produktion, Beschaffung, Forschung und Entwicklung) bestellt ist.

Als *Indikatoren* für den Stellenwert des Marketing im Unternehmen kommen in Frage (vgl. Raffée/Fritz/Wiedmann 1994, S. 55):

- das Vorhandensein und die Relevanz von **Marketing-Grundhaltungen** (z.B. Kundennähe, Wettbewerbsorientierung) im Rahmen der Unternehmensidentität sowie eine vom Marketing-Denken geprägte Unternehmenskultur;

- die Stellung und Bedeutung von einzelnen **Marketing-Zielen** im Zielsystem des Unternehmens (z.B. Kundenzufriedenheit, Kundenloyalität, Produktqualität, Wettbewerbsfähigkeit, Umsatz, Marktanteil);

- die Intensität der Verfolgung von **Marketing-Strategien** (z.B. Marktsegmentierung, Produktinnovation, Qualitäts- oder Kostenführerschaft);

- die Höhe der **Ausgaben für Marketing-Aktivitäten** pro Jahr (z.B. für Marktforschung, Verkaufsförderung, Außendienst, Werbung);

- die Intensität der **Marketing-Maßnahmen** (z.B. Häufigkeit von Kundenbefragungen, Kundenkontakten der Führungsspitze und systematischen Konkurrenzbeobachtungen);

- der Verwirklichungsgrad einer marktorientierten **Organisationsstruktur** (z.B. eigenständige Marketing- und/oder Verbraucherabteilung, Verankerung eines Marketing-Ressorts im Vorstand).

Weitere wichtige Elemente der internen Unternehmenssituation sind u.a. die jeweilige Kosten- und Ertragslage, die Finanzsituation, die qualitative und quantitative Personalsituation sowie die spezifische Produktionssituation (Modernität, Flexibilität, Kapazität der Produktionsanlagen). Engpässe und Defizite in einem dieser Bereiche können naturgemäß unmittelbar Rückwirkungen auf alle geplanten oder bereits realisierten Marketing-Maßnahmen haben. Eine tragfähige Analyse der betriebsinternen Situation verlangt zudem nach einer gezielten Bereitstellung betriebsexterner, d.h.

umweltbezogener Informationen, um z.B. auch Vergleiche mit konkurrierenden Unternehmen anstellen zu können.

2.2.2. Die Umweltsituation

Marketing-Manager sind in ihren Entscheidungen nicht nur von den intern vorgefundenen Bedingungen abhängig, sondern natürlich auch von ihrer unmittelbaren und weiteren Umwelt. Sie handeln auch gemäß der Wünsche ihrer Kunden, der Aktivitäten ihrer Konkurrenten, der Geschäftsinteressen ihrer Lieferanten und (meist) auch nach gesetzlichen Vorschriften, und sie beeinflussen mit ihren Handlungen ihrerseits die Umwelt. Diese wiederum ist in unterschiedlichster Weise von den diversen Unternehmensmaßnahmen betroffen. Um die Bedeutung der Umwelt für das Marketing differenziert zu erfassen, wird im folgenden unterschieden in eine unternehmensunmittelbare Mikro- oder Aufgabenumwelt (sog. task environment) sowie eine globalere Makroumwelt (sog. general environment). Erstere wird hier als **Umwelt I** bezeichnet, letztere als **Umwelt II** (vgl. Raffée 1979, S. 4 f.).

2.2.2.1. Die Umwelt I

Die Umwelt I umfaßt die unmittelbare Marktumwelt, also die Absatz- und Beschaffungsmärkte eines Unternehmens. Auf den **Beschaffungsmärkten** bieten Lieferanten Sachleistungen an, die in die Produktion eingehen, Geldgeber das zur Finanzierung der Geschäftstätigkeit erforderliche Kapital, Informationsquellen die zur Planung des zweckmäßigsten Unternehmensverhaltens notwendigen Informationen sowie Stellenbewerber die benötigte Arbeitskraft.

Wichtige Akteure auf den **Absatzmärkten** sind neben den Endkunden und Konkurrenten auch die verschiedenen Absatzmittler (Handelsbetriebe) und Absatzhelfer (z.B. Handelsvertreter) eines Unternehmens. Je nach Typ und Situation des Anbieters (Branche, Wirtschaftsstufe) sind als **Kunden** grundsätzlich verschiedene Personen und/oder Institutionen denkbar, nämlich

- **Konsumenten bzw. private Haushalte,**
- **Gewerbliche Abnehmer**, d.h. entweder

    a) professionelle Weiterverarbeiter (Industrie, Handwerk);

    b) Dienstleister oder

    c) gewerbliche Absatzmittler (Groß- und Einzelhandel) sowie

- **Öffentliche Leistungsabnehmer** (öffentliche Unternehmen und Verwaltungen, d.h. Schulen, Behörden, Bundeswehr etc.).

Was in dieser Hinsicht natürlich am meisten interessiert, ist das Verhalten der verschiedenen Kunden vor, bei und nach dem Kauf. Interessant ist für jeden Anbieter insbesondere, wann ein Kunde was, wie, wo, in welcher Menge und in welcher Qualität erwirbt. Darüber hinaus sind dessen grundsätzliche Einstellungen, Images, Werte, Entscheidungs- und Zahlungsgewohnheiten interessant, da anhand dieser Merkmale gegenwärtiges Kaufverhalten erklärt und zukünftiges Kaufverhalten möglicherweise vorhergesagt werden kann (vgl. Abschnitt 2.3.).

Während traditionell die Kunden im Zentrum des Marketing-Denkens stehen, ist den **Wettbewerbern** dagegen lange Zeit nicht die gebührende Aufmerksamkeit geschenkt worden. Dabei ist es für ein Unternehmen von erheblicher Bedeutung, sich rechtzeitig auf seine Konkurrenten einzustellen und diese durch die Schaffung eines größeren Kundennutzens zu übertreffen. Als Wettbewerber kommen grundsätzlich all jene Unternehmen in Betracht, die Leistungen anbieten, welche der Kunde als austauschbar ansieht. Diese Substituierbarkeit der Güter aus der Sicht der Nachfrager definiert damit den **relevanten Markt** des Anbieters (vgl. Bauer 1995, Sp. 1717).

Auch die Beachtung der auf eigene Rechnung handelnden **Absatzmittler** (Handelsbetriebe) und der für fremde Rechnung tätigen **Absatzhelfer** (z.B. Handelsvertreter) ist für eine aussagekräftige Analyse der Umwelt I-Situation wichtig, da insbesondere erstere verstärkt eigene Ziele und Strategien verfolgen. Dies gilt in zunehmendem Maße auch für ehemals abhängige **Zulieferer**, die sich inzwischen verselbständigt haben und durch ein gezieltes Vordringen in nachgelagerte, endabnehmernähere Wirtschaftsstufen zu Konkurrenten ihrer einstmaligen Kunden werden können.

Alle diese Wirtschaftssubjekte treffen sich in verschiedensten Konstellationen auf „ihren" Märkten. Die volkswirtschaftliche Theorie hat zur

Unterscheidung verschiedener **Marktformen** bekanntlich eine eigene Systematik entwickelt. Diese basiert auf der Zahl der Anbieter bzw. Nachfrager auf einem Markt und nennt den Extremfall, in dem beispielsweise ein einziger Nachfrager auf einen einzigen Anbieter trifft, ein bilaterales **Monopol**. Dementsprechend begründen einige wenige Nachfrager und Anbieter ein bilaterales **Oligopol**, viele kleine Nachfrager und Anbieter ein **Polypol** usw. Diese Marktbetrachtung ist für betriebswirtschaftliche Belange aber nicht besonders ergiebig. Der Grund: Reale Märkte sind in der Regel anders strukturiert, d. h. sie stellen **Mischformen** dar, die oft gekennzeichnet sind durch

- ein Nebeneinander großer *und* kleiner Anbieter;

- eine eingeschränkte Markttransparenz sowohl auf der Angebots- als auch der Nachfrageseite sowie

- die Anwesenheit von sachlichen, räumlichen, zeitlichen oder personellen Präferenzen der Nachfrager.

Die Folge dieser Marktcharakteristika kann dennoch ein weitgehend funktionsfähiger (und dann in der Regel auch qualitätsfördernder) Leistungswettbewerb unter den verschiedenen Anbietern sein (vgl. Fritz 1990, S. 491 ff.).

2.2.2.2. Die Umwelt II

Zur Strukturierung der Makroumwelt eines Unternehmens liegt eine Vielzahl gängiger Konzepte vor. Wir entscheiden uns hier für die Einteilung der **Umwelt II** in eine

- ökonomische;

- technologische;

- politisch-rechtliche;

- sozio-kulturelle sowie

- ökologische Komponente.

Dabei hat die **ökonomische Umweltkomponente** naturgemäß den stärksten Bezug zur Umwelt I. Sie erfaßt als Indikatoren für die Kaufkraft beispielsweise das Bruttosozialprodukt sowie die Entwicklungstendenzen der disponiblen Einkommen. Ferner gehören dazu die Merkmale von Branchen bzw. Wirtschaftssektoren in ihrer Gesamtheit sowie die der Unternehmenstätigkeit jeweils vor- und nachgelagerten Wirtschaftsstufen. Diese Aspekte sind deshalb von Bedeutung, weil die Entwicklungstrends in diesen Bereichen sehr häufig unmittelbare Marktrelevanz erlangen können.

Stichworte sind hier u.a. der Wandel von der Produktions- zur Dienstleistungs- und Informationsgesellschaft, die Zunahme des Außenhandels, die sinkenden Realeinkommen und die steigende Arbeitslosigkeit, die gestiegene allgemeine Individualisierung des Bedarfs und damit auch der Nachfrage. Ersichtlich besitzen derartige Prozesse teilweise unmittelbare Nähe auch zu soziodemographischen und gesellschaftlichen Veränderungsvorgängen.

Die **technologische Umwelt** umfaßt das allgemeine Innovationspotential auf der Grundlage einer neuen technologischen Basis (z.B. der Biotechnologie). Der technologische Wandel in der Umwelt II kann dabei für die Umwelt I neue Marktchancen eröffnen, wenn bekannte oder auch neu entstandene Probleme durch technologisch verfeinerte Methoden der Problemlösung angegangen werden können. So schaffen u.a. neue Informations- und Kommunikationstechnologien, wie z.B. das Internet, zahlreichen Unternehmen neue Marktchancen von elektronischen Wartungsdiensten über Online-Distributionssysteme bis hin zu völlig neuen Unterhaltungsangeboten.

Die **politisch-rechtliche Umweltkomponente** kann in ihren Veränderungen ebenfalls gravierende Auswirkungen auf das Marketing entfalten. Gesetzesnovellierungen können – z.B. im Fall der Erhöhung der Mineralölsteuer – direkte Folgen für die zukünftigen Absatzchancen der hiervon betroffenen Produkte haben; gewerkschaftliche Forderungen, z.B. hinsichtlich der Arbeitszeit, können eine Neuorganisation betrieblicher Abläufe erforderlich machen, und die Deregulierungs- und Privatisierungsbeschlüsse der Bundesregierung (z.B. Post, Bahn, Energieversorgung) zeitigen unmittelbare Auswirkungen auf die ehemals staatlichen Wirtschaftsbetriebe, die sich nunmehr z.T. europaweit neuen Herausforderungen gegenübersehen (vgl. u.a. Raffée/Fritz/Wiedmann 1994, S. 65 f.).

Die **sozio-kulturelle Umwelt** birgt z.B. sowohl einen gesellschaftlichen Wandel (vgl. Schulze 1992) als auch demographische Verschiebungen. So zeichnet sich in diesem Jahrzehnt insbesondere für die Industrienationen u.a. ab (vgl. Naisbitt/Aburdene 1990):

- ein explosionsartiges Wachstum der Weltbevölkerung;
- die Umkehrung der „natürlichen" Bevölkerungspyramide in den Industrienationen, in denen dann der geringere Teil der Bevölkerung jungen Alters ist;
- die Veränderung der Familienstruktur hinsichtlich immer späterem Heiratsalter, abnehmender Kinderzahl und steigender Scheidungsrate;
- die weitere Zunahme der Single- und Zweipersonenhaushalte;
- ein ethnischer Bevölkerungswandel;
- eine geographische Wanderung, in Deutschland z.B. von Ost nach West oder vom Stadtzentrum in die Vororte, sowie
- ein verbessertes Ausbildungsniveau und ein allgemein höherer Bildungsstand.

Alle diese sog. Megatrends besitzen unmittelbare oder mittelbare Relevanz für das unternehmerische Marketing-Management. So führt beispielsweise der wachsende Altersdurchschnitt der Gesellschaft dazu, daß die Gruppe der 15-21jährigen bis zum Jahr 2000 um etwa 35% schrumpfen wird. Die Folgen liegen auf der Hand: Die Nachfrage nach den tendenziell eher von dieser Altersgruppe konsumierten Waren wird in gleichem Maße zurückgehen. Auch die Gruppe der 21-30jährigen wird, wenn man den Zukunftsforschern glauben darf, mit analogen Folgen um gute 30% abnehmen. Die zunehmende Zahl der Single- und Zweipersonenhaushalte wird sodann zu einer erhöhten Nachfrage nach geeigneten Haushaltswaren führen, und die geographischen Bevölkerungensverlagerungen von Ost- nach Westdeutschland dürften die Stuttgarter Philharmoniker frohlocken, die im Leipziger Gewandhaus hingegen eher skeptisch in die Zukunft blicken lassen. Es ist somit eine keineswegs überflüssige Spielerei, wenn sich ein vorausblickender Marketing-Manager bemüht, die sich in den jeweiligen Umweltbereichen abzeichnenden Entwicklungstrends bereits heute zu erkennen.

Dieses Postulat bezieht sich letztlich auch auf die **ökologische Umwelt**, deren Veränderungen bei der Marketing-Planung ebenfalls berücksichtigt werden müssen. Viele gesellschaftliche Gruppen sind, was die Inanspruchnahme natürlicher Umweltressourcen angeht, in erheblichem Maße sensibilisiert. Die von Greenpeace 1995 angeregte öffentliche Anteilnahme hinsichtlich der von Shell zur Versenkung im Meer vorgesehenen Erdölplattform Brent Spar hat dies eindrucksvoll bestätigt. Die sich hieraus ergebende Notwendigkeit einer verbesserten Öffentlichkeitsarbeit einschließlich der Publikation sog. Ökobilanzen und anderer Formen der gesellschaftsbezogenen Rechnungslegung durch die Unternehmen ist die eine Folge; eine andere sollte eine grundsätzlich überdachte Marketing-Politik sein, die sich letztlich deutlicher in die Richtung eines sozial- und umweltverträglichen Wirtschaftens verschieben muß.

2.3. Verhaltenswissenschaftliche Aspekte des Marketing

Viele Überlegungen eines Marketing-Managers kreisen um die Frage, warum seine Kunden bestimmte Produkte kaufen oder nicht kaufen, d.h. was genau sie letztlich zum Eingehen auf ein entsprechendes Leistungsangebot veranlaßt. Angesichts grundsätzlicher Unterschiede im Kaufverhalten privater Personen als nicht-gewerblichen Endabnehmern einer Leistung und Unternehmen als gewerblichen Kunden, sind seine Überlegungen – und daher auch die folgenden Ausführungen – jedoch zweigeteilt: Zunächst interessiert das Konsumentenverhalten als das Kaufverhalten von privaten Endabnehmern (Abschnitt 2.3.1.). Der darauf folgende Abschnitt behandelt sodann die Besonderheiten des Kaufverhaltens von Organisationen, wie z.B. industriellen Weiterverarbeitern, die, im Gegensatz zu den Konsumenten, keine Konsum-, sondern vielmehr Investitionsgüter beschaffen (Abschnitt 2.3.2.).

2.3.1. Das Kaufverhalten von Konsumenten

2.3.1.1. Typen und Phasen individueller Kaufentscheidung

Seit langem gilt den Bestimmungsfaktoren des individuellen Käuferverhaltens ein besonderes Interesse. Entsprechende Modelle sind im Laufe der Zeit immer komplexer und vielschichtiger geworden. Sie umfassen längst nicht mehr nur rein betriebswirtschaftliches Wissen, sondern nehmen zunehmend interdisziplinäre Einflüsse, wie z.B. verhaltenswissenschaftliche Konzepte, mit auf. Insbesondere die **Psychologie** und die **Soziologie** stellen seit langem Ansätze zur Erklärung des Käuferverhaltens bereit. Dies geschieht letztlich auch, um konkrete Anhaltspunkte für den Einsatz und die Wirkung der (kauf-)verhaltensbeeinflussenden Marketing-Instrumente zu erhalten und um darüber hinaus Prognosen über zukünftiges Käuferverhalten zu entwickeln.

Vor diesem Hintergrund gibt es bereits seit langem Versuche, verschiedene Typen von Kaufentscheidungen voneinander zu unterscheiden. Ein diesbezüglicher Ansatz basiert auf unterschiedlichen Graden der kognitiv-intellektuellen (bewußten) Beteiligung des Käufers am Kaufprozeß. In diesem Sinne wurden bereits frühzeitig **echte** und **gewohnheitsmäßige** Kaufentscheidungen voneinander abgegrenzt. Hierauf aufbauend können in einem weiteren Schritt vier verschiedene **Kaufentscheidungstypen** wie folgt charakterisiert werden (vgl. Weinberg 1981, S. 12 ff.; Meffert 1992, S. 39 ff.):

a) Extensive Kaufentscheidungen

Bei extensiven Kaufentscheidungen ist das **kognitive Engagement** des Konsumenten **am größten**. Dies hat u.a. damit zu tun, daß dem Konsumenten entscheidungsvereinfachende Erfahrungen fehlen, d.h. er Übersicht weder über die am Markt verfügbaren Alternativen noch über die grundsätzlich für die Produktauswahl in Frage kommenden Entscheidungskriterien besitzt. Extensive Kaufentscheidungen vollziehen sich oft über einen längeren Zeitraum hinweg und durchlaufen, mehr oder weniger stringent, folgende **Phasen**:

- Anregungsphase;

- Suchphase;

- Bewertungs- und Auswahlphase;

- Kaufaktphase;

- Nachkaufphase.

Extensive Kaufentscheidungen besitzen eine gewisse Neuartigkeit sowie eine größere Bedeutung für den Konsumenten. Sie sind vor allem typisch für den Kauf sog. *Specialty goods*. Das sind Güter, die vergleichsweise selten gekauft werden und deren Kauf ein beträchtliches Maß an Engagement verlangt. Beispiele für solche Produkte, die in extensiven Kaufentscheidungsprozessen erworben werden, finden sich demgemäß vor allem im Bereich teurer und komplexer Gebrauchsgüter, wie z.B. Häuser, Autos oder HiFi-Anlagen.

b) Habituelle Kaufentscheidungen

Anders als bei extensiven Kaufentscheidungen läuft der Kaufentscheidungsprozeß bei habituellen (auch: habitualisierten) Käufen weitgehend nach einem eingeübten Verhaltensmuster ab, so daß die einzelnen Käufe letztlich gewohnheitsmäßige Züge annehmen. Es handelt sich in diesem Fall mithin um einen **stark verkürzten Such-, Bewertungs- und Auswahlprozeß**, dessen Zeitbedarf oft vergleichsweise gering ist. Habituelle Kaufentscheidungen sollen zu schnellen und risikoarmen Käufen verhelfen und sind häufig bei sogenannten *Convenience goods* zu finden. Dies sind (oftmals geringwertige) Güter, die häufig und in kurzen Abständen gekauft werden, bei denen der Konsument Wert auf einen mühelosen Einkauf legt. Daher ist die kognitive Steuerung des Kaufprozesses eher gering. Beispiele sind Produkte des täglichen Bedarfs, wie Nahrungsmittel, Zeitschriften oder Zahncreme.

Typischer Ausdruck dieses Kaufverhaltenstyps ist die **Markentreue** des Konsumenten, was stark auf die besondere Relevanz einer gezielten Markenpolitik hindeutet (vgl. 5.2.2.3.). Wenn es dem Anbieter gelingt, „seinen" Käufer zu einem habituellen Kaufentscheidungsprozeß zu führen, dann erreicht er zugleich oft ein erhebliches Maß an Kundenbindung und damit relativ stabile und vorhersehbare Produktumsätze.

c) Limitierte Kaufentscheidungen

Zwischen den beiden Typen des extensiven und des habituellen Kaufverhaltens finden sich die limitierten Kaufentscheidungen. Bei diesen verfügt der Konsument bereits über einschlägige Kauferfahrungen, ohne jedoch eine bestimmte Marke eindeutig zu präferieren. Der Kaufentscheidungsprozeß ist deshalb limitiert, weil der Konsument in aller Regel auf bereits **bewährte Produktbewertungs- und -auswahlkriterien** zurückgreifen kann, diese somit nicht eigens entwickeln muß.

Dieser Kaufentscheidungsprozeß findet sich vor allem bei hochwertigen Gütern, die zwar „immer wieder mal" gekauft werden, für einen unreflektierten, lediglich gewohnheitsmäßigen Verhaltensablauf aber eben doch zu teuer sind. Der Konsument faßt bei limitierten Kaufentscheidungen meist eine bestimmte Anzahl an grundsätzlich für den Kauf in Frage kommenden Gütern ins Auge, über die er sich jeweils genauer informiert. Er muß sich dann nur noch innerhalb des begrenzten Alternativenumfangs entscheiden. Beschließt ein Konsument beispielsweise, aufgrund ihrer Qualität grundsätzlich nur Schweizer Armbanduhren oder deutsche Autos zu kaufen, so limitiert er damit seinen Entscheidungsspielraum; er muß dann nur noch die konkrete Marke und das Modell auswählen.

d) Impulsive Kaufentscheidungen

Beim vierten der hier betrachteten Kaufverhaltenstypen, den impulsiven Kaufentscheidungen, handelt es sich um **Spontanhandlungen**, die häufig einen ungeplanten Kauf bedeuten. Ihr originäres Kennzeichen ist ein ausgesprochen rasches und unreflektiertes Handeln; zwischen dem Reiz (Stimulus), der von einem Produkt ausgeht, und der unmittelbaren Reaktion auf diesen, besteht in aller Regel ein sehr enger zeitlicher Zusammenhang, der zumeist in eine schnelle Produktauswahl mündet. Dementsprechend gering ist auch die kognitive Steuerung, dementsprechend hoch die emotionale Bedingtheit des jeweiligen Kaufakts. Impulsive Käufe lassen sich somit ebenfalls bei niedrigpreisigen Gütern des täglichen Bedarfs (Convenience goods) oder auch bei Gütern registrieren, bei denen der Beschaffungsprozeß selbst eine emotionale Attraktivität besitzt.

Das Vorhandensein derartiger Entscheidungsabläufe hat ganz praktische Marketing-Konsequenzen: So deutet die Existenz impulsiver Kaufprozesse u.a. auf die besondere Wichtigkeit der Ladeninnengestaltung hin. Für Einzelhändler heißt dies, daß sie am Verkaufsort, dem sog. Point of Sale, eine emotional besonders ansprechende, d.h. erlebnisorientierte Atmosphäre schaffen müssen; diesbezügliche Erkenntnisse haben z.B. den Einsatz von Hintergrundmusik im Supermarkt bewirkt.

Die vorgenannten Überlegungen zu den vier Verhaltenstypen des Konsumenten *vor* und *beim* Kauf müssen durch eine gezielte **Betrachtung des Käuferverhaltens nach dem Kauf** ergänzt und abgerundet werden. In der Nachkaufphase setzen beim Konsumenten unweigerlich Zufriedenheit oder Enttäuschung ein. An diesem Punkt kann sich für das Unternehmen viel entscheiden: Eine unumwundene Zufriedenheit mit dem erworbenen Produkt kann zu einer dauerhaften Markentreue bzw. Kundenbindung führen; eine nachhaltige Enttäuschung, hervorgerufen durch falsche Produktversprechungen, überzogene Produktnutzenerwartungen oder auch mangelhafte Produktqualität, kann wiederum in eine dauerhafte Abkehr von Produkt und Anbieter münden. Abgesehen von Haftungs- und Leistungsgarantieverpflichtungen des Herstellers bei schlechter Produktqualität, ist es heutzutage insbesondere im Bereich hochwertiger, langlebiger Gebrauchsgüter wichtig, durch ein gezieltes **After-Sales-Marketing** Kundenunzufriedenheit zu ermitteln und eventuelle Nachkaufdissonanzen, d.h. Bedenken und Zweifel des Kunden bezüglich der Richtigkeit der von ihm getroffenen Kaufentscheidung, nachhaltig zu zerstreuen. Geeignete Maßnahmen können hier u.a. zusätzliche, bestätigende Produktinformationen („Wir gratulieren Ihnen zu Ihrer Entscheidung für ein Produkt des Hauses XY") oder die Zusicherung weiterer Service- und Garantieleistungen sein.

Die Ausprägung des Kaufverhaltens des Konsumenten hängt von einer Reihe psychologischer und soziologischer **Einflußfaktoren** ab. Einige der wichtigsten dieser Einflußgrößen, die aus Abbildung 7 ersichtlich sind, werden im folgenden vorgestellt.

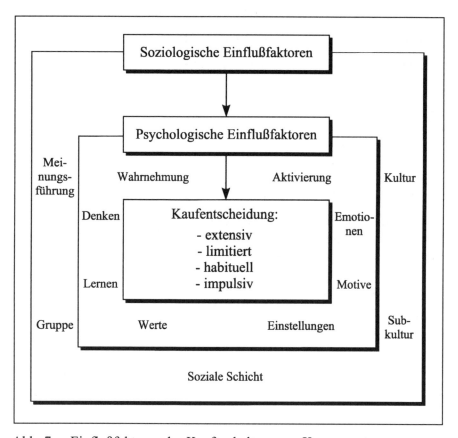

Abb. 7: Einflußfaktoren des Kaufverhaltens von Konsumenten

2.3.1.2. Psychologische Ansätze zur Erklärung des Konsumentenverhaltens

a) Überblick

Die **psychologischen Erklärungsansätze** gehen gemeinhin von einer Unterscheidung in aktivierende und kognitive Prozesse aus. Als **aktivierend** werden dabei Vorgänge bezeichnet, die das Verhalten des Individuums antreiben und mit Energie versorgen. Ursächlich hierfür sind innere Erregungen oder Spannungszustände, deren Stärke durch eine entsprechende Kaufhandlung reduziert wird. **Kognitiv** sind demgegenüber solche Vorgänge, die das Handeln bewußt steuern, d.h. zielbezogen ausrichten. Durch kognitive Vorgänge vermag das Individuum sich selbst und seine Umwelt zu erkennen, zu bewerten und zu erklären – es handelt sich mithin um Bewußtseinsvorgänge bzw. Prozesse der gedanklichen Informationsverarbeitung.

Aktivierende Prozesse konkretisieren sich in

- allgemeiner Aktivierung und Involvement;
- Emotionen/Gefühlen;
- Motiven;
- Einstellungen und
- Werten

(vgl. Kroeber-Riel/Weinberg 1996, S. 49 ff.).

Die **allgemeine Aktivierung** kennzeichnet das Ausmaß der grundsätzlichen Leistungsbereitschaft des Individuums, worauf weiter unten näher eingegangen wird (siehe b). Sie bedingt z.T. auch die Intensität der inneren Beteiligung des Konsumenten an einer Kaufentscheidung, d.h. dessen **Involvement** (vgl. Trommsdorff 1998, S. 33, 42).

Unter **Emotionen** werden innere *Erregungszustände* verstanden, die vom Individuum subjektiv als angenehm oder unangenehm empfunden bzw. interpretiert werden („Gefühle"). In der Psychologie wird dabei zumeist von zehn angeborenen („primären") emotionalen Grundhaltungen ausgegangen, die aber durch gesellschaftliche Bedingungen verändert und angepaßt werden: Interesse, Freude, Überraschung, Kummer, Zorn, Ekel, Geringschätzung, Furcht, Scham und Schuldgefühl (vgl. Trommsdorff 1998, S. 64).

Demgegenüber umfassen **Motive**, die ebenfalls als innere Spannungs- bzw. *Mangelzustände* erlebt werden, bereits eine konkrete *Zielorientierung* des Handelns: Sie versorgen den Menschen nicht nur mit Energie, sondern richten zugleich sein Handeln aus. Differenzierend werden Motive weiter eingeteilt in primäre und sekundäre Motive, intrinsische und extrinsische sowie bewußte und unbewußte Motive (vgl. Meffert 1992, S. 52). Im Zusammenhang mit dem Marketing sind dabei vor allem die sekundären, d.h. im Laufe des menschlichen Sozialisationsprozesses erlernten Motive relevant, da diese naturgemäß einer äußeren Beeinflussung zugänglich sind. Dazu zählen insbesondere Konsummotive, wie z.B. Sparsamkeit, Prestige, Natürlichkeit und Modeorientierung.

Einstellungen stellen innere *Bereitschaften* eines Individuums dar, auf bestimmte Umweltreize (z.B. Produkte) konsistent zu reagieren. Gegenüber Motiven zeichnen sie sich zusätzlich durch eine unmittelbare *Objektbezogenheit* aus. Einstellungen sind nicht nur auf inneren Erregungszuständen aufgebaut und zielgerichtet, sondern gleichzeitig auch subjektiv *erworben*. Sie fußen gemäß der sog. Drei-Komponenten-Theorie auf einer konsistenten Organisation von gefühlsmäßigen („affektiven"), verhaltensorientierten („konativen") und intellektuellen („kognitiven") Komponenten.

Werte sind gegenüber Einstellungen allgemeinere Konstrukte, da sie letztlich *mehrere Einstellungen* und damit auch *mehrere Einstellungsobjekte* umfassen können. Sie bilden in diesem Sinne übergeordnete Einstellungssysteme, die die Bereitschaft des Individuums kennzeichnen, sich einer bestimmten Objektklasse gegenüber eindeutig – zustimmend oder ablehnend – zu verhalten. Werte sind zudem *verbindlicher*, da sie mit konkreter Belohnung oder Bestrafung in Beziehung stehen. Werte sind somit konsistente Einstellungssysteme mit normativer Verbindlichkeit (Trommsdorff 1998, S. 175). Sie verbinden ferner den einzelnen mit seiner sozialen Umwelt und sorgen auf diese Weise u.a. für eine feste Orientierung und Ausrichtung des Menschen im Flusse der vielgestaltigen und mitunter auch widersprüchlichen Umweltereignisse (vgl. Silberer 1991).

Kognitive Prozesse hingegen werden durch Vorgänge der Informationsaufnahme, -verarbeitung und -speicherung beschrieben. Dies betrifft zentrale Phänomene wie

- Wahrnehmung;
- Denken;

- Lernen und

- Gedächtnis

(vgl. Kroeber-Riel/Weinberg 1996, S. 224 ff.; Trommsdorff 1998, S. 238 ff.).

Unter **Wahrnehmung** versteht man einen Vorgang der *Aufnahme und Interpretation* von Reizen, durch den der Konsument eine Vorstellung von seiner Umwelt entwickelt, worauf noch näher eingegangen wird (siehe c).

Denken meint vor allem die Anwendung kognitiver Programme zur Verarbeitung von Bewußtseins- und Wissenselementen. Dies spielt sich vorwiegend im menschlichen *Kurzzeitgedächtnis* ab. Dessen Kapazität ist allerdings stark begrenzt. Aus den Resultaten bisheriger Denkprozesse und sonstiger Erfahrungen ergeben sich im Zusammenwirken mit den anderen kognitiven Vorgängen konkrete Handlungs- und Entscheidungsgrundlagen; Denken ist also in erster Linie Informations*verarbeitung*. Ein für den Marketing-Wissenschaftler wichtiger Aspekt individuellen Denkens ist z.B. die Produktbeurteilung.

Ähnlich dem Denken stellt das **Lernen** auf den konkreten Erwerb von Wissen ab und darüber hinaus auch auf Verhaltensänderung. Lernen besteht in einer Veränderung des Verhaltens, die auf Erfahrung (Übung) beruht (vgl. Kroeber-Riel/Weinberg 1996, S. 316). Damit wird deutlich, daß Lernen vor allem auf der *Speicherung* zuvor gewonnener Informationen basiert. Der eigentliche Lernvorgang gründet sich letztlich auf die Übernahme von Informationen in das menschliche *Langzeitgedächtnis*. Er umfaßt somit einen kognitiven Leistungsprozeß, der von der ersten Aufnahme einer Information über deren Verarbeitung und Speicherung bis hin zur nochmaligen, ggf. modifizierten Anwendung reicht. Lernen basiert insofern auch auf einer grundlegenden **Gedächtnisleistung**. Das menschliche Gedächtnis ist mithin hauptverantwortlich für das Behalten oder Vergessen einstmals erworbener Lern- oder Wissensinhalte, wie z.B. bestimmter Markenzeichen oder Unternehmensslogans.

Lernen und Gedächtnis des Konsumenten werden nicht zuletzt durch die sog. *assoziative Werbung* genutzt, bei der Produkte verbunden mit emotionalen Erlebnisinhalten (Abenteuer, Reise, Erotik) dargeboten werden. Auf dieser Basis sollen Verknüpfungen des subjektiven Produkterlebens mit allgemein angenehmen Grundstimmungen geschaffen werden (z.B. *Bacardi Rum* mit angenehmem Südseeklima).

Durch das in der Realität kaum auflösbare Zusammenspiel von elementaren aktivierenden und kognitiven Vorgängen entstehen letztlich **komplexe Prozesse**. Obwohl diese im Regelfall Anteile beider Einflußtypen besitzen, werden sie – je nach der *dominierenden* Komponente – entweder dem aktivierenden oder dem kognitiven Variablensystem zugeordnet (vgl. Kroeber-Riel/Weinberg 1996, S. 49). In diesem Sinne beinhalten auch die aktivierenden Vorgänge – vgl. obigen Einstellungsbegriff – kognitive Bestandteile, ebenso wie die kognitiven Prozesse ohne eine entsprechende Aktivierung des Konsumenten nicht denkbar sind. So gibt es keine Wahrnehmung, die frei von jeglicher Emotion ist, und kaum eine Lernleistung, die nicht in irgendeiner Form von der Motivation des Lernenden beeinflußt würde. Letztlich verschmelzen aktivierende und kognitive Verhaltensaspekte in der Gesamtheit der für einen Konsumenten typischen Verhaltensmuster, d.h. seiner **Persönlichkeit** (vgl. Trommsdorff 1998, S. 197).

Nachfolgend beschränken wir uns auf zwei stellvertretend für jeden Elementartyp psychischer Vorgänge herausgegriffene Konstrukte: Für die aktivierenden Prozesse wird die allgemeine Aktivierung näher betrachtet, für die kognitiven Prozesse die Wahrnehmung. Diese Auswahl erfolgt vor allem mit Blick auf die wichtigen Implikationen, die beide Phänomene für die Marketing-Praxis besitzen.

b) Die allgemeine Aktivierung als Determinante des Konsumentenverhaltens

Unter **Aktivierung** versteht man einen neurophysiologischen Vorgang, der den Organismus mit Energie versorgt und ihn in einen Zustand der Leistungsfähigkeit und Leistungsbereitschaft versetzt (vgl. Kroeber-Riel/ Weinberg 1996, S. 58). Dieser Vorgang beruht im wesentlichen auf der Einwirkung von Reizen. Dabei sind Außen- und Innenreize, denen das Individuum ausgesetzt ist, zu unterscheiden. Letztere können u.a. aus körperlichen Stoffwechselvorgängen herrühren. Äußere Reize werden demgegenüber von der Umwelt des Menschen bestimmt. Hierbei sind insbesondere

- **emotionale Reize** (z.B. das Kindchenschema oder erotische Reize);
- **kognitive Reize** (z.B. gedankliche Konflikte, Widersprüche oder Überraschungen) sowie
- **physische Reize** (z.B. auffallende Größe oder Farbe eines Werbemittels)

von Interesse.

Neurophysiologisch läuft eine allgemeine Aktivierung wie folgt ab (vgl. Kroeber-Riel/Weinberg 1996, S. 58 ff.): Im Stammhirn des Menschen liegt eine Funktionseinheit, die die Psychobiologen als retikuläres Aktivierungssystem (**RAS**) bezeichnen. Dieses steht mit vielen anderen Funktionseinheiten des zentralen Nervensystems in Verbindung. Durch diverse Innen- und Außenreize wird das retikuläre Aktivierungssystem stimuliert, wodurch es Impulse aussendet, die vor allem die menschliche Großhirnrinde treffen. Durch diesen Prozeß werden weitere Hirn- und Körperfunktionen in Bereitschaft versetzt. Die vom RAS verursachten Erregungsvorgänge sind dabei sowohl für das allgemeine – sog. tonische – Aktivierungsniveau (z.B. die länger anhaltende Wachheit) als auch für kurzfristige – sog. phasische – Aktivierungsschwankungen (z.B. spontane Erregung) verantwortlich.

Da ein gewisses Maß an Aktivierung als notwendige Voraussetzung für jede menschliche Leistung angesehen wird, ist ihre grundsätzliche Bedeutung auch für das individuelle Käuferverhalten bereits frühzeitig erkannt worden. Dabei wird von einem eindeutigen Zusammenhang zwischen dem Ausmaß der menschlichen Leistungsfähigkeit und der Ausprägung des jeweils zugrundeliegenden Aktivierungsgrads ausgegangen. Die sog. **Lambda-Hypothese** (auch: umgekehrte U-Hypothese) gibt diesen typischen Zusammenhang wieder. Sie geht auf verschiedene aktivierungstheoretische Studien aus den 50er Jahren zurück und ist inzwischen allgemein anerkannt (vgl. Abbildung 8).

Aus der Lambda-Hypothese lassen sich vier **verschiedene Aktivierungsgrade** ableiten, die zugleich als Elementarhypothesen der Wirkung der Aktivierung auf die menschliche Leistung fungieren (vgl. Kroeber-Riel/ Weinberg 1996, S. 79 f.):

1. Die **Minimalaktivierung** als das zu jedweder Leistungserbringung unbedingt erforderliche Mindestmaß an Aktivierung;
2. die **Normalaktivierung** als jener Aktivierungsbereich, in dem mit zunehmender Aktivierung auch die menschliche Leistung zunimmt;
3. die **Überaktivierung** als jenes zu hohe Ausmaß an Aktivierung, das sich leistungsmindernd auswirkt;
4. die **Maximalaktivierung** als Ursache dafür, daß bei extremer Überaktivierung überhaupt keine sinnvolle Leistung mehr möglich ist.

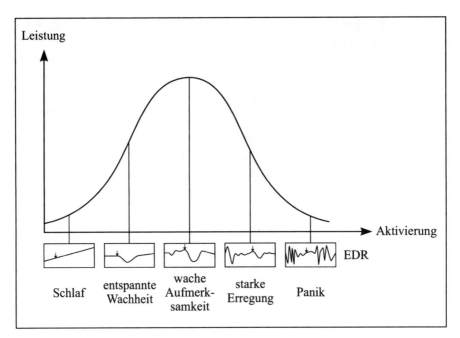

Abb. 8: Der Zusammenhang zwischen Aktivierung und Leistung (Lambda-Hypothese; Kroeber-Riel/Weinberg 1996, S. 79)

Offensichtlich ist, daß derartige Schlußfolgerungen in der Realität einerseits durch den fast einnickenden und desinteressierten Zeitungsleser und andererseits durch die Panikreaktion vieler Betroffener bei Naturkatastrophen ihre Bestätigung finden. Für den Marketing-Bereich ist allerdings primär die Phase der **Normalaktivierung** relevant, da man davon ausgeht, daß eine Überaktivierung des Konsumenten mit Hilfe der herkömmlichen Marketing-Instrumente praktisch nicht erzeugt werden kann (vgl. Kroeber-Riel/Weinberg 1996, S. 80). Das bedeutet, daß die Wirkung von Marketing-Instrumenten auf den Konsumenten für ein Unternehmen grundsätzlich um so günstiger ist, je stärker der Konsument dadurch aktiviert wird. So ist es beispielsweise empirisch belegt, daß stark aktivierende Werbeanzeigen besser erinnert werden als schwach aktivierende (vgl. ebenda, S. 81).

Die Aktivierungsforschung stößt auf große Akzeptanz in der Praxis (vgl. Lenz/Fritz 1986, S. 181). Als grundlegendes Problem stellt sich gleichwohl die Schwierigkeit, vom Grad der Aktivierungswirkung z.B. einer Werbeanzeige verläßlich auf deren *ökonomischen* Werbeerfolg, also den Kauf des beworbenen Produkts, schließen zu können. Eine stark aktivierende Werbeanzeige begünstigt zwar die Erinnerung des Konsumenten; jedoch weiß man dadurch noch nicht, wie der Konsument die Werbebotschaft interpretiert, d.h. ob er sie als angenehm oder eher unangenehm erlebt. Außerdem ist eine als angenehm erlebte Aktivierung nur eine notwendige, jedoch noch keine hinreichende Kaufbedingung. So müssen z.B. noch eine ausreichende Kaufkraft und eine günstige Einkaufsmöglichkeit hinzukommen.

Trotz dieser Einschränkungen können bei der Gestaltung und Auswahl der unternehmerischen **Werbebotschaften** und **Werbemittel**, dem **Produkt- und Verpackungsdesign** sowie der **Ladeninnengestaltung** im Einzelhandel die vorgenannten Einblicke in die Wirkungen der allgemeinen menschlichen Aktivierung wertvolle Dienste leisten.

Die exakte **Messung der Aktivierung** stellt kein ganz einfaches Problem dar; sie geschieht letztlich mittels verschiedener **Indikatoren**. Diese können angesiedelt sein:

- auf der **physiologisch-biologischen Ebene**, wie u.a. Hirnströme (gemäß EEG), Hautdurchblutung, Hautwiderstand (EDR), Pupillengröße, Atmung oder Stimmfrequenz;
- auf der **subjektiven Erlebnisebene**, z.B. verbale Angaben;
- auf der **motorischen Ebene**, z.B. unmittelbar beobachtetes Verhalten.

Naturgemäß dominiert bei der Messung individueller Aktivierungsniveaus die experimentelle Forschung; die bevorzugte Anwendung einer apparativ unterstützten Beobachtungs- und Meßtechnik ergibt sich letztlich bereits aus der psychobiologischen Grundkonzeption der Aktivierung. Die moderne Labortechnik bietet hierzu denn auch zahlreiche ökonomisch einsetzbare Methoden: So kann das Wirken von Werbereizen über ein Elektroenzephalogramm (EEG) oder über die elektrodermale Reaktion (EDR; Hautwiderstandsmessung) des Konsumenten im Labor von einem sog. Ereignisschreibgerät rasch und zuverlässig registriert werden (vgl. Abbildung 8).

c) Die Wahrnehmung als kognitive Determinante des Konsumentenverhaltens

Kognitive Prozesse wurden oben als gedankliche Vorgänge skizziert, die das Verhalten des Menschen kontrollieren und steuern. Sie ergänzen sich dabei wechselseitig mit den aktivierenden Prozessen, denn ein kognitives Engagement des Konsumenten ist ohne ein Grundniveau an Aktivierung nicht möglich, und ein aktiviertes Verhalten läuft ohne kognitive Steuerung ins Leere.

Diese engen Zusammenhänge zwischen aktivierenden und kognitiven Vorgängen gelten auch für Wahrnehmungsprozesse. **Wahrnehmung** ist ein kognitiver Vorgang und umfaßt die aktive und selektive Aufnahme und Verarbeitung der von den Sinnesorganen aufgenommenen Reize. Zur Verarbeitung der aufgenommenen Information gehört dabei zwingend auch deren Interpretation und Organisation, d.h. deren Einordnung in den bereits vorhandenen Wissens- und Erfahrungsschatz.

Wahrnehmung läßt sich in ihrer typischen Charakteristik durch drei zentrale Begriffe beschreiben. Ihre **Kennzeichen** sind (vgl. auch Kroeber-Riel/ Weinberg 1996, S. 265 f.):

(1) **Subjektivität**: Wahrnehmung ist niemals objektiv, sondern stets von subjektiven Eigenschaften und Prädispositionen des Konsumenten geleitet. In diesem Sinne existiert für ihn keine von seiner Wahrnehmung gänzlich loszulösende „Wirklichkeit".

(2) **Aktivität**: Wahrnehmung kann nicht in einem Stadium völliger Passivität erfolgen; sie entsteht vielmehr aus einem aktiven Informationsaufnahme- und -verarbeitungsprozeß.

(3) **Selektivität**: Wahrnehmung ist nie auf ganzheitliche oder vollständige Wirklichkeitswelten gerichtet, sondern bezieht sich stets nur auf einen selektiven Ausschnitt der Wirklichkeit.

Damit es zu einer bewußten Objektwahrnehmung kommt, müssen gewisse Reizschwellen überwunden werden (vgl. Trommsdorff 1998, S. 286 f.). Dies kommt insbesondere in **Filtermodellen der Wahrnehmung** zum Ausdruck. Sie rücken die Wahrnehmungsschwelle in den Vordergrund, die vor allem für die sog. subliminale (unterschwellige) Wahrnehmung relevant ist. Niedrige Reizintensitäten bleiben danach unwahrnehmbar (wirken aber dennoch auf den Konsumenten ein), höhere führen zu einer mehr oder weniger intensiven Wahrnehmung. Ein angebliches Experiment in einem US-amerikanischen Kino, das im Jahr 1957 über etwa sechs Wochen hinweg stattfand, soll hierbei die unterschwellige Wahrnehmung und damit die unterbewußte Steuerbarkeit von Konsumenten belegt haben: Kinobesuchern wurden während der Filmvorführung aufgrund ihrer Kürze nicht wahrnehmbare Filmsequenzen (1/3000 sec.) in die reale Filmhandlung eingespielt. Diese enthielten verschiedene Aufforderungen zum Konsum von Popcorn und Coca-Cola. Am Ende der Vorstellungen soll dann ein deutlicher Mehrabsatz beider Produkte im Kinovorraum festgestellt worden sein (Popcorn +57%, Coca-Cola +18%). Abgesehen von der ethischen Problematik eines solchen Experiments, wird dessen tatsächliches Stattfinden oder zumindest dessen Validität heute zunehmend bestritten (vgl. Trommsdorff 1998, S. 286 f.).

Die **Hypothesentheorie** unterstreicht hingegen die Subjektivität der Wahrnehmung, indem sie die Ergebnisse eines individuellen Wahrnehmungsprozesses als „Kompromiß" zwischen der Erwartung des Konsumenten und der „objektiven" Realität sieht. Wird beispielsweise der Produktpreis vom Konsumenten als Qualitätsindikator herangezogen, so geht er bei einem überdurchschnittlich hohen Produktpreis bei der Produktbeurteilung von der Hypothese einer erhöhten Produktqualität aus. Der „Kompromiß" aus seiner subjektiven Erwartung und der objektiven Information, die er durch den Gebrauch des Produkts erhält, kann in diesem Fall zu einer günstigeren Einschätzung der tatsächlichen Qualität führen. Die Hypothesentheorie ist deshalb interessant, weil sich mit ihr Wahrnehmungsverzerrungen erklären lassen und verdeutlicht wird, daß keineswegs nur die objektiven Bedingungen, sondern auch situative und persönliche Faktoren wie Erwartungen, Vorurteile, Motive usw. die Wahrnehmung objektiv unveränderter Dinge beeinflussen können (vgl. v. Rosenstiel/Neumann 1991, S. 82).

Viele kognitive Wahrnehmungsmechanismen basieren beispielsweise auf dem menschlichen Hang zur Vereinfachung des objektbezogenen Wahrnehmungs- und Beurteilungsprozesses. Verschiedene Untersuchungen ergaben in diesem Zusammenhang, daß oft nur ein geringer Prozentsatz – in vielen Fällen weit weniger als die Hälfte – der verfügbaren Produktmerkmale bzw. Objekteindrücke zur Meinungsbildung herangezogen werden (vgl. Bleicker 1983, S. 16; Kroeber-Riel/Weinberg 1996, S. 275 ff.).

Wahrnehmungsvereinfachungen werden auch durch technisch hochkomplexe und/oder immaterielle Produkte provoziert. Insbesondere hochintegrative Systemangebote oder professionelle Dienstleistungen, wie z.B. ärztliche Diagnosen, sind von Laien kaum in ihrer tatsächlichen Güte zu beurteilen. Der Konsument muß sich in diesen Fällen bei seiner Produktbeurteilung auf einige wenige Qualitätsattribute oder auch Ersatz-Leistungskriterien (z.B. seriöses Auftreten eines Arztes, Renommee eines Software-Anbieters am Markt) verlassen.

Die **Vereinfachung der Wahrnehmung und Beurteilung von Produkten** vollzieht sich dabei häufig nach folgenden Mechanismen (vgl. Kroeber-Riel/Weinberg 1996, S. 298 ff.; Nieschlag/Dichtl/Hörschgen 1997, S. 177):

- **Attributdominanz**

  Hierbei wird von einer einzigen Produkteigenschaft auf die Gesamtqualität des Produkts geschlossen ($E_1 \Rightarrow Q$). Alle weiteren Produkteigenschaften bleiben für die Meinungsbildung unerheblich. Beispiele dafür bieten Markenkäufer oder auch Konsumenten, die den Preis oder die Marke des Produkts als alleinigen Qualitätsindikator verwenden.

- **Halo-Effekt**

  Beim Halo-Effekt (halo = Heiligenschein) wird umgekehrt von einem bereits gebildeten Gesamturteil über die Produktqualität auf einzelne Produkteigenschaften zurückgeschlossen ($Q \Rightarrow E_1, E_2$). Hat die Stiftung Warentest z.B. über die Qualität eines Produkts das Gesamturteil „gut" gefällt, dann werden viele Konsumenten auch alle einzelnen Eigenschaften des Produkts (z.B. Sicherheit, Stromverbrauch, Langlebigkeit etc.) für gut befinden.

- **Irradiation**

  Irradiationsphänomene bedingen, daß von einzelnen Produkteigenschaften auf andere Produkteigenschaften geschlossen wird ($E_1 \Rightarrow E_2$). Verschiedene Studien in den 70er Jahren haben experimentell gezeigt, daß Konsumenten die Kühlleistung eines Kühlschranks nach der Farbe z.B. der Kühlschrankinnenlackierung beurteilen. Grünlackierte Kühlschränke wurden als kühlfähiger wahrgenommen als blaulackierte (vgl. Spiegel 1970). Weitere Beispiele liefern zum einen Butter, die, je nach Farbgebung, als mehr oder weniger geschmacksintensiv und streichfähig wahrgenommen wird, sowie zum anderen PKWs, bei denen Kunden das Beschleunigungsvermögen eines Motors häufig anhand der „Durchtretbarkeit" des Gaspedals, also nach der Stärke der Pedal-Rückholfeder, zu beurteilen scheinen.

Diese Einblicke in die Wirkungsweise der menschlichen Wahrnehmung legen eine Reihe von **Gestaltungskonsequenzen**, z.B. für die Planung der Werbemaßnahmen, nahe. Danach ist zunächst einmal nicht das objektive, sondern ausschließlich das **subjektiv wahrgenommene Leistungsangebot** für die Akzeptanz beim Kunden entscheidend. Um subjektiv wahrgenommen zu werden, muß die Gestaltung von Anzeigen und dergleichen auf die

Eigenheiten des Betrachters zugeschnitten sein, also z.B. dem Blickverlauf eines „typischen" Zeitungslesers entsprechen. Ferner müssen kommunikative Aktivitäten (Werbung, Imagekampagnen, Markenzeichen etc.) prägnant gestaltet sein, d.h. „ins Auge springen". Vor diesem Hintergrund zeigt Abbildung 9 links gute, weil prägnante, und rechts schlechte, weil wenig einprägsame Markenzeichen.

Abb. 9: Prägnante und weniger prägnante Markenzeichen
(v. Rosenstiel/Neumann 1991, S. 70 f.)

Des weiteren muß das Informationsangebot sogenannte **Schlüsselinformationen** enthalten, die etwa dem Betrachter einer Zeitungsanzeige oder dem Zuschauer eines Werbespots im Fernsehen die Wahrnehmung und Beurteilung des beworbenen Produkts erleichtern. Solche Schlüsselinformationen, wie z.B. Gütezeichen, Qualitätsindizes, Gesamturteile der Stiftung Warentest oder bekannte Markennamen, tragen der Tendenz des Konsumenten zur Wahrnehmungs- und Beurteilungsvereinfachung in besonderem Maße

Rechnung, da sie zahlreiche Detailinformationen über die einzelnen Produkteigenschaften bündeln (vgl. Fritz/Thiess 1986, S. 146 f., 164 f., 168; Kroeber-Riel/Weinberg 1996, S. 280). Und schließlich empfiehlt sich die Verwendung farbiger und konkreter **Bildinformationen**, da diese eine höhere Aufmerksamkeit erzeugen und leichter aufgenommen werden als Textinformationen (vgl. Rossiter 1982, S. 161 f.; Kroeber-Riel 1993a, S. 14 f.).

2.3.1.3. Soziologische Ansätze zur Erklärung des Konsumentenverhaltens

Neben den psychologischen Einflußfaktoren auf das Kaufverhalten gilt es auch jene zu berücksichtigen, die sich aus der sozialen Einbettung des Konsumenten in seine nähere und fernere Umwelt ergeben. In dieser Weise betrachten soziologische bzw. sozialpsychologische Konzepte den Konsumenten als ein Wesen, das Element verschiedener sozialer Systeme ist, die auf sein Kaufverhalten einwirken.

So beeinflussen soziale Systeme den Konsumenten beispielsweise durch Verhaltensregeln oder **Normen**, die allgemein akzeptiert werden (vgl. Kroeber-Riel/Weinberg 1996, S. 480 ff.). Diese Normen, die eine Gesellschaft im Rahmen ihrer kulturellen Tradition entwickelt und als Verhaltensanweisungen auf ihre Mitglieder überträgt, können in **Muß-**, **Soll-** und **Kann-Normen** eingeteilt werden (Dahrendorf 1974, S. 149 f.). Muß-Normen beruhen dabei zumeist auf gesetzlichen Ge- und Verboten; das Verbot des öffentlichen Rauschgiftkonsums gehört beispielsweise hierher. Soll- bzw. Kann-Normen fixieren demgegenüber liberalere und allgemeinere Verhaltensstandards, die auf Sitte und Gewohnheit beruhen. Sie gewährleisten damit einen größeren Verhaltensspielraum, der jedoch keineswegs weniger konsumbeeinflussend wirken muß. Ein Beispiel dafür sind Modenormen, denen man folgen kann, aber nicht muß, die aber dennoch in der Werbung häufig angesprochen werden. Sowohl die Auswahl von Produkten als auch der Ablauf eines Kaufvorgangs werden von Normen beeinflußt: So wird mancher Käufer z.B. ein Kleidungsstück nach Modenormen auswählen, jedoch beim Kauf auf ein intensives Feilschen um den Preis eher verzichten, weil dies hierzulande weniger „der Norm entspricht" als etwa in orientalischen Ländern.

Hinsichtlich der sozialen Einbettung des Konsumenten lassen sich mit der **Kultur, Subkultur, sozialen Schicht** und **Gruppe** des Konsumenten verschiedene Einflußsphären unterscheiden. Unter **Kultur** versteht man die übereinstimmenden Orientierungs- und Verhaltensmuster vieler Individuen in größeren sozialen Einheiten (vgl. Kroeber-Riel/Weinberg 1996, S. 541). Eine Kultur ist vor allem durch ein kollektives System gemeinsamer Werte und Normen gekennzeichnet, die durch Tradition weitergegeben werden. Kulturen können nach vielen Kriterien mehr oder weniger genau eingeteilt werden: Geographische Kriterien führen zur Abgrenzung kulturell unterschiedlicher Länder, sprachlich abgegrenzte Kulturen zur Unterscheidung diverser Sprachgemeinschaften, unternehmerische Grundwerte zur Bildung verschiedener Unternehmenskulturen etc. Der Kern all dieser Differenzierungen sind immer wieder die gemeinsamen Werte und Normen, die in einem einheitlichen Kulturgebilde vorhanden sein müssen.

Unter einer **Subkultur** wird demgemäß jener Teil innerhalb einer Kultur verstanden, der eine größere Personenmehrheit mit übereinstimmenden Verhaltensweisen bzw. Werten speziellerer Art umfaßt (vgl. Meffert 1992, S. 81 f.). Auch hier können neben geographischen Merkmalen u.a. ethnische, altersmäßige oder demographische Kriterien zur näherungsweisen Subkulturbestimmung verwendet werden. Beispiele für einzelne Subkulturen sind die sog. Berliner Szene oder auch die kaufkräftige, junge, berufstätige Stadtbevölkerung („Yuppies").

Die **soziale Schicht** bezeichnet eine Personenmehrheit, die in erster Linie nach soziodemographischen, also vor allem herkunfts-, einkommens- oder bildungsmäßigen Kriterien abgegrenzt ist. Mitglieder derselben sozialen Schicht verfügen über den gleichen sozialen Status, d.h. eine (in etwa) gleiche gesellschaftliche Stellung.

Die einfachste Unterscheidung von sozialen Schichten besteht in einer einkommensbezogenen Differenzierung zwischen Unterschicht, unterer und oberer Mittelschicht sowie Oberschicht. Hinsichtlich des Konsumentenverhaltens geht man heute davon aus, daß nicht nur der Kauf von Gebrauchsgütern, sondern auch der von Gütern des täglichen Bedarfs mittels schichtenbezogener Kriterien wenigstens teilweise erklärt werden kann (vgl. Kroeber-Riel/Weinberg 1996, S. 558). Außerdem wurde festgestellt, daß sich die Konsumenten häufig am Konsum der in der Sozialpyramide direkt übergeordneten Schicht orientieren. Den Einfluß der sozialen Schicht auf die Bekanntheit von Konsumangeboten verdeutlicht Abbildung 10.

Social Class Perceptions of Branded Goods and Services (Percentage of 163 respondents)							
Product/Service	Upper/ Upper Middle	Middle	Lower Middle	Upper Lower/ Lower	All	Don't know	Total
Beer							
Coors	22	54	16	2	3	3	100
Budweiser	4	46	37	7	4	2	100
Miller	14	50	22	6	6	2	100
Michelob	67	23	4	1	2	3	100
Bud Ligth	22	53	14	3	5	3	100
Heineken	88	9	1	-	1	1	100
Stores							
Sears	3	40	44	10	3	-	100
K mart	-	7	32	57	1	3	100
Marshall Field	87	10	-	-	-	3	100
Montgomery Ward	1	35	42	15	1	6	100
Carson Pirie Scott	59	33	3	1	1	3	100
Restaurants							
Burger King	3	49	21	10	15	2	100
Denny's	2	49	39	7	2	1	100
Wendy's	8	61	15	2	10	4	100

Abb. 10: Der Einfluß der sozialen Schicht auf die Bekanntheit von Konsumangeboten (Loudon/Della Bitta 1993, S. 186)

Schichtenbezogene Betrachtungen verlieren bei zunehmender Einkommensnivellierung an Bedeutung. Zur Erklärung des individuellen Kaufverhaltens können dann mikrosoziologische Konzepte, wie z.B. konsumrelevante Gruppeneinflüsse, herangezogen werden.

Eine **Gruppe** ist eine Personenmehrheit mit eigener Identität, einer sozialen Ordnung sowie gemeinsamen Normen, Werten und Zielen (vgl. Kroeber-Riel/Weinberg 1996, S. 433). Häufig wird zwischen **informalen** und **formalen Gruppen** unterschieden (vgl. Meffert 1992, S. 83). Formale Gruppen sind (Groß-)Gruppen, in denen die Mitglieder in einem formal definierten, zumeist distanzierten Verhältnis zueinander stehen (Parteimitglieder, Schulgemeinschaft). Informale Gruppen sind demgegenüber (Klein-)Gruppen, die durch persönliche Beziehungen und Face-to-Face-Kommunikation sowie ein starkes Zusammengehörigkeitsgefühl gekennzeichnet sind (Familie, engerer Freundeskreis).

Eine Sonderform stellen **Bezugsgruppen** dar. Dies sind Gruppen, nach denen sich das Individuum richtet. Bezugsgruppen können Mitgliedschafts- und Fremdgruppen umfassen; denn sowohl mit seiner eigenen Gruppe als auch mit anderen Gruppen kann sich ein Individuum grundsätzlich identifizieren (vgl. Kroeber-Riel/Weinberg 1996, S. 435). So können z.B. spezifische Konsumnormen einer Bezugsgruppe u.a. das Kaufverhalten des sich ihr zugehörig Fühlenden beeinflussen. Ein begeisterter Golfer könnte mit Blick auf seine Bezugsgruppe z.B. dazu angeregt werden, sich nicht nur äußerlich seinen Vorbildern aus dem Profibereich anzunähern (karierte Wollhosen, feine Lederschuhe etc.), sondern u.U. auch deren weitere Erkennungs- oder Statussymbole zu erwerben (Schlägertasche aus feinstem Hirschleder, zusätzliche Schlägertypen etc.).

Aus den soziologischen Einflußfaktoren auf das Konsumentenverhalten ergeben sich zahlreiche **Konsequenzen für das Marketing**. Im Rahmen einer **Marktsegmentierung** z.B. (vgl. Abschnitt 4.2.2.) kann die Zielgruppenbildung nach der Kultur-, Subkultur- oder Schichtenzugehörigkeit des Konsumenten erfolgen, wobei diese Segmentierungskriterien naturgemäß nicht bei allen Gütern gleich wichtig sind. Untersuchungen haben beispielsweise gezeigt, daß die Zugehörigkeit zu einer bestimmten sozialen Schicht vor allem beim Kauf von Bekleidung und Möbeln sowie bei der Wahl von Restaurants oder Finanzdienstleistungen eine Rolle spielt (vgl. Kuß 1991, S. 116).

Bei der **Produktpolitik** geht es u.a. um Kulturunterschiede, die unter Umständen Mißerfolgsfaktoren eines Global Marketing, dessen Kern ein international standardisiertes Produkt ist, bedeuten können. Dies veranschaulicht folgendes Beispiel (vgl. Ohmae 1985, S. 120): Der US-amerikanische Hersteller der bekannten **Barbie-Puppe**, Mattell Toys International, vergab infolge der schlechten Verkaufsergebnisse der Puppe in Japan die Lizenz an Takara, einen japanischen Puppen- und Spielzeugspezialisten. Dessen Marktuntersuchungen ergaben, daß die meisten Mädchen und ihre Eltern Barbies Physiognomie für wenig attraktiv hielten: Barbies Beine waren zu lang und ihr Busen zu groß. Da die Zielgruppe in Japan zudem etwas älter war als in den USA, mußte die Puppe zugleich ein wenig damenhafter und modischer aussehen als die Originalversion. Nach den entsprechenden Modifikationen – u.a. wurden Barbies blaue Augen auch noch gegen dunkelbraune ausgetauscht – brachte Takara die Puppe unter der gleichen Marke und mit dem gleichen Marketing-Konzept wieder auf den Markt. Der Erfolg war überwältigend: Takara verkaufte in zwei Jahren über zwei

Millionen Puppen und kam mit der Produktion letztlich kaum der gestiegenen Nachfrage nach!

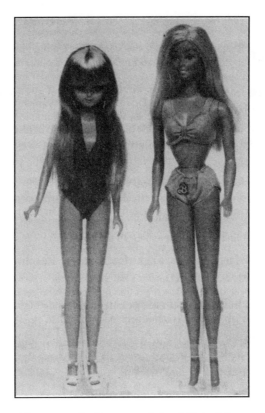

Abb. 11: Die Barbie-Puppe in Japan und den USA (Ohmae 1985, S. 121)

Der Marketing-Manager von Takara zog daraus folgenden Schluß: „Was sich in den USA gut verkauft, wird nicht automatisch auch in Japan ein Renner. Aber das Grundkonzept kann bei intelligenter Modifikation übertragen werden" (zitiert nach Ohmae 1985, S. 120 ff.).

Aber auch in den USA ist die Barbie-Puppe inzwischen mehrmals verändert worden, um den sich wandelnden Geschmacks- und Modevorstellungen gerecht zu werden. Die 1998 durchgeführte Anpassung wurde in der Presse wie folgt angekündigt: „Bei Barbie werden die Kurven flacher: Der Busen wird kleiner, die Taille voller, die Hüften schmaler. Doch damit nicht genug, Barbie soll auch jüngere Gesichtszüge mit weniger Make up und eine natürlicher wirkende Haartracht erhalten als die platinblonde Pop-

Ikone, die nun schon seit zwanzig Jahren den Puppenmarkt dominiert" (o.V. 1997a). Dennoch bleibt die „klassische" Barbie daneben weiterhin auf dem Markt.

2.3.2. Das Kaufverhalten von Organisationen

Bisher wurde das Kaufverhalten von Konsumenten als den individuellen Endverbrauchern betrachtet; viele Güter werden aber auch von öffentlichen oder privatwirtschaftlichen Organisationen beschafft. Die hiermit zusammenhängenden Entscheidungsprobleme sind u.a. ein wesentlicher Gegenstand des sog. *Business-to-Business-Marketing* (vgl. Backhaus 1997, S. 8). Da die organisationalen Kaufakte in einigen Punkten vom individuellkonsumtiven Kaufverhalten abweichen und insofern eine Reihe typischer Besonderheiten aufweisen, soll an dieser Stelle kurz auch das institutionale Kaufverhalten von Organisationen betrachtet werden.

Markante **Besonderheiten des organisationalen Beschaffungsprozesses** sind (vgl. Kuß 1991, S. 161 f.):

1. **Kollektiventscheidungscharakter:** In organisationalen Beschaffungsprozessen wird die gesamte Entscheidung angesichts der größeren Einkaufsvolumina, höheren Wertdimension und der tendenziell größeren Komplexität des Einkaufsvorgangs nur in Ausnahmefällen in einer Hand liegen; in aller Regel treffen multipersonale Gremien (Buying Center) die hier anstehenden Entscheidungen.

2. **Höherer Formalisierungsgrad:** Für geschäftliche Beschaffungsvorgänge besteht zudem die Notwendigkeit einer erhöhten Sicherheit und Nachvollziehbarkeit der vorgenommenen Transaktionen. Dementsprechend hoch sind die Anforderungen hinsichtlich Dokumentation und Kontrollierbarkeit der getätigten Abschlüsse anhand vorgegebener formaler Entscheidungs- und Ablaufkriterien. Besonders stark ausgeprägt ist dieser Aspekt bei Beschaffungsentscheidungen öffentlicher Betriebe (vgl. Raffée/Fritz/Wiedmann 1994, S. 193 ff.).

3. **Anwendung von vom Konsumentenverhalten abweichenden Entscheidungskriterien:** Obige Besonderheiten institutionaler Beschaffungsvorgänge bedingen des weiteren die Anwendung von gegenüber dem Konsumentenverhalten abweichenden Entscheidungskriterien.

Hierzu zählen u.U. eine größere Langfristorientierung sowie eine stärkere Akzentuierung ökonomischer Einkaufskriterien.

4. **Höhere Rationalität:** Die bereits genannte tendenziell höhere wirtschaftliche Bedeutung der von Organisationen beschafften Güter und die damit verbundenen gravierenderen Konsequenzen von Fehlentscheidungen erzwingen oft eine erhöhte Rationalität im Entscheidungsprozeß. Diese kann sich u.U. in einer längeren und ausgewogeneren Entscheidungsfindung, der Berücksichtigung vieler Entscheidungskriterien sowie der Hinzuziehung externer Berater ausdrücken. Einkaufsprozesse im privaten Haushalt nähern sich diesem Modell dabei in der Regel um so mehr an, je hochwertiger und komplexer die zu beschaffenden Objekte sind (vgl. Abschnitt 2.3.1.1.).

5. **Fremdbestimmtheit/abgeleiteter Bedarf:** Speziell im Investitionsgüterbereich dienen die von den nachfragenden Unternehmen beschafften Güter nicht der Befriedigung des Eigenbedarfs, sondern vielmehr der Erstellung weiterer Güter zum Zwecke der Deckung eines Fremdbedarfs. Die entsprechenden Beschaffungsentscheidungen eines Unternehmens leiten sich damit aus den jeweiligen Endabnehmerbedürfnissen ab und sind insoweit fremdbestimmt. Man spricht daher auch von einem abgeleiteten Bedarf an Investitionsgütern.

Einem Anbieter von **Investitionsgütern** stehen oft nur wenige, dafür aber in ihren Leistungsanforderungen sehr heterogene Nachfrager gegenüber. Dementsprechend besitzt auch die Anbieterseite in Investitionsgütermärkten ihre Besonderheiten. So wird das Einzelproduktgeschäft vielfach durch das Angebot kompletter Systemleistungen (inklusive des dazugehörigen Serviceangebots) abgelöst. Der Wettbewerb im Investitionsgütergeschäft besitzt auch aus diesem Grund oft eine ausgesprochen langfristige Perspektive. Während er in der Vergangenheit eher auf qualitätsbezogener Basis stattfand, treten heutzutage immer stärker auch preisliche Kaufargumente in den Vordergrund.

Einem abgeleiteten Bedarf folgen auch die Handelsbetriebe im Konsumgüterbereich; auch der **Konsumgüterhandel** hat organisationale Einkaufsentscheidungen zu treffen, wobei oftmals wiederum ganz eigene Einkaufskriterien zum Tragen kommen (z.B. Umschlagshäufigkeit der Ware, Ausmaß der Inanspruchnahme knapper Regalfläche, Möglichkeit der Realisierung von Handelsspannen etc.).

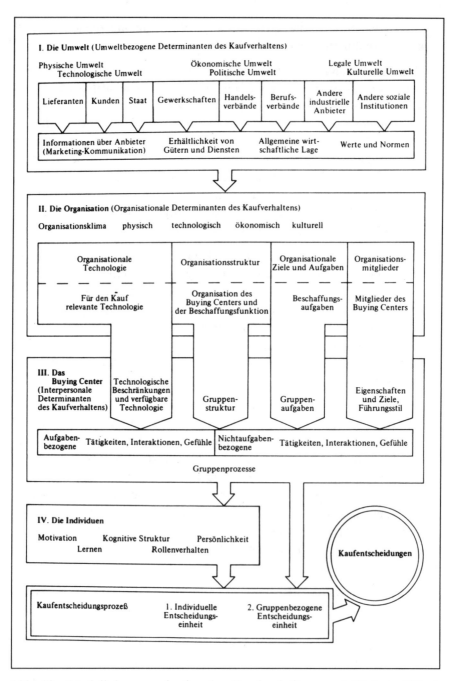

Abb. 12: Modell des organisationalen Kaufverhaltens nach Webster/Wind (Backhaus 1995, S. 97)

Die Einkaufsentscheidung einer Organisation ist nach einem **Modell von Webster und Wind** letztlich eine Funktion von vier Variablengruppen: E = f (I, G, O, U) (vgl. Abbildung 12).

Die Variablengruppe „**I**" steht dabei für die jeweiligen persönlichen Prädispositionen des individuellen Entscheiders (z.B. seine Risikoneigung), das Kürzel „**G**" für Gruppenmerkmale, also insbesondere für die Verteilung der verschiedenen Rollen im Beschaffungsprozeß. Die Abkürzung „**O**" erfaßt organisationale Merkmale, z.B. Technologie, Struktur und Ziele, und Buchstabe „**U**" schließlich die allgemeine Umwelt der Organisation, die ebenfalls auf die Beschaffungsprozesse einwirken kann.

Das „G", die Gruppenmerkmale, weist auf das sog. **Buying Center** hin. Ein Buying Center ist ein unternehmerisches Einkaufsgremium, das auf kollektiver Basis Kaufentscheidungen trifft. Webster/Wind unterscheiden **fünf verschiedene (idealtypische) Rollen** in einem Buying Center. Diese fünf Rollen sind:

- *Einkäufer* (Buyer) als formal für den administrativen Beschaffungsprozeß Zuständige;

- *Benutzer* (User) als spätere Produktverwender;

- *Beeinflusser* (Influencer) als unternehmensinterne Einflußagenten und/ oder externe Berater;

- *Informationsselektierer* (Gatekeeper) als wichtige Informationsfilter und

- *Entscheider* (Decider) als letztendlich verantwortliche Führungsspitze.

Der Grad der Beteiligung der verschiedenen Buying Center-Mitglieder am Entscheidungsprozeß hängt dabei u.a. vom jeweiligen **Typ der organisationalen Kaufentscheidung** ab. Zur Beschreibung und Abgrenzung dieser Typen werden verschiedene Merkmale herangezogen, wie z.B. der Grad der Neuartigkeit des Kaufobjekts oder die bei den Entscheidungsträgern vorhandene Erfahrung bezüglich dessen Nutzung und Beschaffung (vgl. Meffert 1992, S. 142 f.).

Folgende organisationale Kaufentscheidungstypen lassen sich danach unterscheiden:

- **Erstkauf**: Im Entscheidungsgremium liegen keine einschlägigen Produkt- bzw. Kauferfahrungen bezüglich des Beschaffungsobjekts vor; der Informationsbedarf ist daher besonders groß. Unter diesen Voraussetzungen kommt der Mitarbeit aller Mitglieder des Buying Center erhöhte Bedeutung zu.

- **Modifizierter Wiederholungskauf**: Obwohl das Entscheidungsgremium bereits diverse Produkt- bzw. Kauferfahrungen gemacht hat, weicht die gegebene Situation in einigen Punkten von der bislang bekannten ab, so daß zusätzliche Informationen zu beschaffen sind, die sich durchaus auch auf neue Entscheidungsalternativen erstrecken können. In dieser Situation spielen die Einkäufer und Beeinflusser eine wichtige Rolle.

- **Reiner Wiederholungskauf**: Ein solcher liegt vor, wenn es sich um einen ständig gleichbleibenden, wiederkehrenden Beschaffungsbedarf handelt und die bisherigen Erfahrungen des Beschaffungsgremiums somit als ausreichend betrachtet werden. Es mögen dann im Lauf der Zeit zwar möglicherweise neue Alternativen auftauchen, diese werden aufgrund der bisher positiv verlaufenen Beschaffungsvorgänge jedoch nicht ernsthaft in Erwägung gezogen. In diesem Fall ist der Kaufprozeß zur Routine geworden; dominant sind unter dieser Bedingung vor allem die Einkäufer bzw. die ihnen untergeordneten Stellen.

Positiv ist an dem Modell von Webster/Wind hervorzuheben, daß es in besonders deutlicher Form sowohl die Mehrschichtigkeit als auch die Rollenstruktur der organisationalen Beschaffungsentscheidung verdeutlicht. Zu kritisieren ist jedoch der nur wenig konkrete und zudem lediglich deskriptive Charakter des Modells. So werden die unterschiedenen Rollen in ihrer Entstehung und späteren Entwicklung nicht weiter thematisiert, sondern einfach als gegeben vorausgesetzt. Ein weiterer Kritikpunkt am Webster/Wind-Modell ist sein ausgesprochen monoorganisationaler Charakter. Dies zeigt sich vor allem in der Vernachlässigung der Anbieterorganisation; etwaige „Gegenparts" zum Buying Center, so das anbietereigene „Selling Center", bleiben zwangsläufig ebenso außer Betracht wie die Erklärung des organisationalen Beschaffungsprozesses als Vorgang der Interaktion zwischen Anbieter- und Nachfragerorganisation.

3. Marketing-Forschung

3.1. Begriff und Ziele der Marketing-Forschung

Ein Unternehmen kann letztlich nur dann ein marktgerechtes Angebot entwickeln, wenn es über die Möglichkeiten und Gegebenheiten des Markts und des weiteren Umfelds Bescheid weiß. Die entsprechenden Erkenntnisse haben insofern konkrete Auswirkungen auf die Bestimmung der unternehmerischen Plan- und Zielgrößen. Da **Informationen** somit zu einer wichtigen Grundlage für das Marketing-Management werden, ergibt sich die dringende Aufgabe, diese den jeweiligen Entscheidungsträgern im Unternehmen durch ein entsprechend ausgestaltetes Informationssystem zeitgerecht in der gewünschten Qualität und Quantität zur Verfügung zu stellen.

Die **Aufgabe der Marketing-Forschung** besteht ganz allgemein in der „systematischen und objektiven Gewinnung und Analyse von Informationen, die zur Erkennung und Lösung von Problemen im Marketing dienen" (Green/Tull 1982, S. 4). Der systematische Einsatz wissenschaftlicher Untersuchungsmethoden unterscheidet die Marketing-Forschung von der lediglich provisorischen, fallweise betriebenen Markterkundung (vgl. Böhler 1992, S. 17).

Die Art der durch Marketing-Forschung zu gewinnenden Informationen kann dabei wie folgt systematisiert werden:

1. Informationen über die **Umwelt**. Diese betreffen sowohl Sachverhalte der Umwelt I (Nachfrager, Konkurrenten, Absatzmittler, Lieferanten) als auch Elemente der Umwelt II (Staat, Gesellschaft, allgemeine Öffentlichkeit).

2. Informationen über die verfügbaren **Marketing-Instrumente** und **Strategieoptionen**, mit denen Präferenzen und dauerhafte Wettbewerbsvorteile erzielt werden sollen, sowie über den **Erfolg** entsprechender Maßnahmen.

3. Informationen über **innerbetriebliche Sachverhalte**. Dieser Aspekt ist z.B. für die Bewertung der vorhandenen Ressourcen wichtig, die zur Durchführung zukünftiger Marketing-Aktivitäten zur Verfügung stehen.

Der Begriffsinhalt der Marketing-Forschung unterlag in den letzten Jahren einer gewissen Wandlung: Zunächst war er lediglich auf die Gewinnung und Analyse von Informationen über die *unmittelbare Marktumwelt* eines Unternehmens gerichtet (= Marktforschung). Ein solches Aufgabenverständnis kennzeichnet den Begriff der Marketing-Forschung jedoch nur zum Teil. Diese wurde in der Vergangenheit allerdings durch ihre zusätzlich *interne Orientierung* – bei gleichzeitiger Beschränkung auf den *Absatz*markt des Unternehmens – von der betrieblichen Marktforschung abgegrenzt (vgl. Meffert 1992, S. 15 f.). Das Interesse der Marktforschung richtete sich demnach nur auf unternehmensexterne Sachverhalte, bezog dafür aber explizit auch die Beschaffungsmärkte eines Unternehmens ein.

Diese etwas unglückliche Begriffsabgrenzung wird heute mehr und mehr aufgegeben. Der Begriff der Marketing-Forschung wird mittlerweile als Überbegriff sämtlicher informationsbeschaffenden und -auswertenden Unternehmenstätigkeiten mit Marketing-Bezug verwendet. Er umfaßt damit neben der Erforschung innerbetrieblicher Marketing-Sachverhalte auch die der betrieblichen Absatz- und Beschaffungsmärkte (Umwelt I). Zusätzlich richtet er sich auf die Durchdringung der weiteren Umwelt des Unternehmens (Umwelt II). Abbildung 13 stellt den Gegenstandsbereich der Marketing-Forschung im Überblick dar.

Zur Deckung eines gegebenen Informationsbedarfs können vielfältige Informationsgewinnungsverfahren herangezogen werden. Häufig werden diese im Rahmen umfassender Marketing-Studien eingesetzt. Je nach Informationsvoraussetzungen und Erkenntnisinteressen lassen sich diesbezüglich folgende **Typen von Marketing-Studien** unterscheiden (vgl. Nieschlag/Dichtl/Hörschgen 1997, S. 675 ff.):

- **Explorative Studien:** Diese dienen der ersten Aufhellung und Strukturierung eines Problemfelds. Derartige Studien stehen folglich zumeist am Anfang eines Forschungsvorhabens, wenn im sog. *Entdeckungszusammenhang* zunächst die konzeptionellen Grundlagen für weiterführende Überlegungen zu erarbeiten sind. Beispielsweise kann anfangs danach gefragt werden, ob sich für ein Produkt typische Käufergruppen identifizieren lassen.

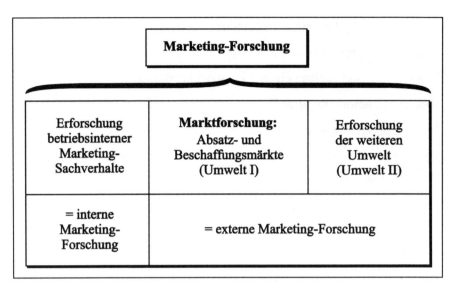

Abb. 13: Gegenstandsbereich der Marketing-Forschung

- **Deskriptive Studien:** Marketing-Studien mit deskriptivem Interesse bauen oft auf explorativen Studien auf und dienen dann einer möglichst genauen Erfassung und Beschreibung der jeweils interessierenden Sachverhalte. Eine beispielhafte Fragestellung wäre hier: Wieviel Prozent der Angehörigen einer bestimmten Käufergruppe kaufen das Produkt?

- **Explikative und kausale Studien:** Untersuchungen dieser Kategorie dienen der Überprüfung grundlegender Ursache-Wirkungs-Hypothesen und damit der Erklärung interessierender Sachverhalte *(Erklärungszusammenhang)*. Beispiele: Welche Produkteigenschaften bewirken bei welchen Käufertypen letztendlich die Kaufentscheidung? Aufgrund welcher Werbemaßnahme wurden aus welchem Grund die meisten Kunden gewonnen? Das Ziel von Kausalstudien besteht darüber hinaus in der Ableitung von konkreten Entscheidungshilfen für den Einsatz der absatzpolitischen Instrumente sowie in der Entwicklung von Marketing-Prognosen.

Ein wesentliches Problem betrifft die Entscheidung zwischen einer eigenen Marktforschungstätigkeit und der externen Vergabe von Forschungsaufträgen an Marktforschungsinstitute im Rahmen der Fremdforschung. Hierbei müssen folgende **Vorteile der Eigenforschung** gewürdigt werden (vgl. Nieschlag/Dichtl/Hörschgen 1997, S. 673):

- größere Vertrautheit mit dem Forschungsproblem;
- bessere Steuerung des Forschungsprozesses;
- Gewinnung und Aufbau eigener Forschungserfahrung,
- bessere Geheimhaltung und
- geringerer Kommunikations- und Koordinationsaufwand.

Diesen Vorteilen der selbstbetriebenen Forschung stehen u.a. folgende **Nachteile** gegenüber:

- mögliche „Betriebsblindheit" der Forscher;
- Tendenz zu erwünschten Ergebnissen;
- fehlendes methodisches Forschungs-Know-how;
- Entstehen eines zusätzlichen Fixkostenblocks.

Die Vor- und Nachteile der **Fremdforschung** stellen sich spiegelbildlich dazu dar. Insbesondere dann, wenn größere Studien durchzuführen sind, bei denen anspruchsvolle Methoden zum Einsatz kommen müssen, stößt die „hausgemachte" Marketing-Forschung oft an ihre Grenzen. In diesem Fall sind die Unternehmen in der Regel auf die Leistungen spezialisierter Marktforschungsinstitute und damit auf die Fremdforschung angewiesen.

3.2. Allgemeine Aufgaben der Marketing-Forschung

3.2.1. Die fünf „Ds" der Marketing-Forschung

Zur Gewinnung der in der Marketing-Forschung benötigten Informationen sind oftmals umfassende Erhebungs- und Auswertungsaktivitäten notwendig. Abbildung 14 zeigt die verschiedenen **Funktionen** bzw. **Phasen**, die erfüllt bzw. durchlaufen werden müssen. Man kann hier anschaulich auch von den fünf „Ds" der Marketing-Forschung sprechen.

In der **Definitionsphase** wird die Fragestellung, die den Marketing-Manager interessiert, in ein konkretes Forschungsproblem übersetzt. Hierbei sind u.a. die wichtigsten Erhebungsziele zu definieren.

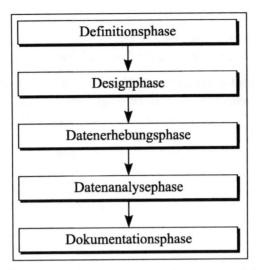

Abb. 14: Prozeßphasen der Marketing-Forschung (in Anlehnung an Nieschlag/Dichtl/Hörschgen 1997, S. 685)

In der **Designphase** werden der Weg zur Erreichung der zuvor abgesteckten Forschungsziele bestimmt und ein detaillierter Forschungsplan erstellt. Hierfür sind nicht nur forschungsleitende Hypothesen aufzustellen sowie die Dauer und der Finanzbedarf der Studie zu planen, sondern auch die konkret anzuwendenden Methoden der Datenerhebung und -analyse festzulegen. So ist z.B. zu klären, ob es zeitlich und finanziell möglich ist, eine Vollerhebung durchzuführen, d.h. alle in Betracht kommenden Erhebungseinheiten zu befragen, oder anderenfalls eine Teilerhebung bzw. Stichprobe vorgezogen werden muß. Entscheidet man sich für letzteres, dann sind weitere Fragen zu beantworten, etwa: Wie groß soll der Stichprobenumfang sein und welche Art der Stichprobenziehung ist zu wählen (z.B. quotierte oder Zufallsstichprobe)? Gerade die Designphase einer Marketing-Studie berührt zahlreiche methodische Probleme, die für den weiteren Gang und das spätere Forschungsergebnis vorentscheidend sind.

Die **Datenerhebungsphase** dient der Erfassung der Daten. In dieser Prozeßstufe sind vor allen Dingen Organisations- und Kontrollaufgaben zu erfüllen, etwa im Hinblick auf den Einsatz von Interviewern, um eine hohe Qualität des Datenmaterials zu gewährleisten.

In der **Datenanalysephase** werden die in der Erhebungsphase erfaßten Daten ausgewertet. Dies kann sich in einem schlichten Auszählen eingehender Fragebögen erschöpfen; häufig werden jedoch auch kompliziertere statistische Analyseverfahren zur Anwendung gelangen müssen (vgl. Abschnitt 3.2.3.). Es geht mithin um die Verarbeitung der erhobenen Daten, d.h. deren weiterführende Analyse und Interpretation.

In der **Dokumentationsphase** schließlich müssen die erzielten Ergebnisse verständlich aufbereitet und mit ihren möglichen Konsequenzen dargestellt werden; meist ist hierzu die Abfassung eines Ergebnisberichts notwendig. Die ansprechende Präsentation der Ergebnisse vor den zuständigen Instanzen ist eine häufig vernachlässigte, in ihrer Bedeutung jedoch nicht zu unterschätzende Teilaufgabe – die aussagestärksten Resultate nutzen schließlich nichts, wenn sie nicht in ansprechender Form sowie in erforderlichem Umfang und Verdichtungsgrad an die richtigen Adressen im Unternehmen gelangen.

Nachfolgend wollen wir uns auf zwei wesentliche Teilphasen dieses Marketing-Forschungsprozesses konzentrieren – die Datenerhebung und die Datenanalyse.

3.2.2. Die Datenerhebung

Die Marketing-Forschung muß im Vorfeld der Datenerhebung eine Reihe von inhaltlichen und organisatorischen Entscheidungen treffen, die den geplanten Forschungsprozeß in seinem Verlauf frühzeitig strukturieren. Grundlegend für die Datenerhebung ist u.a. die Wahl zwischen Primär- und Sekundärforschung. Während bei der **Primärforschung** originäres, auf das jeweilige Forschungsproblem unmittelbar zugeschnittenes Datenmaterial erhoben wird, greift die **Sekundärforschung** auf bereits vorhandene, jedoch häufig in einem anderen Zusammenhang erfaßte Daten zurück. Eine wichtige Rolle für die Sekundärforschung können z.B. auch **externe Datenbanken** spielen (vgl. Hammann/Erichson 1994, S. 62 ff.). Inzwischen existieren zahlreiche Online-Datenbanken, die, wie z.B. die GENIOS-Wirtschaftsdatenbanken der Verlagsgruppe Handelsblatt, vielfältige Informationen über Branchen, Märkte und Firmen für die Zwecke der Sekundärforschung zur Verfügung stellen.

Entscheidet man sich für die Primärforschung, so kommen zur Erhebung der interessierenden Daten verschiedene Methoden in Frage. Wir unterscheiden im folgenden mit der *Befragung* und der *Beobachtung* zwei Grundformen der Datenerhebung. Von diesen lassen sich Spezialformen wie das Experiment und die Panelerhebung abgrenzen.

3.2.2.1 Grundformen der Datenerhebung

a) Befragung

Die Befragung ist die wohl am weitesten verbreitete Informationsgewinnungsmethode im Marketing. Dies mag darin begründet sein, daß sie der Erforschung sowohl beobachtbaren als auch unbeobachtbaren Verhaltens dient und dabei auch noch relativ unkompliziert einzusetzen ist. Ihr Ziel besteht darin, einen bestimmten Kreis von Auskunftspersonen festzulegen und diesen sodann über die interessierenden Sachverhalte sprachlich Auskunft geben zu lassen.

Hinsichtlich des Erhebungsmodus kann eine Befragung grundsätzlich in **schriftlicher, mündlicher, telefonischer** oder **computergestützter** Form erfolgen (vgl. nachfolgend Raffée/Fritz/Wiedmann 1994, S. 70 f.):

- **Schriftliche Befragung**: Sie ist dadurch gekennzeichnet, daß man an ausgewählte Auskunftspersonen Fragebögen versendet, die dann von diesen ausgefüllt zurückgesandt werden (postalische Befragung). Die Vorteile dieser Methode sind ihre Kostengünstigkeit und schnelle Durchführbarkeit. Zudem werden die Ergebnisse nicht durch einen (oft unbewußten) Interviewereinfluß verfälscht. Nachteilig wirkt sich bei dieser Methode die oft nur geringe und dazu häufig schichtenspezifisch verzerrte Antwortquote aus (*Responseproblem*). Überdies läßt sich nicht mit Sicherheit sagen, daß die Zielperson auch wirklich diejenige war, die den Fragebogen ausgefüllt hat (*Identitätsproblem*). Und zum dritten ergibt sich das Problem, daß der „Stichtag" der Erhebung nicht einheitlich ist – ein Problem, das sich verschärft, wenn bei zunächst nicht antwortenden Personen noch einmal „nachgefaßt" werden muß (*Stichtagsproblem*).

- **Mündliche Befragung („Interview")**: Bei dieser Befragungsform werden die Auskunftspersonen persönlich von einem Interviewer aufgesucht und befragt. Im Rahmen des Gesprächs können erstere auch Rückfragen stellen, so daß die mündliche Befragung Flexibilitätsvorteile gegenüber der schriftlichen Befragungsform aufweist. Außerdem können auf diese Weise in der Regel höhere Antwortquoten erreicht werden. Die Eigenart des „Befragungsgesprächs" besitzt jedoch auch einen gravierenden Nachteil: Der Interviewer kann bereits durch sein Aussehen, Auftreten und seinen Fragestil das Verhalten der Auskunftspersonen beeinflussen. Man spricht in diesem Fall auch von einem sog. Interviewer-Bias oder Interviewereinfluß. Dieser kann letztendlich die Aussagekraft der erhobenen Daten beeinträchtigen. Die mündliche Befragung ist durch die in jedem Fall erforderliche Anwesenheit eines ausgebildeten Interviewers überdies vergleichsweise teuer.

- **Telefonische Befragung**: Diese Befragungsform stellt eine spezielle Variante der mündlichen Befragung dar. Sie bietet sich vor allem dann an, wenn schon nach relativ kurzer Zeit Ergebnisse erzielt werden sollen („Blitzumfrage") und es zudem nicht so sehr auf die Repräsentativität der Daten ankommt. Diese Methode, die in den USA bislang noch weiter verbreitet ist als in Deutschland, setzt aber natürlich einen Telefonbesitz sowie eine entsprechende Antwortbereitschaft bei den Befragten voraus. Der Interviewereinfluß ist hier zwar tendenziell geringer als in der unmittelbaren Face-to-Face-Situation mündlicher Interviews, aber dennoch nicht völlig auszuschließen.

- **Computergestützte Befragung**: Diese Erhebungsform ist in zwei grundsätzlichen Ausgestaltungen denkbar: Der Computer kann erstens als reine Erfassungs- und Auswertungshilfe dienen, d.h. der Interviewer gibt seine Ergebnisse in einen (tragbaren) Computer ein und wertet diese sodann mittels geeigneter Software aus. Zweitens kann der Computer selbst als Medium der Befragung fungieren. In diesem Fall tritt der Interviewer nicht mehr persönlich in Erscheinung, sondern übermittelt seine Fragen – ebenso wie die Auskunftsperson ihre jeweiligen Antworten – mittels Bildschirm bzw. Tastatur. Eine solche Vorgehensweise ist naturgemäß sehr zeit- und kostensparend, setzt jedoch den Zugang des Befragten zu einer entsprechend kommunikationstauglichen EDV-Anlage voraus; hierdurch sind zugleich Einschränkungen der Ergebnisrepräsentativität hinzunehmen. Eine neue Variante dieser Befragungsform ist die sog. **Online-Befragung**, die z.B. mittels Internet stattfinden kann.

Die Vor- und Nachteile der drei „klassischen" Befragungsformen werden in Abbildung 15 noch einmal zusammengefaßt und ergänzt.

Wird eine Befragung nicht nur zu einem einzigen Sachverhalt, sondern statt dessen zu mehreren Themen durchgeführt, spricht man auch von einer sog. **Omnibusbefragung**. Anderenfalls ist von einer **Ein-Themen-Befragung** die Rede.

	schriftliche Befragung	telefonische Befragung	mündliche Befragung
Antwortquote	−	+	+
Einheitlicher Erhebungsstichtag	−	+	+
Antwortzeit - Ausschluß unüberlegter Antworten - Messung	O −	− +	+ O
Einfluß von dritter Seite	−	O	+
Umfang des Fragebogens	−	−	+
Gefahr von Mißverständnissen	−	+	+
Komplexe Informationen	−	−	+
Interviewereinfluß	+	O	−
Schwer erreichbare Berufskreise	+	O	−
Räumliche Repräsentation	+	+	−
Kosten	+	+	−
Es bedeuten: + = Vorteil; − = Nachteil; O = Indifferenz bzw. (noch) unklar			

Abb. 15: Vor- und Nachteile der drei „klassischen" Formen der Befragung (Hüttner/Pingel/Schwarting 1994, S. 53)

b) Beobachtung

Die Beobachtung stellt neben der Befragung den zweiten Grundtypus der Datenerhebung dar. Unter Beobachtung wird im allgemeinen die Erfassung von sinnlich wahrnehmbaren Sachverhalten im Augenblick ihres Auftretens durch andere Personen verstanden. Da keineswegs alle subjektiven und objektiven Tatsachen durch Beobachtung erkennbar sind (Einstellungen, Meinungen, Alter, Einkommensverhältnisse einer Person etc.), können im Rahmen der Beobachtung letztlich nur solche Sachverhalte ermittelt werden, die sich in konkreten physischen Aktivitäten, sprich: äußerem Verhalten der Beobachteten offenbaren. Damit wird der Einsatzbereich der Beobachtung als Erhebungsmethode eingeschränkt.

Es werden verschiedene Beobachtungstypen unterschieden. Wichtige Formen sind die teilnehmende bzw. nicht-teilnehmende Beobachtung sowie die Feld- bzw. Laborbeobachtung. Bei der **teilnehmenden Beobachtung** nimmt der Beobachter an einem interessierenden Geschehen aktiv teil (z.B. als Testkäufer in einem Geschäft), während er bei der **nicht-teilnehmenden Beobachtung** passiv bleibt und sich auf die bloße Registrierung des interessierenden Sachverhalts beschränkt. **Feldbeobachtungen** finden im natürlichen Umfeld einer beobachteten Person statt, **Laborbeobachtungen** dagegen in einer künstlich geschaffenen, externe Einflüsse kontrollierenden Situation.

Nicht-teilnehmende und/oder Feldbeobachtungen weisen den Vorteil der Erfassung einer natürlicheren, unbeeinflußten Reaktion der jeweiligen Versuchsperson auf (z.B. sog. Kundenlaufstudien in Supermärkten). Für Laborbeobachtungen müssen oftmals komplizierte technische Hilfsmittel, wie z.B. EEG oder EDR (vgl. Abschnitt 2.3.1.2 b), herangezogen werden. Dafür besitzen letztere den Vorteil eines exakteren Ergebnisses, da u.a. ergebnisverzerrende Störgrößen besser ausgeschaltet werden können.

3.2.2.2. Sonderformen der Datenerhebung

a) Experiment

Wenn vom Experiment als Form der Datenerhebung die Rede ist, dann ist damit das **Realexperiment** gemeint, das auf die Gewinnung von Informationen über die Realität abstellt. Weniger angesprochen ist somit das **Simulationsexperiment** (auch: **Berechnungsexperiment**), bei dem es um das Experimentieren mit Modellen, d.h. die Realität nachahmenden Ersatzsystemen geht, die in Computerprogrammen gespeichert sind. Experimente sind in dieser Perspektive „Programmdurchläufe mit unterschiedlichen Parametern", die das Verhalten eines Ersatzsystems unter simulierten Bedingungen veranschaulichen sollen (Witte 1993, Sp. 3837 f.). Obwohl solche Simulations- oder Computerexperimente für die Marketing-Planung eine gewisse Rolle spielen und auch in die Marketing-Forschung Einzug halten – etwa als Teil einer sog. Testmarktsimulation, d.h. eines probeweisen Verkaufs neuer Produkte in künstlich präparierten Einkaufsstätten (vgl. Hammann/Erichson 1994, S. 181 ff.) –, steht im folgenden das Realexperiment im Vordergrund.

Experimente im Sinne des Realexperiments sind unter kontrollierten Bedingungen stattfindende Befragungen und/oder Beobachtungen zur Ermittlung von Ursache-Wirkungs-Zusammenhängen. Solche Experimente sind durch eine spezielle Versuchs- und Meßanordnung gekennzeichnet, die vor allem der Überprüfung von Kausalhypothesen dient (vgl. Böhler 1992, S. 33). An sie werden daher besonders strenge Anforderungen hinsichtlich der einzuhaltenden wissenschaftlichen Erkenntniskriterien (Objektivität, Validität, Reliabilität) gestellt.

Analog zur Differenzierung in Feld- bzw. Laborbeobachtung unterscheiden wir **Feldexperimente**, die in der natürlichen Umgebung der Testpersonen stattfinden, und **Laborexperimente**, bei denen durch eine künstliche Versuchsanordnung angestrebt wird, relevante Einflußfaktoren zu isolieren und unerwünschte Störeinflüsse auszuschließen; die Abgrenzung zur Laborbeobachtung ist dabei zuweilen fließend. Das Ziel des letzteren Experimenttyps ist eine weitestgehende Kontrolle der Situationsbedingungen, so daß ein hohes Maß an kausaler Zurechenbarkeit der beobachteten Wirkung auf den experimentell variierten Faktor („Ursache") erreicht wird.

Spezielle Ausprägungen des Feldexperiments im Rahmen der Marketing-Forschung stellen der Produkt-, der Store- und der Markttest dar (vgl. Nieschlag/Dichtl/Hörschgen 1997, S. 838 ff.). Sie alle dienen in erster Linie einer optimalen Produktgestaltung und -präsentation und damit auch der Minimierung des Floprisikos bei Neuprodukteinführungen (vgl. Hammann/Erichson 1994, S. 174 ff.). Während im **Produkttest** die Anmutungseigenschaften sowie der (erstmalige) Gebrauch eines Produkts durch eine ausgewählte Kundengruppe getestet werden, wird im **Store-Test** die allgemeine Marktchance neuer bzw. grundlegend veränderter Erzeugnisse anhand ihres probeweisen Verkaufs in einer begrenzten Anzahl von Ladengeschäften überprüft (vgl. Hüttner 1997, S. 391). Der **Markttest** schließlich will das gesamte Marktverhalten des Produkts abschätzen; Voraussetzung dafür ist also ein bis zur Marktreife entwickeltes Neuprodukt, das unter kontrollierten Bedingungen in einem räumlich abgegrenzten Absatzgebiet (Testmarkt) probeweise verkauft wird. Markttests zählen zu den methodisch am weitesten entwickelten, jedoch auch aufwendigsten Feldexperimenten. Da sie sehr teuer sind, werden sie oft nur von großen Markenartikelherstellern durchgeführt.

Eine neuere Testform sind die sog. **elektronischen Mini-Testmärkte** (vgl. Hüttner 1997, S. 394; Hammann/Erichson 1994, S. 191 ff.). Diese kombinieren experimentell die automatisierte Datenerfassung am Verkaufspunkt im Einzelhandel durch Scannerkassen mit einer sog. Panelerhebung, d.h. mit der wiederholten Beobachtung eines festen Kreises privater Haushalte. Die Mitglieder eines solchen Haushaltspanels werden dabei mit scannerlesbaren Identifikationskarten ausgestattet, mit denen die Einkäufe in Handelsgeschäften erfaßt werden, die einem Handelspanel angehören (zum Panel siehe 2). Auf diese Weise kann im Rahmen des Kassiervorgangs nebenbei z.B. festgestellt werden, welche Haushalte ein Neuprodukt kaufen und welche nicht. Da in manchen Typen dieser elektronischen Mini-Testmärkte – z.B. beim BehaviorScan-System in Haßloch – die Haushalte des Panels auch an das Kabelfernsehnetz angeschlossen sind, ist es möglich, die Wirkung von Testwerbung im Fernsehen auf die Einkäufe der Haushalte festzustellen. Damit wird zugleich der ökonomische Werbeerfolg experimentell ermittelt (vgl. Abschnitt 5.5.2.1.).

b) Panel

Eine bereits erwähnte weitere Sonderform der Befragung bzw. Beobachtung ist das Panel. Hierbei handelt es sich um einen gleichbleibenden Kreis von Untersuchungseinheiten (Personen, Organisationen), der, nach repräsentativen Merkmalen ausgewählt, in regelmäßigen zeitlichen Abständen zum gleichen Untersuchungsgegenstand befragt und/oder beobachtet wird (vgl. Berekoven/Eckert/Ellenrieder 1996, S. 123). Mit dieser Erhebungsform sollen der Ausschluß von lediglich einmalig auftretenden Ereignissen erreicht und die Aufzeichnung der zeitlichen Veränderung interessierender Phänomene ermöglicht werden. Neben **Verbraucherpanels**, bei denen eine bestimmte Konsumentengruppe über ihre Konsum- und Einkaufsgewohnheiten Auskunft gibt, existieren auch **Handelspanels**, die spezifische Handelsphänomene registrieren, z.B. Veränderungen des Warenbestands und der Marktanteile (vgl. Hammann/Erichson 1994, S. 141 f.). Das größte Verbraucherpanel wird z.Zt. von der *GfK Panel Services mbH* in Nürnberg betrieben und umfaßt etwa 14.000 Haushalte.

Die Aussagekraft der Informationen eines Panels hängt von seiner Repräsentativität ab. Diesbezüglich bewirken die verschiedensten **Paneleffekte** jedoch häufig eine nur eingeschränkte Übertragbarkeit der Panelergebnisse auf die übergeordnete Grundgesamtheit. Die wichtigsten Probleme bei Panels sind (vgl. Hammann/Erichson 1994, S. 142 ff.; Böhler 1992, S. 60 ff.):

- **Unvollständige Marktabdeckung ("Coverage"):** Systematische Teilnahmeverweigerungen (aus Geheimhaltungsgründen z.B. *Aldi*, aus Wirtschaftlichkeitsgründen etwa viele Kleinunternehmen) und erhebliche Erfassungslücken (z.B. bei ausländischen Single-Haushalten) bewirken Beeinträchtigungen der Repräsentativität.

- **Panelsterblichkeit:** Aus verschiedenen Gründen (Arbeitsüberlastung, Desinteresse, Umzug, Tod etc.) scheiden im Zeitablauf immer wieder Panelmitglieder aus. Besonders hoch ist der Ausfall dabei erfahrungsgemäß in den ersten Wochen der Teilnahme an Verbraucherpanels (oft bis zu 50%). Bei Einzelhandelspanels wird der jährliche Ausfall auf etwa 15% geschätzt.

- **Panelerstarrung:** Wird ein Panel über längere Zeit beibehalten, dann bewirken die Verschiebungen in seiner soziodemographischen Struktur (z.B. hinsichtlich Alter, Familienstand, Einkommen und Bildung der Teilnehmer), daß es der Grundgesamtheit immer weniger entspricht und daher an Repräsentativität verliert. Es ist somit erforderlich, einem einmal gebildeten Teilnehmerkreis gelegentlich neue Teilnehmer zuzuführen.
- **Paneleffekt i.e.S.:** Dieser Effekt tritt vor allem beim Verbraucherpanel auf. Es kommt hierbei zu einer Veränderung des „normalen" Konsumverhaltens gerade aufgrund der Teilnahme an einem Panel. Die Panelteilnehmer wissen, daß ihr Einkaufsprozeß an anderer Stelle verfolgt wird und ändern z.B. aus Prestigegründen ihre Gewohnheiten: In vermehrtem Maße werden dann sozial erwünschte Güter wie Zahnpasta oder Bücher gekauft bzw. auf einer entsprechenden Einkaufsliste als gekauft vermerkt (sog. Overreporting) sowie im Gegenzug der Kauf unerwünschter Güter (Alkohol, Sexmagazine etc.) unterschlagen. Mitunter werden Käufe auch erst durch die in den jeweiligen Berichtsbögen vorgegebenen Warengruppen angeregt. Im Rahmen elektronischer Mini-Testmärkte kann diese Verfälschung jedoch begrenzt werden (s.o.).

3.2.3. Die Datenanalyse

Die Daten, die näher analysiert werden sollen, können in unterschiedlicher Weise empirisch erfaßt, d.h. skaliert sein. Es lassen sich dabei grundsätzlich **vier verschiedene Skalenniveaus** unterscheiden (vgl. Backhaus et al. 1996, S. XV ff.):

Nominalskalen klassifizieren qualitative Eigenschaftsausprägungen, wie z.B. männliches/weibliches Geschlecht, Brillenträger/Nicht-Brillenträger oder Arbeiter/Angestellter/Beamter.

Ordinalskalen erlauben darüber hinaus die Zuordnung von Rangwerten, können also Größer/Kleiner- bzw. Besser/Schlechter-Urteile treffen; Schulnoten oder Präferenzurteile sind hierfür typische Beispiele. Genaue Abstände zwischen den einzelnen Rangwerten lassen sich bei ordinal skalierten Daten allerdings nicht angeben.

Intervallskalen besitzen gleich große Skalenabschnitte zwischen den verschiedenen Merkmalsausprägungen, jedoch *keinen* natürlichen Nullpunkt. Beispiel: Die Celsius-Skala zur Temperaturmessung, die im Gegensatz zur Kelvin-Skala einen willkürlich gewählten Nullpunkt aufweist.

Verhältnisskalen (Ratioskalen) weisen definitionsgemäß ebenfalls gleich große Skalenabschnitte auf, besitzen dabei aber zusätzlich einen *natürlichen* Nullpunkt. Dies gilt z.B. für alle in Geldeinheiten erfaßbaren ökonomischen Größen (z.B. Umsatz, Gewinn).

Nominal- und Ordinalskalen werden auch als **nichtmetrische**, Intervall- und Verhältnisskalen dagegen als **metrische Skalen** bezeichnet.

Unterschiedlich komplex und anspruchsvoll sind auch die mathematisch-statistischen Verfahren, mit denen man die gewonnenen Daten auswerten kann. Je nach der Zahl der simultan zu untersuchenden Variablen unterscheidet man univariate, bivariate und multivariate Analyseverfahren (vgl. Hüttner 1997, S. 213 ff.). **Univariate Verfahren** betrachten nur eine einzige Variable. Mit ihrer Hilfe lassen sich z.B. Häufigkeitsverteilungen errechnen oder Zeitreihenanalysen einer einzelnen Größe, etwa der Umsatzentwicklung, durchführen. Werden dagegen zwei Variablen zueinander in Beziehung gesetzt, dann spricht man von **bivariaten Verfahren**. Beispiele hierfür sind einfache Kontingenz-, Korrelations- und Regressionsanalysen. Man könnte in diesem Sinne z.B. die Beziehung zwischen der Entwicklung des Umsatzes und des Images eines Unternehmens untersuchen.

Noch komplexer, aber vielfach auch aussagekräftiger sind die Verfahren, die drei oder mehr Variablen in den Untersuchungsprozeß einbeziehen können. Man spricht in diesem Fall von **multivariaten Verfahren**. Diese lassen sich in Zusammenhänge überprüfende (**dependenzanalytische**) und Zusammenhänge entdeckende (**interdependenzanalytische**) Verfahren einteilen. Während erstere abhängige von unabhängigen Variablen unterscheiden, ist dies bei interdependenzanalytischen Analyseverfahren nicht möglich. Typische Verfahren der Dependenzanalyse sind die (multiple) Regressionsanalyse sowie die Varianz-, Diskriminanz-, Kovarianzstruktur- und Conjointanalyse, während z.B. die Faktoren- und Clusteranalyse sowie die Multidimensionale Skalierung den Verfahren der Interdependenzanalyse zuzurechnen sind (vgl. Backhaus et al. 1996, S. XVII ff.; Nieschlag/Dichtl/Hörschgen 1997, S. 774 ff.). Fragestellungen der Marketing-Forschung, die mit diesen Verfahren untersucht werden können, zeigt Abbildung 16.

Verfahren	Fragestellung (Beispiele)
Regressions-analyse	• Wie läßt sich der Bedarf an Farbfernsehgeräten für die nächsten Jahre schätzen? • Hängt das Ausmaß der Marketing-Aktivitäten eines Unternehmens von der Art der Leitung, der Rechtsform und der Anzahl der Mitarbeiter ab?
Varianz-analyse	• Mit welchem Massenmedium (Wochenzeitschrift, Fernsehen oder Hörfunk) erreicht eine Werbekampagne die größte Anzahl ihrer Zielpersonen? • Wie wirkt sich die Farbe der Verpackung (rot, grün, blau, gelb, mehrfarbig) auf den Produktabsatz aus?
Dis-kriminanz-analyse	• Durch welche psychologischen Merkmale unterscheiden sich Kunden von Nicht-Kunden? • Bestehen Einkommens- und Altersunterschiede zwischen der Gruppe der häufigen und jener der seltenen Verwender eines Produkts?
Kovarianz-struktur-analyse (z.B. LISREL)	• Hängt die Wirkung vergleichender Warentestinformationen der Stiftung Warentest (Berlin) auf die Produktinnovation, die Produkt-modifikation und die Qualitätskontrolle von Industrieunternehmen z.B. von der Größe, den Zielen, der Testerfahrung und der Branchen-zugehörigkeit der Unternehmen sowie von der Wettbewerbsintensität ab? (Vgl. Fritz 1984) • Beeinflußt die Marktorientierung eines Unternehmens den Unter-nehmenserfolg stärker als die Produktions- und Kosten-, die Mitarbeiter-, die Technologie- und Innovations- sowie die Umwelt- und Gesellschaftsorientierung? (Vgl. Fritz 1995a)
Faktoren-analyse	• Welches sind die wichtigsten Faktoren, die das Image eines Unternehmens in der Öffentlichkeit ausmachen? • Auf welche Grunddimensionen läßt sich die Attraktivität einer Einkaufsstätte zurückführen?
Cluster-analyse	• Lassen sich die Benutzer des öffentlichen Personennahverkehrs anhand sozioökonomischer und psychographischer Merkmale in unterschiedliche Gruppen (Marktsegmente) einteilen? • Gibt es unter dem Publikum eines Theaterbetriebs unterschiedliche Besuchertypen?
Multi-dimensionale Skalierung	• Inwieweit entspricht das Dienstleistungsangebot eines Beratungs-unternehmens den Idealvorstellungen der Kunden? • Welches Image besitzt die Technische Universität Braunschweig im Vergleich zum Image anderer Universitäten?
Conjoint-analyse (Verbund-messung)	• Welche Kombination von Merkmalen sollte ein Verkehrsmittel aufweisen, um dem Benutzer einen optimalen Nutzen zu stiften? • Welches Eigenschaftsbündel charakterisiert jenes Restaurant, das die Kunden bevorzugen würden?

Abb. 16: Multivariate Verfahren und typische Fragestellungen in der Marketing-Forschung

3.3. Spezielle Aufgaben der Marketing-Forschung

Im Rahmen der täglichen Marketing-Forschung werden zahlreiche spezielle Aufgaben wahrgenommen. Als Beispiele für derartige Marketing-Forschungsaufgaben sind neben gegenwartsbezogenen Marktanalysen auch zukunftsgerichtete Marktprognosen, regelmäßige Marktbeobachtungen, Werbeforschungsuntersuchungen, die Auslandsmarktforschung sowie Tätigkeiten der betrieblichen Früherkennung zu nennen.

Am Beispiel einer **Marktanalyse** sollen einige elementare Kenngrößen des Marketing vorgestellt werden.

Zur Analyse eines bestimmten Markts muß dieser zunächst einmal abgegrenzt werden. Dabei geht es darum, den **relevanten Markt** zu fixieren, der als wesentliches Merkmal u.a. die Austauschbarkeit der Produkte aus Kundensicht aufweisen muß (vgl. Abschnitt 2.2.2.1.). Eine Austauschbarkeit der Produkte aus Kundensicht bedeutet Konkurrenz der Produkte untereinander. Eine Form, dieses modellhaft darzustellen, ist die sog. **Kreuzpreiselastizität** der Nachfrage, die die relative Änderung der Absatzmenge des Produkts 1 aufgrund der relativen Preisänderung bei Produkt 2 angibt. Ist die Kreuzpreiselastizität der Nachfrage **positiv**, dann kann auf das Vorliegen von Wettbewerbsbeziehungen zwischen zwei Produkten geschlossen werden. In diesem Fall erhöht eine Preissteigerung bei Produkt 2 die Absatzmenge von Produkt 1, d.h. es liegt eine *substitutive* Beziehung zwischen den beiden Gütern vor. Eine solche Beziehung kann z.B. zwischen Butter und Margarine oder zwischen einer Eurotunnel-Fahrt und einem Linienflug nach England bestehen. Ist die Kreuzpreiselastizität der Nachfrage **negativ**, existiert eine *komplementäre* Güterbeziehung, wie z.B. zwischen Tennisschlägern und Tennisbällen; d.h. beide Produkte konkurrieren nicht, sondern ergänzen sich. Aufgrund der praktischen Schwierigkeiten der Bestimmung der Kreuzpreiselastizität (vgl. Bauer 1995, Sp. 1717) werden in der Praxis indes häufig andere Kriterien zur Abgrenzung des relevanten Markts herangezogen, z.B. Regionen, Länder, Kontinente oder Abnehmergruppen.

Um zur Ableitung erfolgversprechender Marketing-Strategien zu gelangen, müssen zunächst die wesentlichen **Merkmale des relevanten Markts** erfaßt und beschrieben werden. Hierfür ist die genaue Kenntnis der folgenden Größen wichtig (vgl. Hüttner 1997, S. 369 f.):

a) **Marktkapazität**: Hierunter wird der maximal mögliche *Bedarf* auf dem relevanten Markt verstanden. Die Marktkapazität kennzeichnet somit die maximal mögliche Aufnahmefähigkeit des Markts.

b) **Marktpotential**: Darunter versteht man die maximal mögliche *Nachfrage* bzw. den maximal möglichen Absatz oder Umsatz *aller* Anbieter auf dem relevanten Markt. Diese Größe ergibt sich aus dem Gesamtbedarf *und* der Gesamtkaufkraft aller möglichen Kunden, d.h. sie relativiert die Marktkapazität um das tatsächlich vorhandene Kaufvermögen der möglichen Abnehmer.

c) **Marktvolumen**: Dieser Begriff kennzeichnet den *tatsächlich realisierten* Umsatz oder Absatz *aller* Anbieter auf dem relevanten Markt.

d) **Marktausschöpfung(-sgrad)**: Diese Größe stellt das Verhältnis von Marktvolumen zu Marktpotential dar, d.h. gibt an, in welchem Ausmaß eine maximal mögliche Nachfrage bereits gedeckt wird.

e) **Umsatz- bzw. Absatzpotential**: Diese Größen geben den *maximal möglichen Umsatz oder Absatz eines Anbieters* auf dem relevanten Markt an, d.h. den für ihn maximal erreichbaren Anteil am Marktpotential.

f) **Umsatz- bzw. Absatzvolumen**: Hierdurch wird ebenfalls eine Kennzahl formuliert, die nur auf ein einziges Unternehmen abstellt. Das Umsatz- bzw. Absatzvolumen kennzeichnet den *tatsächlich getätigten Umsatz oder Absatz eines Anbieters* auf seinem relevanten Markt und damit seinen Anteil am Marktvolumen.

g) **Marktanteil**: Dieser stellt als **absoluter Marktanteil** den Quotienten aus eigenem Umsatz und Gesamtumsatz des Markts (Umsatzvolumen durch Marktvolumen) dar. Als **relativer Marktanteil** gibt diese Kennzahl den Quotienten aus eigenem Marktanteil und dem Marktanteil des/der stärksten Konkurrenten wieder.

4. Ziele und Basisstrategien des Marketing

4.1. Marketing-Ziele

Die durch die Marketing-Forschung gewonnenen Informationen dienen der Planung der Marketing-Konzeption, deren Ausgangspunkt die Marketing-Ziele sind. Unter einem **Ziel** wird allgemein eine **angestrebte Situation** (Entwicklung oder Zustand) verstanden; Ziele dienen somit der Festlegung erwünschter und zu erreichender Sachverhalte. Wie bereits ausgeführt, speisen sie sich in ihrer inhaltlichen Ausrichtung aus den übergeordneten Grundhaltungen und Leitideen eines Unternehmens (vgl. Abschnitt 2.2.1. sowie Abbildung 6); sie können dabei als **Sach**- oder **Formalziele** auftreten. Während erstere primär das sachliche Betätigungsfeld des Unternehmens festlegen und z.B. die Suche und Auswahl zukünftig zu bearbeitender Produkt/Markt-Kombinationen umfassen („defining the business"), erstrecken sich letztere auf die allgemeinen Erfolgserwartungen, die an die unternehmerische Tätigkeit geknüpft werden und häufig in Größen wie Umsatz, Gewinn oder Marktanteil ihren Ausdruck finden („defining the business mission").

Die Marketing-Ziele müssen aus den allgemeinen **Unternehmenszielen** entwickelt, näher **operationalisiert** und in ein konsistentes **Zielsystem** überführt werden.

4.1.1. Unternehmens- und Marketing-Ziele

Nach modernem Verständnis ist Marketing nicht mehr allein ein funktionaler Teilbereich des Unternehmens (vgl. Abschnitt 2.1.1.), sondern hat vielmehr die Aufgabe, alle organisationalen Handlungen und Entscheidungen im Sinne einer ganzheitlich-marktorientierten Unternehmensführung konsequent an den Kundenbedürfnissen auszurichten. Marketing steht in diesem Sinne nicht mehr am Ende des betrieblichen Leistungsprozesses („Leistungsverwertung"), sondern vielmehr am Anfang, indem bereits zu Beginn betrieblicher Entscheidungsabläufe die Marktanforderungen zum

Ausgangspunkt jeder weiteren Überlegung gemacht werden. In dieser Perspektive lassen sich die Marketing-Ziele nicht mehr eindeutig von den Unternehmenszielen trennen; statt dessen sind die „Marketing-Ziele der marktgerichtete Teil der Unternehmensziele" (Schneider 1995, Sp. 1683).

Für diesen zum Teil engen Zusammenhang zwischen Unternehmens- und Marketing-Zielen sprechen auch Ergebnisse der empirischen Zielforschung. Die nachfolgende Abbildung 17, die die Resultate einer Befragung von 144 deutschen Industrieunternehmen wiedergibt, zeigt, welcher Zielinhalt von diesen Unternehmen als maßgeblich erachtet wird.

	$\bar{x}$	SD
1. Kundenzufriedenheit	6,12	0,70
2. Sicherung des Unternehmensbestands	6,08	0,70
3. Wettbewerbsfähigkeit	6,00	0,73
4. Qualität des Angebots	5,89	0,71
5. Langfristige Gewinnerzielung	5,80	0,76
6. Gewinnerzielung insgesamt	5,74	0,75
7. Kosteneinsparungen	5,73	0,79
8. Gesundes Liquiditätspolster	5,64	0,91
9. Kundenloyalität	5,64	1,03
10. Kapazitätsauslastung	5,57	0,91
11. Rentabilität des Gesamtkapitals	5,56	0,85
12. Produktivitätssteigerungen	5,54	0,84
13. Finanzielle Unabhängigkeit	5,54	1,22
14. Mitarbeiterzufriedenheit	5,42	0,84
15. Umsatz	5,24	0,97
16. Erhaltung und Schaffung von Arbeitsplätzen	5,20	1,09
17. Wachstum des Unternehmens	5,05	1,03
18. Marktanteil	4,92	1,38
19. Umweltschutz	4,87	1,26
20. Soziale Verantwortung	4,86	1,02
21. Ansehen in der Öffentlichkeit	4,61	1,27
22. Kurzfristige Gewinnerzielung	4,48	1,36
23. Macht und Einfluß auf dem Markt	4,46	1,43
24. Verbraucherversorgung	4,14	1,71
Anmerkung: $\bar{x}$ = arithmetisches Mittel; SD = Standardabweichung; Skala 1 = gar keine, ..., 7 = überragende Bedeutung		

Abb. 17: Ziele von Industrieunternehmen (Raffée/Fritz 1992, S. 310)

Dieser Zielkatalog vermittelt einen ähnlichen Eindruck wie die Auflistung der elementaren Unternehmensgrundhaltungen in Abbildung 6. Zwar steht die Erlangung einer ausreichenden Kundenzufriedenheit als wichtigstes Unternehmensziel ganz oben und ist diesmal auch die Orientierung an den Konkurrenten zumindest in Gestalt des Ziels „Wettbewerbsfähigkeit" relativ weit vorn plaziert, doch nehmen auch hier gesellschafts- und ökologieorientierte Ziele wiederum nur hintere Plätze ein. Auch in den unternehmerischen Zielvorstellungen sind die zentralen Elemente des modernen Marketing somit wenigstens zum Teil repräsentiert. Nebenbei wird deutlich, daß die weitverbreitete These von der Alleindominanz des Gewinnziels im unternehmerischen Zielsystem kaum aufrecht erhalten werden kann (vgl. Raffée/Fritz 1992, S. 311).

4.1.2. Aspekte der Planung von Marketing-Zielen

Die Planung der betrieblichen Marketing-Ziele hat insbesondere zwei Grundaufgaben zu erfüllen: Zum einen müssen die **Ziele operationalisiert**, d.h. so gefaßt werden, daß sie hinsichtlich verschiedener Dimensionen präzisiert sowie zur Anleitung und Kontrolle konkreten Handelns tauglich sind. Dies ist zugleich Vorbedingung für die Erfüllung der zweiten Planungsaufgabe: der **Bildung eines** schlüssigen, in sich widerspruchsfreien **Zielsystems**. Hierfür sind die bestehenden Beziehungen zwischen den Zielen sowie die Prioritäten zu klären, mit denen die Ziele gleicher Handlungs- und Entscheidungsebenen zu behandeln sind.

a) Zieloperationalisierung

Um ihrer Steuerungs- und Kontrollfunktion gerecht zu werden, müssen Marketing-Ziele hinsichtlich ihres

- **Inhalts**;
- **angestrebten Ausmaßes**;
- **Zeithorizonts** sowie
- **Geltungsbereichs**

präzisiert werden (vgl. Schneider 1995, Sp. 1689; Raffée/Fritz/Wiedmann 1994, S. 110; Heinen 1976).

Die Frage nach dem **Zielinhalt** lautet in erster Linie: *Was* soll erreicht werden? Sie berührt damit, wie erwähnt, auch Aspekte der grundsätzlicheren Unternehmenszielbestimmung. Typische Marketing-Ziele, die zum Teil auch Unternehmensziele darstellen, sind z.B. Kundenzufriedenheit, Wettbewerbsfähigkeit, Angebotsqualität, Marktanteil, Umsatz oder Ansehen in der Öffentlichkeit.

Hinsichtlich des **angestrebten Zielausmaßes** ist vor allem die Höhe des jeweiligen Zielanspruchsniveaus zu klären („*Wieviel* soll erreicht werden?"). Sehr häufig strebt ein Unternehmen keine Extremzielstellung (Maximierung oder Minimierung) an, sondern gibt sich mit der Vorgabe von sog. Satisfaktionszielen, d.h. befriedigenden Zielerreichungsgraden zufrieden.

Der **Zeithorizont** der Marketing-Ziele richtet sich auf die Frage, *wann* ein erwünschter Zustand oder Sachverhalt erreicht sein soll. Während im marketingstrategischen Bereich mittel- bis langfristige Zielformulierungen erforderlich sind, können operative Entscheidungen – z.B. der Preisgestaltung und der Verkaufsförderung – durch kurzfristige (Wochen- oder Monats-)Ziele gesteuert werden.

Die vierte Operationalisierungsdimension bezieht sich auf die nähere Bestimmung des **Geltungsbereichs** der Ziele. Hierdurch wird festgelegt, für welchen *Unternehmensbereich*, für welches *Zielobjekt* (z.B. Produkt), für welchen *Instrumentalbereich* (z.B. Werbung) und/oder für welchen *Markt oder Marktausschnitt* das jeweilige Marketing-Ziel Gültigkeit, d.h. Richtliniencharakter besitzt.

Erst wenn die Ziele hinsichtlich dieser vier Dimensionen konkretisiert und präzisiert werden, ist ihre Erreichung kontrollierbar. Die Zieloperationalisierung bildet zugleich die Voraussetzung dafür, daß mehrere Ziele in einen sinnvollen Bezug zueinander gebracht und in ein ganzheitliches Zielsystem eingeordnet werden können.

b) Bildung eines Zielsystems

Die sich an die Phase der Zieloperationalisierung anschließende Aufgabe der Zielsystembildung umfaßt zwei wesentliche Einzelaspekte: Es müssen zum einen bestehende Zielbeziehungen aufgedeckt, zum anderen eine klare Zielhierarchie entwickelt werden.

- **Identifikation von Zielbeziehungen**

Grundsätzlich lassen sich **drei Arten von Zielbeziehungen** unterscheiden:

- - **Zielkomplementarität (Zielharmonie):** Diese liegt vor, wenn sich die Ziele in ihrer Erreichung gegenseitig fördern. So bestehen zwischen dem Ziel „Intensivierung der Public-Relations-Maßnahmen" und dem Ziel „Steigerung des Unternehmensbekanntheitsgrads" komplementäre Beziehungen.
- - **Zielkonflikt (Zielkonkurrenz):** Konkurrieren die Ziele miteinander, dann beeinträchtigt die Verfolgung von Ziel A (z.B. Senkung der Personalkosten im Marketing-Bereich) unweigerlich die Erreichung von Ziel B (z.B. Aufgabenerweiterung der Marketing-Abteilung). Eine extreme Ausprägung konfliktärer Zielbeziehungen liegt vor, wenn sich zwei Ziele logisch zwingend widersprechen; diese Zielrelation wird auch als Zielantinomie bezeichnet.
- - **Zielneutralität (Zielindifferenz):** Bestehen zwischen zwei Zielen neutrale, d.h. indifferente Relationen, dann hat die Verfolgung von Ziel A keinerlei Auswirkung auf die Erreichung von Ziel B (z.B. Senkung des Produktionsausschusses versus Steigerung des Marktanteils).

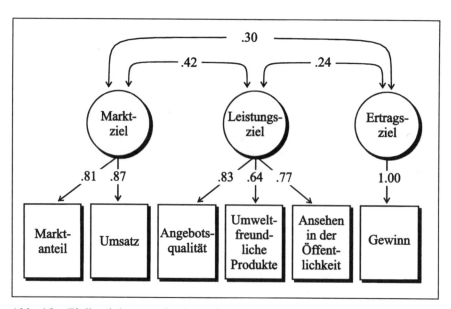

Abb. 18: Zielbeziehungen in deutschen Industrieunternehmen
(Fritz/Förster/Wiedmann/Raffée 1988, S. 574)

Abbildung 18 illustriert anhand eines empirischen Beispiels, welche komplementären Zielrelationen zwischen Marketing-Zielen in deutschen Industrieunternehmen bestehen.

Die Existenz widerstreitender Ziele verlangt vom Unternehmen ein systematisches **Konfliktmanagement**, das diese Zielkonflikte zu beheben oder zumindest zu dämpfen hat. Neben einer Verlängerung des Ziel-Zeithorizonts, einer Senkung des angestrebten Zielerreichungsniveaus und einer sequentiellen Zielverfolgung, bei der die konkurrierenden Ziele in unterschiedlichen Zeiträumen verfolgt werden, besteht eine weitere wichtige Möglichkeit der Zielkonfliktlösung in der Festlegung klarer Zielprioritäten (Zieldringlichkeiten). (Vgl. zu den verschiedenen Optionen der Zielkonfliktbewältigung Raffée/Fritz/Wiedmann 1994, S. 115 f.; Becker 1998, S. 123 ff.; Nieschlag/Dichtl/Hörschgen 1997, S. 883).

- **Aufbau einer Zielhierarchie**

Auf der Grundlage der ermittelten Zielbeziehungen muß sodann eine Hierarchie von Marketing-Zielen aufgebaut werden. Im Mittelpunkt steht dabei die **Instrumentalbeziehung (Zweck-Mittel-Beziehung)** zwischen den einzelnen Zielen, die zu einer Unterscheidung von **Ober-, Zwischen- und Unterzielen** führt. Ausgehend von einem Oberziel werden jene Zwischen- und Unterziele ermittelt, die zur Erreichung des Oberziels beitragen (vgl. Kupsch 1979, S. 33 ff.). Sieht man z.B. in der Sicherung der Wettbewerbsfähigkeit ein oberstes strategisches Marketing-Ziel, so kann man empirisch feststellen, daß der Erreichung dieses Oberziels insbesondere die Ziele Marktanteil, Umsatz, Angebotsqualität und Ansehen in der Öffentlichkeit dienen (vgl. Fritz/Förster/Wiedmann/ Raffée 1988, S. 576). Die letztgenannten Ziele lassen sich daher als Zwischenziele der Sicherung der Wettbewerbsfähigkeit interpretieren. In weiteren Schritten sind daraus dann konkrete taktische und operative Unterziele abzuleiten.

4.2. Marketing-Basisstrategien

4.2.1. Begriff und Systematik

Strategien stellen Festlegungen zur Kanalisierung des operativen und taktischen Mitteleinsatzes im Unternehmen dar. Sie sind insofern als **mittel- bis langfristig gültige Entscheidungen mit Richtliniencharakter** zu begreifen, die Handlungsbahnen bzw. Handlungskorridore vorgeben (vgl. Raffée 1974, S. 188; Becker 1998, S. 140). Diese Vorgabe von Handlungskorridoren steht in enger Beziehung zur Formulierung der betrieblichen Zwischen- und Unterziele, die ihrerseits vor dem Hintergrund globaler Oberziele bestimmt werden. Die einzelnen Strategien können somit verschiedene Konkretisierungsgrade aufweisen sowie sich auf unterschiedliche Unternehmensbereiche und -ebenen beziehen (vgl. Raffée/Fritz/ Wiedmann 1994, S. 132 f.). Umfassen die Strategien Entscheidungen über Wege und Mittel zur Erreichung marketingbezogener Ziele, dann werden sie zu speziellen **Marketing-Strategien.**

Dreierlei ist hervorzuheben:

1. Marketing-Strategien dienen der **Erreichung von Marketing-Zielen**. Das bedeutet, daß die Strategieentwicklung der Zielfixierung im Unternehmen nachgeordnet ist; Strategien werden somit nach den übergeordneten Zielen festgelegt.

2. **Marketing-Basisstrategien** kombinieren verschiedene Instrumente und Maßnahmen. Diese Kombination muß zu einem konsistenten, in sich schlüssigen und widerspruchsfreien Gesamtpaket von Marketing-Handlungen führen. **Instrumentbezogene Strategien** beziehen sich dagegen nur auf einen Maßnahmenbereich (z.B. die Preisgestaltung).

3. Eine Marketing-Strategie ist keine kurzfristig-operative Handlungsfestlegung, sondern vielmehr **mittel- bis langfristig gültig**. Dies unterscheidet sie von taktischen und operativen Marketing-Maßnahmen.

Die Vielfalt möglicher Marketing-Strategien kann unter Heranziehung verschiedener Kriterien geordnet werden. Einige Systematisierungsvorschläge bauen auf dem Kriterium „*Marktsituation*" auf und gelangen auf diese Weise zur Unterscheidung von Strategien in jungen, wachsenden, stagnierenden, schrumpfenden oder rezessiven Märkten (vgl. z.B. Meffert 1994, S. 201 ff.). Andere Systematisierungen stellen auf bestimmte *Unter-*

nehmenstypen ab und differenzieren auf dieser Grundlage Strategien für Industrieunternehmen, für den Handel, für Dienstleister und für öffentliche Betriebe.

Unterscheidet man die Marketing-Basisstrategien hingegen – wie wir – nach ihrem *Adressaten*, gelangt man zur Unterscheidung folgender **Strategietypen**:

- **(Primär) kundenorientierte Strategien**;
- **(Primär) konkurrentenorientierte Strategien** und
- **übergreifende, d.h. sowohl kunden- als auch konkurrentenorientierte Strategien**.

Abb. 19: Kategorien von Marketing-Basisstrategien

An dieser Systematik wollen wir uns im folgenden orientieren, wenngleich sie nur einen nicht völlig überschneidungsfreien Perspektiven-*Schwerpunkt* zum Ausdruck bringt. Abbildung 19 zeigt diese Einteilung der Marketing-Basisstrategien noch einmal im Überblick.

4.2.2. (Primär) Kundenorientierte Strategien

Als **kundenorientierte Strategien** bieten sich nach dem sog. Strategieraster von Becker (1998, S. 148, 352) an:

- Marktfeldstrategien;
- Marktstimulierungsstrategien;
- Marktparzellierungsstrategien sowie
- Marktarealstrategien.

a) Die **Marktfeldstrategien** beschäftigen sich vor allem mit der Festlegung und Veränderung der Produkt/Markt-Kombinationen eines Unternehmens. Dieses Entscheidungsfeld bietet vier grundlegende strategische Optionen, die einem Unternehmen vor allem zur Verfolgung von Wachstumszielen offenstehen. Die vier Alternativen lassen sich dadurch charakterisieren, daß bereits vorhandene bzw. neue Produkte auf bereits bearbeiteten bzw. neuen Märkten angeboten werden. Ein vorhandenes Produkt auf dem bereits bearbeiteten Markt intensiver zu vermarkten charakterisiert danach die Strategie der *Marktdurchdringung*. Demgegenüber kennzeichnet das Angebot dieses Produkts auf einem neuen Markt die Strategie der *Marktentwicklung*, und ein neues Produkt, das auf einem bereits bearbeiteten Markt offeriert wird, die Strategie der *Produktentwicklung*. Im Falle des Angebots eines neuen Produkts auf einem neuen Markt spricht man von einer Strategie der *Diversifikation* (vgl. Becker 1998, S. 148 ff.).

b) Demgegenüber befassen sich die **Marktstimulierungsstrategien** mit den Möglichkeiten und Ansätzen einer nachfragestimulierenden Einwirkung auf den jeweiligen Absatzmarkt. Als grundlegende Ansatzpunkte der Nachfragestimulierung ist hier neben einer *Präferenzstrategie* auch eine *Preis-Mengen-Strategie* denkbar. Während erstere zu einem qualitätsbetonten Wettbewerb führt, konzentriert sich letztere eher auf niedrigpreisige, dafür aber volumenstarke Marktleistungen.

Beide Stimulierungstypen berücksichtigen somit z.T. auch unterschiedliche Zielgruppen bei den Käufern, insbesondere die sog. Qualitäts- und Preissegmente (vgl. Becker 1998, S. 179 ff.).

c) Die **Marktparzellierungsstrategien** bestimmen in erster Linie den Grad des differenzierten Vorgehens im Rahmen der Bearbeitung eines Markts. Sie befassen sich insofern mit der Aufteilung des Gesamtmarkts in mehr oder weniger stark voneinander abgegrenzte Teilmärkte sowie mit den Möglichkeiten einer differenzierten Bearbeitung dieser Teilmärkte. Als Ergebnis entstehen entweder (undifferenzierte) *Massenmärkte* oder einzelne (differenzierte) *Marktsegmente*. Ein ergänzender Aspekt der Parzellierungsstrategie bezieht sich auf den Grad der beabsichtigten Marktabdeckung. In diesem Sinne ist zwischen einer *vollständigen* (totalen) und einer nur *teilweisen* (partialen) *Marktabdeckung* zu entscheiden (vgl. Becker 1998, S. 237 ff.). Die Bearbeitung vollständig abgedeckter Massenmärkte wird anschaulich auch als „Schrotflintenkonzept" bezeichnet, das differenzierte Vorgehen gemäß unterschiedener Marktsegmente erfolgt dann – ebenso anschaulich – gemäß dem „Scharfschützenkonzept".

d) Die **Marktarealstrategien** schließlich legen geographische Formen der Marketing-Strategie fest. Sie entscheiden gebietspolitisch darüber, ob ein Markt entweder *national* (lokal, regional, überregional, vollständig national) oder *international* (im Extremfall global) erschlossen werden soll (vgl. Becker 1998, S. 299 ff.). Dabei geht es zum einen um bestimmte Formen gebietserweiternder Basisstrategien (konzentrische, selektive und inselförmige Ausdehnung). Zum anderen stellt sich die Frage nach der konkreten institutionellen Ausgestaltung z.B. eines Auslandsengagements. Hier bieten sich etwa Auslandsfilialen, Beteiligungen, Tochtergesellschaften, Lizenzvergaben, Franchising sowie Joint Ventures an, neben dem Im- und Export als den Grundformen des Außenhandels.

Im Rahmen eines einführenden Lehrbuchs können nicht alle abnehmerorientierten Strategietypen mitsamt ihren vielfältigen Ausprägungen beschrieben werden. Daher wollen wir beispielhaft einen Teilaspekt der Marktparzellierungsstrategie herausgreifen und uns im folgenden mit der Strategie der Marktsegmentierung beschäftigen, die zugleich eine der wichtigsten Basisstrategien des Marketing darstellt.

Unter **Marktsegmentierung** versteht man die Aufteilung eines Markts in seine einzelnen Segmente, d.h. in klar abgegrenzte Untergruppen von

Kunden, von denen jede als eigener Zielmarkt angesehen werden kann und mit einem spezifischen Marketing-Mix erreicht werden soll (vgl. Freter 1983, S. 13). Hintergrund einer verstärkten Differenzierung der Marktbearbeitung sind zunehmend unterschiedliche Bedarfsstrukturen in den einzelnen Märkten. Man erhofft sich, durch die segmentbezogene Anpassung der einzelnen Angebote zu einem insgesamt höheren Grad an individueller Bedürfnisbefriedigung des Kunden zu gelangen.

Um sicherzustellen, daß die unterschiedenen Marktsegmente auch tatsächlich den in ihnen gebündelten Bedürfnissen entsprechen (Bedarfsaspekt), und um zugleich deren praktische Bearbeitung durch die hierfür grundsätzlich in Frage kommenden Instrumente zu gewährleisten (Wirkungsaspekt), müssen letztlich Teilmärkte bzw. Marktsegmente unterschieden werden, die einerseits *in sich* möglichst *homogen*, andererseits *nach außen*, d.h. im Vergleich mit anderen, möglichst *heterogen* sind.

Vor diesem Hintergrund muß sich der Marketing-Manager zur Konzipierung einer optimalen Segmentierungsstrategie **zwei Einzelaspekten bzw. Kernproblemen** zuwenden, nämlich der Marktaufteilung einerseits und der Segmentauswahl und -bearbeitung andererseits.

(1) **Marktaufteilung** (Anhand *welcher Kriterien* können verschiedene Marktsegmente *identifiziert und voneinander abgegrenzt* werden?)

Bei der Aufteilung eines gegebenen Markts geht es zunächst um die Ermittlung bzw. Anwendung geeigneter **Segmentierungskriterien**. Diese müssen verschiedene **Anforderungen** erfüllen (vgl. Freter 1983, S. 47 ff.):

- **Kaufverhaltensrelevanz**: Die herangezogenen Kriterien müssen einen möglichst großen Teil des Kaufverhaltens erklären können, d.h. einen klaren Bezug zu den relevanten Kaufentscheidungskriterien des Kunden besitzen.

- **Aussagefähigkeit für den Einsatz der Marketing-Instrumente**: Die anhand der jeweiligen Kriterien gebildeten Segmente müssen durch die verfügbaren Marketing-Instrumente grundsätzlich auch effektiv zu bearbeiten sein. Zudem wäre es günstig, wenn Art und Struktur der jeweiligen Segmentzusammensetzung bereits konkrete Einsatzmöglichkeiten der Marketing-Instrumente nahelegen würden.

- **Zugänglichkeit**: Die gebildeten Segmente bzw. Zielgruppen müssen von den eingesetzten Instrumenten erreicht werden können, ohne daß größere Streuverluste entstehen. Eine solche Zielgenauigkeit ist z.B. dann nicht gegeben, wenn die ausgewählten Kommunikations- und Distributionswege auch Konsumenten erreichen, die nicht zur anvisierten Zielgruppe gehören oder Teile der Zielgruppe andere Kommunikations- und Distributionskanäle benutzen.

- **Meßbarkeit (Operationalität)**: Die zugrundegelegten Kriterien müssen objektiv meßbar sein und damit eine Marktaufteilung mit den Methoden der Marketing-Forschung zulassen.
- **Zeitliche Stabilität**: Die herangezogenen Kriterien müssen über einen längeren Zeitraum hinaus Gültigkeit besitzen. Situative Einflüsse (Konjunktur, persönliche Lebensumstände, Kauferfahrungen etc.) können letztlich zu einer sich relativ rasch vollziehenden Veränderung der jeweiligen Zielgruppen führen.
- **Wirtschaftlichkeit**: Die Segmentierungskriterien müssen eine Marktaufteilung ermöglichen, die auch wirtschaftlich, d.h. mit einem vertretbaren Kosten-Nutzen-Verhältnis durchgeführt werden kann.

Die grundsätzlich zur Aufteilung eines Markts in Frage kommenden Kriterien können sich dahingehend unterscheiden, daß für **Konsumgütermärkte** oftmals andere Kritierien herangezogen werden müssen als für **Investitionsgütermärkte** (vgl. hierzu genauer Raffée/Fritz/Wiedmann 1994, S. 161 f.). Mit speziellem Blick auf Konsumgütermärkte kommen insbesondere folgende **Segmentierungskriterien** in Betracht (vgl. Freter 1983, S. 46):

- **soziodemographische Kriterien** wie soziale Schichtenzugehörigkeit (Einkommen, Schulbildung, Beruf), Familienlebenszyklus (Geschlecht, Alter, Familienstand, Kinderzahl) oder geographische Kriterien (Wohnortgröße, Region, Stadt/Land);
- **psychographische Kriterien** wie allgemeine Persönlichkeitsmerkmale (Aktivitäten, Interessen, Risiko- oder Entschlußfreudigkeit) oder produktbezogene Kriterien (Motive, Einstellungen, Präferenzen);
- **Kriterien des beobachtbaren Kaufverhaltens** wie das individuelle Mediennutzungsverhalten sowie persönliche Eigenarten der Einkaufsstätten- und Produktwahl (Markenwahl, Kaufvolumen etc.).

Diese Segmentierungskriterien müssen keineswegs nur isoliert herangezogen werden; vielmehr können und sollen durch eine sinnvolle Kombination verschiedener Kriterien u.a. diverse Kundentypen gebildet und voneinander abgegrenzt werden.

(2) Segmentauswahl und -bearbeitung (*Welche/wieviele* Marktsegmente werden *wie* bearbeitet?)

An die Phase der Marktaufteilung schließen sich die Fragen der Segmentauswahl sowie der Segmentbearbeitung an. Da die Aufspaltung eines Gesamtmarkts in homogenere Teilmärkte sowohl zu einer partialen wie zu einer totalen Marktabdeckung führen kann, ergeben sich hier letztlich drei grundlegende Strategieoptionen der Marktbearbeitung (vgl. Abbildung 20).

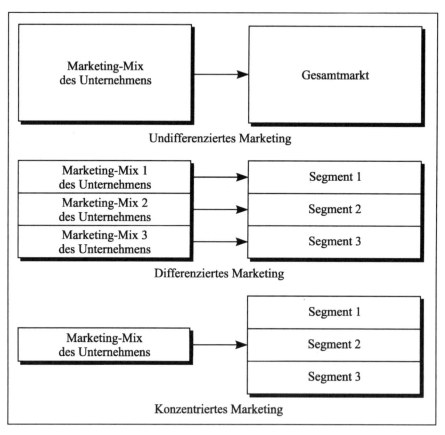

Abb. 20: Undifferenziertes, differenziertes und konzentriertes Marketing (Kotler/Bliemel 1995, S. 455)

Während beim **undifferenzierten Marketing** der Gesamtmarkt mit einem einheitlichen Instrumente-Mix bearbeitet wird, was insofern auf eine Massenmarktstrategie hinausläuft, findet sich beim **differenzierten Marketing** für jedes Segment ein eigenes, unterschiedliches Marketing-Mix. Ein **kon-**

zentriertes Marketing spaltet den Markt im Gegensatz zum undifferenzierten Marketing ebenfalls in verschiedene Segmente auf, geht aber nicht mit totaler Marktabdeckung vor, wie dies beim differenzierten Marketing der Fall ist, sondern wählt aus den unterschiedenen Segmenten ein (oder wenige) Segment(e) aus, das (die) dann mit einem spezifischen Marketing-Mix konzentriert bearbeitet wird (werden). Man spricht in diesem Fall auch von einer Marktnischenstrategie.

Wie viele Segmente letztendlich ausgewählt und bearbeitet werden, hängt u.a. vom Ausmaß der einem Unternehmen prinzipiell zur Verfügung stehenden Marketing-Ressourcen ab. Ein weiterer Einflußfaktor ist der Heterogenitätsgrad der unterschiedenen Marktsegmente. Grundsätzlich gilt allerdings: Werden *zu viele* Segmente unterschieden, dann wird der Marketing-Aufwand zu groß, d.h. die insgesamt zu betrachtenden Strukturen werden zu komplex, und es ist häufig nicht mehr möglich oder effizient, für jedes Segment ein eigenes Marketing-Mix zu entwickeln. Werden hingegen *zu wenige* Segmente unterschieden, dann sind die einzelnen Segmente in sich zu heterogen, d.h. es steigt die Gefahr, daß sich zu viele unterschiedliche Verbrauchertypen in einem Segment wiederfinden und das gewählte Marketing-Mix in diesem Fall nicht mehr ausreichend zu den einzelnen Kundenbedürfnissen paßt.

Ebenso gilt, daß mit der Zahl der differenziert angesprochenen Segmente der zu erzielende Umsatz zwar meist steigt, diese verbesserte Erlössituation jedoch zumeist durch einen erhöhten Marketing-Aufwand bezahlt werden muß. Höhere Marketing-Kosten ergeben sich hier z.B. durch kleinere Absatzmengen und zusätzlichen Koordinationsaufwand. Nur wenige Segmente ansprechende Strategien sind in der Regel folglich kostengünstiger, aber eben auch weniger ertragreich.

4.2.3. (Primär) Konkurrentenorientierte Strategien

Während es bei den kundenorientierten Strategien in erster Linie um das Verhältnis zum aktuellen oder potentiellen Leistungsabnehmer geht, bestimmen die konkurrentenorientierten Strategien vor allem die Stellung des Unternehmens gegenüber seinen Wettbewerbern. Dies ist erforderlich, weil Unternehmen heute nur noch in den seltensten Fällen eine monopolähnliche Alleinstellung besitzen; viel häufiger treffen sie mit anderen Anbietern zusammen, die ihrerseits alles Erdenkliche tun, um die Kunden für sich zu gewinnen und dauerhaft an sich zu binden.

Fixpunkt der Frage, mit welcher Strategie man seinen Wettbewerbern gegenüberzutreten gedenkt, ist immer das Ziel, Wettbewerbsvorteile aus der Sicht der Kunden zu erreichen. Dies kommt im sog. **komparativen Konkurrenzvorteil (KKV)** zum Ausdruck. Einen solchen erreichen zu können, setzt voraus, daß das eigene Leistungsangebot für den Kunden *wahrnehmbare, wichtige* und *dauerhafte Nutzenvorteile* gegenüber den vergleichbaren Konkurrenzangeboten besitzt (vgl. Aaker 1989; Backhaus 1997, S. 30 f.; Simon 1988, S. 4).

Zur Entwicklung einer entsprechenden Wettbewerbsstrategie ist die exakte Kenntnis der unternehmenseigenen Stärken und Schwächen erforderlich. Erstere können z.B. in der Verfügung über bestimmte materielle Ressourcen (Finanzkraft, disponible Fertigungskapazitäten, hohe Produktqualität) bestehen; ebensogut können aber auch aus immateriellen Besitzständen des Unternehmens individuelle Stärken (resp. Schwächen) resultieren. Wichtige immaterielle Ressourcen sind z.B. Produkt- oder Verfahrenspatente, ein motivierter und gut ausgebildeter Mitarbeiterstamm, eine herausragende Managementkompetenz sowie ein hohes Maß an Erfahrung im bearbeiteten Markt. Da sich die unternehmerischen Potentiale und Ressourcen letztendlich mit den Kräften der Wettbewerber messen müssen, ist zudem eine genaue **Konkurrenzforschung** unverzichtbar. Eine solche hat sich auf Ziele, Potentiale, Stärken und Schwächen sowie geplante Maßnahmen der wichtigsten Wettbewerber und ferner auf Strukturmerkmale der Wettbewerbsmärkte zu beziehen. Sie bildet letzten Endes die Informationsbasis jeder wettbewerbsorientierten Marketing-Strategie.

Einer der Hauptvertreter des wettbewerbsstrategischen Ansatzes ist Michael E. Porter. Die von ihm eingeführte Systematik wettbewerbsorientierter Basisstrategien ist heute marketingwissenschaftliches Allgemeingut. Sein Konzept verdeutlicht aber auch, daß die konkurrentenorientierten Strategien nicht ganz überschneidungsfrei von den kundenorientierten Strategien abzugrenzen sind. Porter nennt als **wettbewerbsstrategische Grundtypen** im einzelnen die umfassende Kostenführerschaft, die Differenzierung sowie die Konzentration auf Schwerpunkte (vgl. Porter 1992, S. 62 ff.).

a) **Umfassende Kostenführerschaft**

Das erklärte Ziel dieser Strategie besteht in der Erreichung eines umfassenden Kostenvorsprungs gegenüber den Konkurrenten in der gesamten Branche. Dieser Vorteil *kann* sodann durch einen gegenüber den Wettbewerbern deutlich reduzierten Produktpreis an den Markt weitergegeben werden; die Folge einer solchen Strategie ist somit oftmals ein intensiver **Preiswettbewerb**. Hierdurch korrespondiert sie in augenfälliger Weise mit der von Becker der Marktstimulierung zugeordneten Preis-Mengen-Strategie (vgl. Becker 1998, S. 214 ff.).

Beide, die Preis-Mengen-Strategie von Becker und die Strategie der Kostenführerschaft von Porter, verzichten weitgehend auf den Aufbau „echter" Produktpräferenzen. Die demgemäß vermarkteten Angebote sollen folglich nicht primär wegen ihrer Qualität, sondern wegen ihres niedrigen Preises gekauft werden. Beide Strategien sind somit zugleich an das Vorliegen vorteilhafter Kostenstrukturen im Unternehmen gebunden. Diese entstehen vor allem durch Kostensenkungen aufgrund von **Erfahrungskurveneffekten** (vgl. Becker 1998, S. 422 ff.). Grundlage dafür sind u.a. fertigungsmengenabhängige Lerneffekte bei den Mitarbeitern sowie eine mit steigendem Marktanteil zunehmende Marktmacht und Fixkostendegression in Produktion und Distribution. Mit Hilfe hochproduktiver Fertigungsanlagen, spezialisierter Mitarbeiter und ausgenutzter Standardisierungsvorteile kann es somit gelingen, die Gesamtstückkosten dauerhaft unter das Niveau der Konkurrenten zu senken. Ziel und Voraussetzung einer solchen Strategie ist dabei immer auch die Erreichung eines möglichst hohen Marktanteils.

Die Vorzüge einer Strategie der Kostenführerschaft liegen ebenso auf der Hand wie ihre Gefahren. Durch den Verzicht auf den Aufbau echter Präferenzen bleibt die Kundentreue immer an die Existenz eines unschlagbar niedrigen Preises gebunden. Dies schränkt nicht nur den Spielraum zukünftiger Preisvariationen ein, sondern macht das Unternehmen zugleich auch ausgesprochen angreifbar für mit noch niedrigeren Preisen in den Markt eintretende Newcomer, was tatsächlich immer wieder vorkommt – die Japaner in den 60er und 70er, die Koreaner in den 80er und 90er Jahren und die Chinesen im kommenden Jahrzehnt haben es Amerikanern und Europäern gezeigt bzw. werden es ihnen noch zeigen. Gewinnchancen bestehen insofern nur solange, wie sich das Unternehmen im Besitz strategischer Kostenvorteile befindet.

b) **Differenzierung**

Das Ziel der Differenzierungsstrategie ist es, eine in der gesamten Branche als einzigartig angesehene Leistung anzubieten, was meist auf eine Strategie der **Qualitätsführerschaft** hinausläuft. Eine Differenzierungsstrategie fußt auf überlegener Produktqualität, attraktivem Produktdesign und Styling, vorteilsversprechenden Service- und Garantieleistungen, einem höheren Produkt- bzw. Anbieterimage sowie einem erhöhten Erlebniswert bei Einkauf und Konsum des Produkts. Ansatzpunkte der Differenzierung bieten somit sowohl das Produkt selbst als auch alle übrigen Instrumente des Marketing (den Preis ausgenommen). Eine solche Strategie zielt ersichtlich auf Käufer, die nicht das Billigste, sondern das Beste kaufen wollen und daher einen Qualitäts- bzw. Imagevergleich zwischen den verschiedenen Konkurrenzangeboten durchzuführen bereit sind. Die Differenzierungsstrategie korrespondiert weitgehend mit der (auf Kunden bezogenen) Präferenzstrategie. Ihr konsequentester Ausdruck ist die **Markenartikelstrategie** bzw. neuerdings das sog. **Erlebnismarketing** (vgl. Weinberg 1992).

Bei der Umsetzung der Differenzierungsstrategie stellen sich vor allem zwei Fragen:

1. *Welche* Unterschiede zu den Konkurrenten sollen erarbeitet und herausgestellt werden?
2. Wie groß soll die *Anzahl* der herauszustellenden Diffenzierungsmerkmale sein?

Entscheidet man sich dafür, nur einen einzigen Produktnutzen im Markt herauszustellen, dann erhält das Produkt einen unverwechselbaren Charakter. Man spricht hier von einer „USP" – einer **Unique Selling Proposition** (vgl. Kotler/Bliemel 1995, S. 489). Als Beispiel kann *Coca-Cola* gelten, das sein Hauptprodukt mit der (angestrebten) Alleinstellung „der Softdrink" anpreist. Nehmen zwei oder mehr Wettbewerber bei derselben Produkteigenschaft für sich in Anspruch, die Besten zu sein, dann kann sich eine **Doppelnutzen-Differenzierung** empfehlen (vgl. ebenda, S. 490). In diesem Fall beabsichtigt der Anbieter, sein Produkt durch zwei besondere Produktmerkmale zu profilieren. So versucht z.B. *Volvo*, seine Autos sowohl unter dem Kriterium Sicherheit als auch unter dem der Langlebigkeit zu positionieren. Selbstverständlich müssen in diesem Fall beide Nutzenkomponenten miteinander kompatibel sein und sich in ihrer Wirkung möglichst gegenseitig verstärken. Als dritte Differenzierungsmöglichkeit kommt eine **Dreifach- oder Mehrfach-Nutzenpositionierung** in Betracht. So wird die Zahncreme *Odol-med 3* mit drei Nutzenversprechen angeboten: Schutz vor Karies, Parodontose und Zahnstein. Es wird für ein Unternehmen jedoch mit zunehmender Zahl an differenzierten Nutzenkomponenten immer riskanter, auf eine solche Strategie zu setzen; zu behaupten, die eigene Marke sei der Konkurrenz in vielerlei Hinsicht überlegen, ist immer mit der Gefahr mangelnder Glaubwürdigkeit sowie des Verlustes einer eindeutigen Positionierung im Wettbewerb verbunden.

Ein generelles Problem der Differenzierungsstrategie ist ferner der relativ hohe Mitteleinsatz, der u.a. für entsprechende Investitionen in Marktforschung, Marken- und Imageaufbau sowie Kundenpflege erforderlich ist.

c) Konzentration auf Schwerpunkte (Fokussierungsstrategie)

Der dritte der von Porter unterschiedenen strategischen Grundtypen kann als Spielart sowohl der Kostenführerschaft als auch der Differenzierung angesehen werden. Kennzeichnend für die Fokussierungsstrategie ist nämlich eine lediglich partiale Marktabdeckung, d.h. die Verfolgung von Differenzierungs- bzw. Kostenführerschaftsstrategien in nur einem (oder wenigen) ausgewählten Branchensegment(en). Hierdurch verspricht man sich Wettbewerbsvorteile, die auf einem individuell auf die Bedürfnisse der jeweils bearbeiteten Zielgruppe zugeschnittenen Angebot basieren. Diese Nischenstrategie erstreckt sich häufig auf kleinere Produkt/Markt-Ausschnitte, in denen dann Differenzierungs- oder Kostenvorteile angestrebt werden. Diese kleineren Produkt/Markt-Ausschnitte werden von den größeren „Massenanbietern" oft außer acht gelassen, denen sie nicht ausreichend lukrativ erscheinen. In derartigen Marktnischen lassen sich aber oft hohe Kundenpräferenzen aufbauen, die sodann den Vorteil einer ausgeprägten Kundenbindung aufweisen (z.B. „Liebhaber-Märkte").

Die Portersche Strategieeinteilung besitzt in erster Linie einen idealtypischen Charakter. In der Realität kommt es bei den heute üblichen Wettbewerbsverhältnissen zunehmend darauf an, Preis- und Qualitätsstrategien *gleichzeitig* zu verfolgen. Porter warnt zwar vor einem unentschlossenen sowohl-als-auch, mit dem man schließlich „zwischen den Stühlen" lande („stuck in the middle"), und plädiert eindringlich für die konsequente Verfolgung des einen oder des anderen Strategietyps (vgl. Porter 1992, S. 71). Doch dies verkennt die Notwendigkeit einer breiteren, eine Mehrzahl von Strategien umfassenden Ausrichtung, die heutzutage vielfach erfolgversprechender ist (vgl. Fritz/Effenberger 1995).

In diesem Sinne kritisieren modernere Strategiekonzepte, so z.B. der sog. **Outpacing-Ansatz** von Gilbert und Strebel (vgl. Gilbert/Strebel 1987), die ausgesprochene Eindimensionalität und situative Ignoranz dieser (doch eher traditionellen) Strategievorstellungen Porters. Die Autoren raten zu einer situationsangepaßten Kombination von Kosten- und Qualitätsführerschaftsstrategie bzw. gehen davon aus, daß die zunehmende Konkurrenzintensität auf vielen Märkten die Anbieter zu einer **gleichzeitigen Verfolgung sowohl kosten- als auch qualitätsorientierter Strategien** zwingt. Beispielsweise können es sich heute auch Anbieter qualitativ hochwertiger Produkte nur noch in Ausnahmefällen leisten, ihren Marktpreis deutlich über dem der Wettbewerber zu fixieren. Eine hohe Leistungsqualität wird nämlich immer mehr zu etwas Selbstverständlichem. Dauerhafte Wettbewerbsvorteile erzielt demnach nur noch derjenige, der eine hohe Qualität zugleich zu geringen Preisen anbietet, d.h. letztendlich beide (eindimensionalen) Ansätze symbiotisch zu einem ganzheitlichen Strategiekonzept verschmelzen kann (vgl. auch Kleinaltenkamp 1987) – eine Erkenntnis, die sich inzwischen auch in der Praxis durchzusetzen beginnt (vgl. Droege/Backhaus/Weiber 1993, S. 71 f.).

4.2.4. Übergreifende Strategien: Strategische Partnerschaften

Übergreifende Strategien werden hier am Beispiel der **strategischen Partnerschaft** behandelt, die zugleich einen Spezialfall der überbetrieblichen Kooperation darstellt und auch „Netzwerkarrangement" genannt wird (Backhaus 1997, S. 264). Partnerschaftliche Beziehungen sind dabei grundsätzlich mit Konkurrenten einerseits sowie Kunden und Lieferanten andererseits denkbar. Auch Unternehmen völlig anderer Branchen kommen als Kooperationspartner u.U. in Betracht. Unter einer zwischenbetrieblichen **Kooperation** versteht man gemeinhin die freiwillige Zusammenarbeit rechtlich und wirtschaftlich selbständiger Betriebe zur Erreichung gemeinsamer Ziele.

Der **strategischen Partnerschaft** lassen sich sowohl **horizontale** als auch **vertikale** und **diagonale** Kooperationen strategischer Art subsumieren.

a) **Vertikale und diagonale strategische Partnerschaften (strategische Netzwerke)**

Ein Beispiel für eine **vertikale**, d.h. auf vor- oder nachgelagerte Wirtschaftsstufen bezogene strategische **Kooperation** bietet ein Industriebetrieb, der mit seinen *Zulieferern* oder mit selbständigen Handelsbetrieben in derselben Branche dauerhaft zusammenarbeitet. Letzteres findet man z.B. im Bereich unternehmerischer Franchise-Systeme (vgl. auch Abschnitt 5.4.2.2.).

Der Begriff Franchising bezeichnete ursprünglich eine spezielle Form der dauerhaften Vertriebskooperation zwischen Unternehmen verschiedener Wirtschaftsstufe. Er ist mittlerweile aber weit über eine bloße Vertriebsorientierung hinausgelangt (vgl. Knigge 1995). Franchising umfaßt eine Kooperationsform, in der der Franchise-Geber dem Franchise-Nehmer auf der Basis eines Franchise-Vertrags bestimmte Nutzungsrechte gegen Entgelt einräumt. Hierfür verpflichtet sich der Franchise-Nehmer zu verschiedenen, im voraus festgelegten Handlungen (Benutzung von Zeichen und Logos des Franchise-Gebers, Befolgung von dessen unternehmenspolitischen Richtlinien etc.). Der Franchise-Geber stellt meist Vertriebsrechte an eingeführten Markenartikeln bzw. Dienstleistungen sowie häufig auch betriebswirtschaftliche Beratungshilfen u.ä. zur Verfügung. Er besitzt im Regelfall nicht nur Weisungs- und Kontrollrechte, sondern unterstützt den Franchise-Nehmer in vielfältiger Weise auch bei der Vermarktung der Produkte oder der Betriebsführung. Das Franchising bietet dem Franchise-Geber ferner die Möglichkeit der Durchsetzung einer einheitlichen Marketing-Konzeption bis hin zum Endkunden. Es stellt zugleich ein außerordentlich erfolgreiches Instrument zur schnellen Erreichung von Wachstumszielen dar, insbesondere auch im internationalen Rahmen. Beispiele wie *McDonalds* und *Coca-Cola* belegen dies (vgl. Fritz 1986).

Vertikal stufenübergreifende Kooperationen führen nicht selten zu umfassenden strategischen Wertschöpfungspartnerschaften. Arbeiten Unternehmen verschiedener Branchen und Wirtschaftsstufen zusammen, um etwa im industriellen Anlagen- oder Systemgeschäft Komplettangebote für ihre Kunden zu erstellen, so kann man von einer lateralen oder diagonalen strategischen Partnerschaft sprechen (vgl. Backhaus 1997, S. 264; Wildemann 1998, S. 95) Solche auf die Zusammenarbeit entlang der betrieblichen Wertschöpfungskette von der Beschaffung über die Produktion bis hin zum Absatz an den Endkunden zielenden vertikalen und diagonalen Koalitionen werden oft auch als **strategisches Netzwerk** bezeichnet (vgl. Backhaus 1997, S. 264; Meyer 1995, S. 157).

b) Horizontale strategische Partnerschaften (strategische Allianzen)

Kooperieren auf **horizontaler** Ebene zwei Unternehmen in einem von ihnen gleichermaßen bearbeiteten Geschäftsfeld miteinander, dann spricht man für den Fall, daß beide Betriebe *aktuelle oder potentielle Konkurrenten* sind, von einer strategischen Allianz (vgl. Backhaus/Piltz 1990, S 2). **Strategische Allianzen** stellen damit ebenfalls eine Sonderform der zwischenbetrieblichen Kooperation dar; sie sind auf Zielerreichung und weniger auf Dauer angelegt. Darüber hinaus sind oft nur *Teile* der beteiligten Organisationen in die Kooperation eingebunden, z.B. Forschung und Entwicklung oder Vertrieb (vgl. Müller-Stewens 1993, Sp. 4064).

Eine **Ursache** für den (zeitweisen) partnerschaftlichen Zusammenschluß von Unternehmen, die in anderen Marktfeldern erbitterte Konkurrenten bleiben können, besteht darin, daß es dem einzelnen Anbieter vielfach nicht mehr möglich ist, allein am immer globaler werdenden Wettbewerb teilzunehmen und sich dort zu behaupten. Allein kann er immer weniger z.B. die zur Forschung und Entwicklung sowie zur effizienten Marktbearbeitung erforderlichen Ressourcen aufbringen. Dies trifft insbesondere auf hoch technologie- und kapitalintensive Branchen zu (Automobilbau, Energiewirtschaft, internationaler Flugverkehr, Telekommunikation etc.). Strategische Allianzen dienen vor allem der Erschließung internationaler Märkte.

Beispiele für strategische Allianzen liefern denn auch weltweit operierende Unternehmen wie *Ford* und *VW*, die zur Produktion spezieller Modelle in den USA, Lateinamerika und Europa zusammenarbeiten; im Mikroelektronikbereich *Siemens* und *IBM*, die im Interesse einer raschen Entwicklung neuer Generationen von Mikrochips ihre Forschungsaktivitäten gemeinsam durchführen, oder auch die Kooperation vieler Fluggesellschaften, die sich nicht nur auf die Abstimmung bei der Bedienung bestimmter Flugrouten erstreckt, sondern bis zum gemeinsamen Betrieb von Flughafen-Abfertigungsschaltern reicht. So sind beispielsweise die deutsche *Lufthansa*, die skandinavische *SAS*, *Air Canada*, *United Airlines* und *Thai Airways International* im Mai 1997 die globale Partnerschaft „Star Alliance" eingegangen. Daneben kooperiert die *Lufthansa* mit etwa einem Dutzend weiterer Carrier (vgl. Littek 1997).

Abbildung 21 zeigt am Beispiel der weltweiten Partnerschaften in der Telekommunikationsbranche, daß strategische Allianzen speziell auf die Abdeckung und Bearbeitung internationaler Märkte zielen.

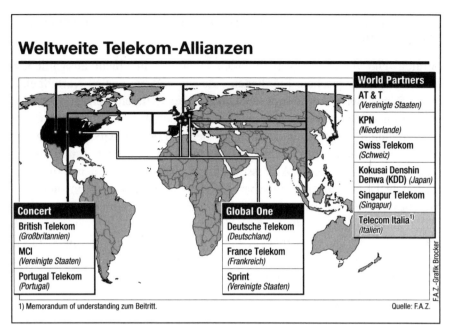

Abb. 21: Strategische Allianzen in der Telekommunikationsbranche (o.V. 1997b, S. 27)

Der Trend zu strategischen Allianzen wird von einem zunehmend eskalierenden Wettbewerb begünstigt, den der amerikanische Managementforscher Richard A. D'Aveni **Hyperwettbewerb** nennt (vgl. D'Aveni 1995). Diese Extremform des Wettbewerbs ist u.a. dadurch gekennzeichnet, daß Wettbewerbsvorteile von den jeweiligen Unternehmen nicht nur rasch erzeugt, sondern auch nahezu ebenso rasch wieder zunichte gemacht und durch neue ersetzt werden. Unternehmen verteidigen ihre Wettbewerbsvorteile nicht mehr, sondern sie zerstören sie nach vergleichsweise kurzer Zeit, um rasch neue aufzubauen, bevor der Gegenangriff der Konkurrenten die Phase der Vorteilsausschöpfung ohnehin beendet hätte. Ein dauerhafter Wettbewerbsvorteil ist demnach nur noch über eine anhaltende Serie kurzbefristeter Vorsprünge zu erreichen.

Der Hyperwettbewerb eskaliert auf vier verschiedenen Wettbewerbsplateaus: Preis und Qualität, Schnelligkeit und Innovation, Abschottung des Markts durch die Errichtung von Eintrittsbarrieren sowie Einsatz von Finanzkraft (vgl. ebenda, S. 47 ff.; 61 ff.). Speziell um Eintrittsbarrieren zu überwinden und um durch die Zusammenlegung von Ressourcen auch mit größeren und finanzkräftigeren Wettbewerbern weltweit konkurrieren zu können, arbeiten Unternehmen in strategischen Allianzen zusammen (vgl. ebenda, S. 193 ff.).

Strategische Allianzen werden indes nicht nur in einem ausschließlich positiven Licht gesehen. Sie dienen – so die von nationalen Kartellbehörden oft geäußerte Auffassung – nicht nur der Effizienzsteigerung in Produktion und Vermarktung oder der Stärkung der Wettbewerbsfähigkeit der Unternehmen, sondern letztlich auch der **partiellen Ausschaltung von Konkurrenz** und führen damit zur Beeinträchtigung eines funktionsfähigen Wettbewerbs. Diese Auffassung übersieht jedoch nicht nur die internationale Dimension strategischer Allianzen, sondern verkennt auch den **wettbewerbsermöglichenden Effekt** solcher Kooperationen. Strategische Allianzen können u.U. auch jenen Unternehmen den Eintritt in internationale Absatzmärkte ermöglichen, die z.B. aufgrund ihrer geringen Größe ohne Partner hierzu nicht in der Lage wären. Darüber hinaus können restriktive Fertigungs- und Einfuhrvorschriften in einigen Ländern die Hinzuziehung eines ausländischen Partners erforderlich machen.

5. Instrumente der Absatzmarktgestaltung

5.1. Überblick

Im Mittelpunkt der folgenden Abschnitte stehen die konkreten **Instrumente und Maßnahmen**, mit denen ein Unternehmen das Marktgeschehen beeinflussen kann. Die Kombination dieser Instrumente bezeichnet man als **Marketing-Mix**. Die einzelnen Instrumente selbst werden auch als **Submixes** bezeichnet. Sie sollen letztlich der Realisierung von zuvor generierten Marketing-Strategien dienen.

In diesem Buch werden vier verschiedene Submixes unterschieden, die maßgeblich auf das von E. Gutenberg bereits in den 50er Jahren entwickelte **absatzpolitische Instrumentarium** eines Unternehmens zurückgehen (Produktgestaltung; Preispolitik; Werbung; Absatzmethode), aber auch auf die „vier Ps des Marketing-Mix", die E. J. McCarthy etwas später beschrieben hat: Product, Price, Promotion und Place (vgl. Gutenberg 1958, S. 85 ff.; Kotler/Bliemel 1995, S. 142). Diese vier grundlegenden Marketing-Instrumente werden heute bezeichnet als

- **Produktpolitik,**
- **Preispolitik,**
- **Distributionspolitik** sowie
- **Kommunikationspolitik.**

Wenngleich die vorgenannte Einteilung der absatzpolitischen Instrumente heute die gängigste Version ist, liegen durchaus auch alternative Systematisierungskonzepte vor. Häufig werden hierbei – so z.B. von Becker (1998, S. 488) – Produkt- und Preispolitik zur gesamten Angebotspolitik zusammengefaßt. Die dadurch gekennzeichnete **Produktleistung** tritt dann neben die Distributions- und Kommunikationspolitik, wobei erstere die produktbezogene **Präsenzleistung**, letztere die **Profilleistung** bestimmt.

Da eine derartige Dreiteilung jedoch weniger üblich ist, legen wir unseren Ausführungen im folgenden das oben erläuterte Vierer-System der absatzpolitischen Instrumente zugrunde, womit wir uns in Übereinstimmung mit den meisten Lehrbüchern befinden (vgl. Meffert 1998; Nieschlag/Dichtl/ Hörschgen 1997).

5.2. Produktpolitik

5.2.1. Der produktpolitische Gestaltungsbereich

Unter einem **Produkt** verstehen wir ganz allgemein das Leistungsangebot eines Unternehmens; ein Produkt kann damit sowohl materielle als auch immaterielle Gestalt haben. Nicht nur Sach-, sondern auch Dienstleistungen, ja selbst Ideen können in diesem Sinne als vermarktungsfähige Leistungen, also Produkte, interpretiert werden. Die **Produktpolitik** umfaßt mithin alle *Entscheidungstatbestände, die sich auf die marktgerechte Gestaltung der Leistungen beziehen.* Sie stellt einen der zentralen Bereiche der Absatzpolitik dar und wird daher gelegentlich auch als Herz des Marketing bezeichnet (vgl. Meffert 1998, S. 317).

Um seine Vielschichtigkeit zu verdeutlichen, kann man verschiedene **Konzeptionsebenen des Produkts** unterscheiden (vgl. Kotler/Bliemel 1995, S. 660): Während der **Kernnutzen** eines Produkts lediglich dessen Grundfunktion beschreibt (beim Auto z.B. die Beförderung), hebt das sog. **generische Produkt** die unverzichtbaren leistungsbezogenen Grundmerkmale des Produkts hervor (z.B. das Vorhandensein von Sitzen im Auto). Dem **erwarteten Produkt** entspricht die Leistungserwartung des Kunden im Normalfall (in unserem Beispiel dürfte er von einem Auto zumindest eine gewisse PS-Stärke bei einem dennoch ökologisch vertretbaren Spritverbrauch und eine ausreichende Sicherheit fordern). Werden darüber hinaus zusätzliche Ansprüche durch das Produkt erfüllt, dann spricht man von einem **augmentierten Produkt**. Dieses ist folglich durch die über die durchschnittliche Leistungserwartung hinausgehenden Zusatzleistungen gekennzeichnet und führt damit zu einer Differenzierung des Produkts im Wettbewerb (in unserem Beispiel könnten z.B. ein serienmäßiger Kopf- und Seiten-Airbag sowie ein Benzinverbrauch von drei Litern pro hundert km eine solche Differenzierung bewirken). Das augmentierte Produkt wird schließlich noch durch das **potentielle Produkt** ergänzt. Dieses enthält weitere Leistungsmerkmale, die heute noch unüblich sind, in der näheren

Zukunft jedoch durchaus zum augmentierten Produkt gehören und später sogar zum gängigen Standard werden können (die serienmäßige Ausstattung von Kleinwagen mit eingebautem Navigationssystem wäre hier als Beispiel denkbar).

Der Wettbewerb in den hochindustrialisierten Ländern spielt sich bei komplexeren Gütern inzwischen vor allem auf der Ebene des augmentierten Produkts ab, während es in weniger entwickelten Ländern in der Regel einen Wettbewerb auf der Ebene des erwarteten Produkts gibt (vgl. Kotler/ Bliemel 1995, S. 661).

Will man ein vereinfachtes Konzept entwickeln, dann kann man von nur zwei grundlegenden Leistungsebenen ausgehen: Der Kernnutzen, das generische Produkt und das erwartete Produkt bilden den **Grundnutzen** bzw. die Grundleistung eines Produkts. Das augmentierte und das potentielle Produkt begründen den (aktuellen und potentiellen) **Zusatznutzen** bzw. die Zusatzleistung des Produkts. Ein konkretes Leistungsangebot ist immer durch diese zwei grundlegenden Nutzenkomponenten darstellbar; dabei kann die Bedeutung des Anteils des Grund- bzw. Zusatznutzens für die Profilierung im Wettbewerb je nach Produktkategorie variieren, was in Abbildung 22 verdeutlicht wird. Da im unteren Teil der Abbildung ein Nutzenanbau auch auf Grundnutzenebene zugelassen ist, kann man davon ausgehen, daß für die Profilierung eines Produkts im Wettbewerb nicht immer nur Zusatznutzen-Komponenten in Betracht kommen.

Die Produkte, um die es im Marketing geht, lassen sich in verschiedene Kategorien einteilen. Im folgenden sollen einige besonders wichtige **Produkttypologien** erläutert werden (vgl. Kotler/Bliemel 1995, S. 663 ff.; Nieschlag/Dichtl/Hörschgen 1997, S. 152 ff.). Von einer grundlegenden Gütereinteilung wurde in diesem Buch bereits Gebrauch gemacht, nämlich der Unterscheidung in Investitions- und Konsumgüter. **Investitionsgüter** (z.B. Werkzeugmaschinen) stellen Produkte dar, die von gewerblichen Verwendern zur Herstellung von Sachleistungen oder zur Erbringung von Dienstleistungen, die für Dritte gedacht sind, benötigt werden. **Konsumgüter** (z.B. Zahncreme) sind dagegen Produkte, die von Letztverbrauchern (Konsumenten) zur Befriedigung ihrer individuellen Bedürfnisse nachgefragt werden.

Sachleistungen können in Form von Ge- oder Verbrauchsgütern auftreten. Während unter **Gebrauchsgütern** langlebige Wirtschaftsgüter zu verstehen sind, die aufgrund ihrer längerfristigen Verwendung in zeitlich größeren Abständen gekauft werden (z.B. Kühlschränke, Fernseher etc.), stellen **Verbrauchsgüter** eher kurzlebige Produkte dar, die relativ schnell verbraucht werden und dementsprechend kurze Wiederkaufzyklen besitzen (Senf, Seife etc.). **Dienstleistungen** hingegen sind immaterielle Produkte, die in der Regel im Zusammenwirken mit dem Leistungsabnehmer erstellt werden, nicht lagerfähig sind und in der Ausführung eine qualitative Schwankungsbreite aufweisen können (z.B. Haarschnitt, Autoreparatur).

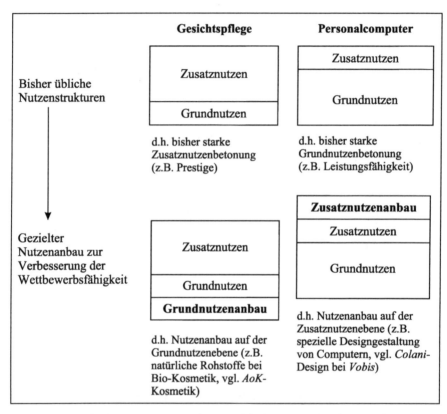

Abb. 22: Typische Nutzenstruktur verschiedener Produktkategorien und Ansatzpunkte für eine Nutzenerweiterung (Becker 1998, S. 159)

Typologisiert man die Produkte nach den Kaufgewohnheiten des Konsumenten, dann lassen sich Güter des mühelosen Einkaufs von denen des Such- und Vergleichskaufs sowie denen des Spezialkaufs unterscheiden. Erstere heißen **Convenience goods**; sie werden vom Konsumenten in der Regel häufig und mit minimalem Vergleichs- und Einkaufsaufwand erworben (z.B. Zeitungen, Tabakwaren). Durchläuft der Konsument hingegen zum Producterwerb diverse Such-, Vergleichs- und Auswahlprozesse, dann spricht man von **Shopping goods**. Der Einkaufsprozeß kann beim Kauf solcher Produkte eine wichtige Rolle spielen (z.B. bei modischer Kleidung oder Möbeln). Eher selten gekaufte Waren mit besonders eigenständigem Charakter und besonderer Markenidentität werden schließlich als **Specialty goods** bezeichnet. Die Käufer sind gewohnt, sich bei ihrem Erwerb besondere Mühe zu geben und auch besondere Mühen auf sich zu nehmen, da Güter des Spezialkaufs oftmals sehr hochwertig und/oder selten sind (z.B. spezielle Sportausrüstungen, Autos oder Antiquitäten).

Eine andere Produkttypologie setzt an dem Ausmaß an, in dem ein Kunde die jeweilige Produktqualität sachlich beurteilen kann (informationsökonomischer Ansatz). Unter diesem Aspekt lassen sich Inspektionsgüter, Erfahrungsgüter und Vertrauensgüter unterscheiden (vgl. Backhaus/Weiss 1989, S. 111; Meffert 1998, S. 51 ff.). Während **Inspektionsgüter** (Suchgüter) über eine Prüfqualität (Search quality) verfügen, also bereits vor dem Kauf eine Qualitätsbeurteilung durch den Kunden zulassen, besitzen **Erfahrungsgüter** in erster Linie Erfahrungsqualität (Experience quality). In diesem Fall kann die Qualität der Produkte *vor* ihrer Verwendung nicht eindeutig vom Kunden festgestellt werden. So ist er z.B. beim Restaurantbesuch auf die Erfahrungen angewiesen, die er selbst (oder ein anderer, der ihm berichtet) mit dem Produkt bzw. dessen Nutzung macht bzw. gemacht hat. Hat er diesbezügliche Erfahrungen gesammelt, ist zumindest nachträglich eine gewisse Produktbeurteilung möglich. Dies unterscheidet die Erfahrungsgüter von den **Vertrauensgütern**, die auch nach dem Ge- oder Verbrauch in ihrer Qualität nicht vollständig beurteilt werden können (Credence quality). Der Kunde ist somit auch nach der Produktnutzung gezwungen, auf die Güte eines derartigen Produkts zu vertrauen (Beispiel: ärztliche Behandlungen).

Dem Begriff **Produktpolitik** werden Entscheidungen subsumiert, die sich auf die Planung und Gestaltung des einzelnen Produkts und auch des gesamten Angebotsprogramms beziehen (produkt- und programmpolitische Entscheidungen). Unter einem **Produktprogramm** versteht man die Gesamtheit der angebotenen Leistungen eines Unternehmens. Speziell im Handel wird statt vom Produktprogramm vom Sortiment gesprochen.

Im Rahmen der Produktpolitik sind somit folgende **Entscheidungen** zu treffen:

- Die **Produktgestaltung**, d.h. die Bestimmung der Produktqualität in technischer, funktionaler, materieller und ästhetischer Hinsicht sowie etwaiger produktbegleitender Zusatzleistungen bzw. ergänzender Dienstleistungen;

- die **Verpackungsgestaltung** (bei Sachgütern), die insbesondere den Transport und den Schutz des Produkts gewährleisten, den Verkauf durch eine verbrauchergerechte Dimensionierung des Produkts unterstützen, die Produktverwendung erleichtern sowie der Werbung und Information des Kunden dienen soll (vgl. Meffert 1998, S. 440 f.);
- die **Markierung**, die oft in engem Zusammenhang mit der Verpackungsgestaltung steht (vgl. 5.2.2.3.), sowie
- die **Programmgestaltung**, d.h. die Zusammenstellung der Produkte und Produktlinien (Produktgruppen) zu einem Angebotsprogramm.

Die **Programmpolitik** muß sich neben der substantiellen Zusammenstellung des Sach- oder Dienstleistungsprogramms (**Programminhalt**) auch um die Fixierung des **Programmumfangs** kümmern. Dies betrifft zum einen die Bestimmung der **Programmbreite**, d.h. der Zahl der verschiedenen, simultan geführten Produktlinien, und zum anderen die Festlegung der **Programmtiefe**, d.h. der Zahl der einzelnen Produktvarianten innerhalb einer Produktlinie. Abbildung 23 veranschaulicht diese Entscheidungsfelder der Programmpolitik am Beispiel eines Sportartikelherstellers.

Absatzprogramm eines Sportartikelherstellers (Ausschnitt)			
Sportschuhe	Bekleidung	Sportgeräte	sonst. Sportausrüstung
Handballschuhe	Sportbekleidung	Bälle	Torwarthandschuhe
Wanderstiefel	Freizeitbekleidung	Tennisschläger	Schutzutensilien
Fußballschuhe		Skier	Tennissaiten
Halle			Fahrradbrillen
Feld			
Kunstrasen			

Abb. 23: Programmbreite und Programmtiefe

5.2.2. Spezielle Aspekte der Produktpolitik

5.2.2.1. Produktinnovation

Die zunehmende Intensität des Wettbewerbs hat auf vielen Märkten dazu geführt, daß nahezu alle Unternehmen ihre Leistungsangebote häufiger variieren oder gar gänzlich durch neue und verbesserte Angebote ersetzen. Untersuchungen haben ergeben, daß in vielen Branchen gut ein Drittel der Gewinne aus Produkten stammt, die erst seit drei bis fünf Jahren auf dem Markt sind. In Einzelfällen ist die Bedeutung der Produktinnovation sogar noch viel größer. So hat der amerikanische Prozessorenhersteller Intel 1997 rd. 90% seines Umsatzes mit Produkten erwirtschaftet, die 1996 noch nicht in seinem Programm waren (vgl. o.V. 1998).

Diese Entwicklung führt zu einer immer kürzeren technischen und wirtschaftlichen Lebensdauer der Produkte. Die Wichtigkeit einer kontinuierlichen Neuproduktentwicklung, d.h. die hohe Bedeutung der Produktinnovation für den Erfolg eines Unternehmens, ist mithin unbestritten (vgl. Arthur D. Little Int. 1988, S. 15). Eine weitere bemerkenswerte Erkenntnis empirischer Untersuchungen besagt allerdings auch, daß faktisch nur 10% aller Neuprodukte wirkliche Neuheiten, d.h. weltweit völlig neuartige Produkte darstellen (Kotler/Bliemel 1995, S. 502).

Eine **Produktinnovation** bezeichnet all jene marktbezogenen Änderungsprozesse in einem Unternehmen, die zu neuen Produkten führen. Der Begriff „neues Produkt" ist jedoch immer relativ. Zu unterscheiden sind insbesondere (vgl. Meffert 1998, S. 362):

- **Marktneuheiten** (Produkte, die für *alle* Marktteilnehmer neu sind) und
- **Betriebsneuheiten** (Produkte, die nur für den *einführenden* Betrieb, nicht jedoch den Markt neu sind).

Naturgemäß bringt die Entwicklung und Einführung von „echten" Neuheiten die größten Kosten und Risiken mit sich. Die Mißerfolgsquote bei neuen *Konsum*gütern ist hoch und beträgt etwa 30-40%. Prominente Beispiele für aufsehenerregende Marktversager lieferten im letzten Jahrzehnt das „Top-Job"-Reinigungstuch von Procter & Gamble, die Illustrierte „Ja" des Springer-Verlags, die Wochenzeitschrift „Tango" des Gruner+Jahr-Verlags und auch die „Cherry-Cola" von Coca-Cola. Daß derartige Fehlschläge nicht nur einen materiellen, sondern überdies auch größere immaterielle Schäden (Imageverluste u.ä.) verursachen, dürfte dabei auf der Hand liegen.

Den hohen Risiken der Neuproduktentwicklung stehen allerdings – wie bereits erwähnt – auch hohe Erfolgsaussichten gegenüber. Im folgenden wollen wir uns daher eingehender mit dem Entscheidungsfeld der Neuproduktentwicklung, d.h. der Produktinnovation befassen.

Wichtige **Phasen des unternehmerischen Produktinnovationsprozesses** sind dabei:

- die Innovations- bzw. Suchfeldbestimmung;
- die Gewinnung von Neuproduktideen;
- die Prüfung von Neuproduktideen und die Ideenauswahl sowie
- die Realisierung der ausgewählten Neuproduktideen einschließlich der Planung der Markteinführungsstrategie.

a) Die Innovations- bzw. Suchfeldbestimmung

Zunächst muß ein Unternehmen seine zukünftigen Innovationsfelder bestimmen, d.h. es muß jene **neuen Produkt/Markt-Bereiche** suchen und auswählen, in denen es innovativ tätig werden will. Dies setzt vielfach eine integrierte Technologie-, Produkt- und Marktplanung voraus, die angeben soll, welche Technologien es dem Unternehmen ermöglichen, neue Produkte zu entwickeln, die Kundenwünsche in Abnehmergruppen jenseits des bisherigen Betätigungsfelds erfüllen. Die Auswahl der auf diese Weise abgegrenzten neuen Geschäftsfelder richtet sich dann nach der Attraktivität dieser Innovationsfelder für das Unternehmen und nach der Stärke, über die das Unternehmen in den einzelnen Feldern verfügt (vgl. Specht 1997, S. 112 ff.).

Eine solche Innovationsfeldplanung kann u.U. zu einer neuen oder erweiterten Definition des gesamten bisherigen Betätigungsfelds des Unternehmens führen und hat deshalb u.U. auch eine grundsätzliche unternehmenspolitische Bedeutung. So hat beispielsweise der japanische Unterhaltungselektronikkonzern Sony beschlossen, ab 1996 auch im Computerbereich mit neuen Produkten als Wettbewerber aufzutreten, womit er sein angestammtes Geschäftsfeld erheblich ausgedehnt hat. Ein weiteres Beispiel bietet BP, das sich neben dem herkömmlichen Mineralölbereich neuerdings auch in der Solarenergietechnik engagiert.

b) Die Gewinnung von Neuproduktideen

Innovations- oder Suchfelder bilden meist einen eher groben Rahmen, innerhalb dessen Ideen für konkrete neue Produkte erst noch gefunden werden müssen. Dabei ergibt sich zunächst die Frage, *wo* sich neue Produktideen gewinnen lassen. Sind die Quellen für neue Produktideen erschlossen, dann erhebt sich ferner die Frage nach dem *Wie* der Ideengewinnung.

• **Quellen für Neuproduktideen**

Als **externe Quellen** für neue Produktideen kommen grundsätzlich in Betracht: Forschungsinstitute, Beratungsunternehmen, Erfinder, Patent- und Schutzrechtsinformationen, Warentestinstitute, Konkurrenten und – von nicht zu unterschätzender Bedeutung – die Kunden. Insbesondere letztere können mit ihren Äußerungen, seien es konstruktive Vorschläge oder Reklamationen, wertvolle Anregungen für gezielte Leistungsverbesserungen und Innovationen geben. In der Marketing-Praxis wird in diesem Sinne immer bewußter beispielsweise zu einem gezielten *Beschwerdemanagement* übergegangen (vgl. Stauss/Seidel 1996). Auch sog. *Kundenclubs*, in die bisherige Produktverwender aufgenommen und in gewissen Abständen nach ihrer Meinung über das Leistungsangebot befragt werden, dienen mitunter der Gewinnung von Neuproduktideen (z.B. „Ikea-Family"). Von großer Bedeutung sind in diesem Zusammenhang auch sog. *Lead User* (s.u. Punkt d).

Als **interne Quellen** für Neuproduktideen kommen zudem die eigene Forschungs- und Entwicklungsabteilung, die Produktionsabteilung, das Marketing- oder Vetriebsressort sowie z.B. das betriebliche Vorschlagswesen und innerbetriebliche Qualitätszirkel in Betracht.

• **Methoden zur Erzeugung von Neuproduktideen**

In diesem Zusammenhang geht es um verschiedene Techniken, mit denen Ideen produziert werden können. Derartige **Kreativitätstechniken** werden insbesondere von erfolgreichen, innovativen Unternehmen eingesetzt (vgl. Geschka 1998). Es existieren weltweit mehr als hundert Kreativitätstechniken, die zum einen primär auf der Ebene des Individuums, zum anderen schwerpunktmäßig auf der Gruppenebene einsetzbar sind (vgl. Hauschildt 1993, S. 250 ff.; Schlicksupp 1995; Geschka 1998, S. 15).

Zu den bekanntesten **Individualtechniken** gehören u.a.:

- Merkmalsauflistung;
- Gegenstandsverknüpfung sowie die
- Morphologische Analyse.

Typische **Gruppentechniken** sind demgegenüber:

- Brainstorming;
- Synektik;
- Methode 635 sowie die
- Delphimethode.

Im folgenden wollen wir beispielhaft vier wichtige Kreativitätstechniken kurz erläutern.

•• **Beispiel 1: Morphologische Analyse**

Ziel der morphologischen Analyse ist die Erzeugung aller denkbaren Lösungen eines Problems. Als Mittel bedient sie sich hierzu des sog. **morphologischen Kastens**. Dieser kombiniert mögliche Ausprägungen der verschiedenen Neuproduktparameter. Abbildung 24 veranschaulicht vereinfacht ein solches Vorgehen am Beispiel eines Fahrradherstellers, der ein neues Fahrrad für Jugendliche auf den Markt bringen will.

Verwender	Herren	Damen	*Jugendliche*	Kinder
Verwendung	Tourenrad	*Sportrad*	Rennrad	Mountain-Bike
zusätzliche Nutzenkomponente	Lastentauglichkeit	geringes Gewicht	*Langlebigkeit*	Zerlegbarkeit
Gangschaltung	ohne	3-Gang	*10-Gang*	21-Gang
Lackierung	*einfarbig/ knallig*	einfarbig/ gedeckt	zweifarbig	mehrfarbig

Abb. 24: Vereinfachtes Beispiel eines morphologischen Kastens

Die morphologische Analyse geht in **fünf Schritten** vor:

1. Definition des Problems (hier: Einführung eines neuen Fahrradmodells für Jugendliche);
2. Aufstellen der relevanten Neuproduktparameter (hier: Verwendungsmöglichkeit, zusätzliche Nutzenkomponenten, Art der Gangschaltung, Lackierung);
3. Zusammenstellung des morphologischen Kastens, d.h. systematische Kombination der einzelnen Ausprägungen der Neuproduktparameter;
4. Analyse der möglichen Lösungen (u.a. auf Stimmigkeit der kombinierten Eigenschaftsausprägungen untereinander);
5. Lösungswahl (hier: Auswahl eines langlebigen und einfarbig-knallig lackierten Sportrads mit 10-Gang-Schaltung für Jugendliche).

Diese Kreativitätsmethode basiert auf entsprechenden Arbeiten von Zwicky (1966). Da die Aufstellung der Neuproduktparameter und die Ableitung der unterschiedlichen Ausprägungen ein u.U. erhebliches fachliches Wissen voraussetzt, wird die Morphologie auch als Kreativitätstechnik für Fachleute bezeichnet.

•• **Beispiel 2: Brainstorming**

Das Brainstorming wurde bereits Ende der 30er Jahre entwickelt und ist die in der Praxis bei weitem am häufigsten angewandte Kreativitätstechnik (Geschka 1998, S. 18). In seinem Mittelpunkt steht die **Gruppendiskussion** eines in seinen Grundzügen bekannten Problems mit dem Ziel, möglichst viele Ideen zu dessen Lösung zu produzieren.

Als Grundprinzipien des Brainstorming gelten:

- Freie Assoziation zu den einzelnen Vorschlägen;
- Keine Kritik an den gemachten Vorschlägen (kein „Ideen-Killing");
- Quantität geht vor Qualität der Vorschläge;
- Weiterführung und Verbesserung fremder Ideen ist ausdrücklich erwünscht (es existieren keine „Urheberrechte").

Die Einhaltung dieser Prinzipien wird von einem Moderator überwacht. Das Brainstorming basiert letztlich auf „lautem Denken", wobei auch fremde Vorschläge unvoreingenommen aufgegriffen und weitergeführt werden sollen. Eine Brainstorming-Sitzung sollte nicht länger als eine halbe Stunde dauern und von fünf bis acht Teilnehmern praktiziert werden (Geschka 1998, S. 16).

•• Beispiel 3: Methode 635 (Brainwriting)

Die Methode 635 läßt sich auch als schriftliches Brainstorming auffassen. Ihr etwas nebulöser Name erklärt sich aus ihrem Funktionsprinzip: Sechs Teilnehmern wird eine schriftlich fixierte Problemstellung mit der Bitte vorgelegt, drei Lösungsvorschläge zu entwickeln und diese dann an den jeweiligen Nachbarn weiterzureichen. Ob sich die „5" daraus ergibt, daß hierfür fünf Minuten zur Verfügung stehen, oder eher daraus, daß diese Ausgangsvorschläge in einem fünffachen Durchlauf von den anderen Teilnehmern schriftlich kommentiert und weitergeführt werden, ist unklar. Wichtiger ist, daß auf diese Weise die beim Brainstorming gegebene Assoziationsleistung der Gruppe mit der Leistung des konzentriert arbeitenden Individuums verknüpft wird; dies vermeidet einige Nachteile des Brainstorming, z.B. das Entstehen einer zu lockeren „Plauderstunde".

•• Beispiel 4: Synektik

Unter Synektik versteht man die schrittweise Verfremdung eines Ausgangsproblems durch Bildung von **Analogien**. Hierbei können direkte Analogien aus der Natur, symbolische, persönliche oder Phantasieanalogien entwickelt werden. Gelingt es, die problemfremden Strukturen durch analoge Anwendung in konkrete Lösungen zu überführen, spricht man von einem „force-fit". Beispiele für die Gewinnung neuer Produktideen aufgrund direkter Analogien zu Vorbildern aus der Natur liefert speziell das Forschungsgebiet der Bionik. Diesem entspringen etwa die Entwicklung des Klettverschlusses, strömungsgünstige Formen bei Schiffen und Flugzeugen sowie Röntgenlinsen, die nach dem Vorbild eines Hummerauges konstruiert sind und Röntgenstrahlen zu fokussieren vermögen. Ferner zählen dazu Flugzeugoberflächen, die einer Haifischhaut nachempfunden und damit nicht glatt, sondern rauh sind, wodurch der Luftwiderstand erheblich sinkt. Dadurch kann eine Treibstoffersparnis, die auf Langstrecken mehrere Tonnen beträgt, erzielt werden.

Die Synektik hat von allen Methoden das wohl größte Kreativitätspotential. Ihr Ideengewinnungsprozeß ist allerdings nur schwer zielorientiert zu steuern und stellt dazu hohe Anforderungen an die Anwender. Sie wird daher in der betrieblichen Praxis auch nur relativ selten eingesetzt. Nach ihrem Erfinder Gordon können die Nutzung des Alltäglichen, der Gebrauch von Metaphern sowie ein gezieltes Wechselspiel zwischen Problemnähe und -distanz indes wertvolle Hilfen bei der Ideensuche bieten. Die Synektik liefert im Vergleich zum Brainstorming und Brainwriting zwar weniger Ideen, dafür aber u.U. nützlichere (vgl. Hauschildt 1993, S. 262).

c) Die Prüfung und Auswahl von Neuproduktideen

An die Phase der Erzeugung von Neuproduktideen muß sich zwangsläufig diejenige ihrer Bewertung und Selektion anschließen. Diese umfaßt zwei Teilaspekte: die Grob- und die Feinauswahl.

• Ideen-Grobauswahl („Screening")

Die **Ideen-Grobauswahl** zielt darauf ab, anhand von unbedingt einzuhaltenden Mindestanforderungen (**Must-Kriterien**) bereits auf den ersten Blick undurchführbare Produktideen auszusondern. Die Fülle der gewonnenen Neuproduktvorschläge soll so möglichst rasch auf eine einer näheren Ideenprüfung zuträglichen Zahl verringert werden. Ist es für den Produkterfolg z.B. entscheidend, als Pionier auf den Markt zu gelangen, und ist weiter bekannt, daß es dem stärksten Konkurrenten gelingen wird, mit einem vergleichbaren Produkt innerhalb der nächsten drei Jahre auf den Markt zu kommen, so kann ein mögliches Must-Kriterium die Marktreife des eigenen Neuprodukts innerhalb der nächsten zwei Jahre sein.

Differenziertere Ausleseentscheidungen können mit Hilfe verschiedener Methoden getroffen werden. Eine Möglichkeit bieten sog. **Punktbewertungsverfahren** (auch: **Nutzwertanalysen** oder **Scoring-Modelle**). Sie beurteilen Produktideen anhand verschiedener, zuvor festzulegender und zu gewichtender Kriterien. Ausgangspunkt ist die Aufstellung einer Bewertungsmatrix. In diese werden die als wichtig für den späteren Markterfolg erkannten Bewertungskriterien und deren relative Gewichtung aufgenommen. Anschließend wird das Ausmaß ermittelt, in dem die einzelnen Neuproduktideen den diversen Beurteilungskriterien entsprechen. Aus der Multiplikation dieser Einstufung mit dem Gewichtungsfaktor des jeweiligen Bewertungskriteriums und der Addition der Werte über alle Bewertungskriterien hinweg ergibt sich ein Summenwert, der dann die Weiterverfolgung der Neuproduktidee anzeigt, wenn er einen zuvor definierten kritischen Mindestwert übertrifft. Abbildung 25 gibt ein Beispiel für ein solches Scoring-Modell.

Bewertungskriterien	Relative Gewichtung (A)	Einstufung der Neuproduktidee (B)						Bewertung (A x B)
		1	2	3	4	5	6	
Unternehmensimage	0,1		x					0,2
Entwicklungskosten	0,1		x					0,2
Finanzierbarkeit	0,2					x		1,0
Produktionsanforderungen	0,2			x				0,6
Geschätztes Marktpotential	0,3					x		1,5
Verbundwirkung	0,1		x					0,2
INSGESAMT	1,0							3,7
1: sehr schlecht ... 6: sehr gut								
Gesetzter Mindestwert zur Weiterentwicklung: 3,5								

Abb. 25: Scoring-Modell

Ein Problem dieser Methode ist das der Scheingenauigkeit: Das Aufstellen verschiedener Bewertungskriterien unterliegt letztlich subjektiven Einflüssen ebenso wie die Quantifizierung der Gewichtungsfaktoren oder die Einstufung der verschiedenen Ideen. Das Verfahren liefert daher keine exakte Lösung. Dennoch greift man in der Praxis mangels besserer Alternativen auf solche Verfahren häufig zurück.

Sind verschiedene Neuproduktideen grob selektiert worden, geht es in einem weiteren Schritt darum, diese Ideen in der Weise zu vervollständigen, daß sie zu **Produktkonzepten** ausformuliert werden, die dem Kunden eine erste Vorstellung über das neue Produkt vermitteln. Im Zuge von weiterführenden **Konzepttests** wird dann das aus Abnehmersicht günstigste Produktkonzept ermittelt. Dabei kann z.B. eine Conjointanalyse auf der Basis einer Kundenbefragung zum Einsatz kommen (vgl. Kotler/Bliemel 1995, S. 524 ff.; vgl. auch 3.2.3., Abb. 16).

• **Ideen-Feinauswahl**

Um die als günstig eingestuften Produktkonzepte im Hinblick auf ihre Marktchancen detaillierter und exakter bewerten und letztlich auswählen zu können, ist eine **Feinauswahl** erforderlich. Voraussetzung hierfür ist das Vorliegen eines ersten Vermarktungsplans für das jeweilige Produkt. Dieser Marketing-Plan muß nicht nur die zur Produkteinführung nötigen Marketing-Instrumente sowie die Zielgruppen bzw. Zielmärkte bestimmen, sondern auch auf konkreten Kosten- und Umsatzschätzungen basieren und damit über die erwartete **Wirtschaftlichkeit** des Neuprodukts Auskunft geben. Eine solche Feinauswahl ist in verschiedenen Spielarten möglich:

•• **Wertanalyse**

Die Wertanalyse geht von einem konstanten Qualitätsniveau des Produkts aus und ermittelt sodann die kostengünstigste Umsetzungskonzeption (vgl. Nieschlag/Dichtl/Hörschgen 1997, S. 272). Gewählt wird letztlich jene Neuproduktalternative, die bei gegebenem Qualitätsniveau die geringsten Kosten verursacht.

•• **Break-Even-Analyse**

Hierbei wird die zu erwartende Absatzmenge des Neuprodukts zum Entscheidungskriterium. Ermittelt und realisiert wird dasjenige Produktkonzept, dessen erwarteter Absatz den Break-Even-Point überschreitet, d.h. gewinnbringend ist. Der Break-Even-Point markiert folglich die Absatzmenge, bei der die erwarteten Produkterlöse gleich den Produktkosten sind. Abbildung 26 gibt ein Beispiel für eine solche Break-Even-Analyse. Produktkonzepte, die den Break-Even-Point voraussichtlich nicht erreichen werden, scheiden aus dem Produktinnovationsprozeß aus.

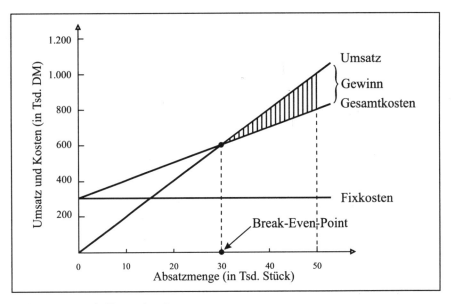

Abb. 26: Break-Even-Analyse

Über diese beiden Methoden hinaus können zur Wirtschaftlichkeitsanalyse statische oder dynamische Verfahren der **Investitionsrechnung** herangezogen werden. Zur quantitativ-exakten Konzeptbewertung und -selektion bieten sich zudem auch verschiedene, jedoch in der Praxis kaum eingesetzte **EDV-gestützte Entscheidungsmodelle** an, wie z.B. DEMON und SPRINTER in ihren verschiedenen Versionen (vgl. Schmitt-Grohé 1972, S. 107 ff.; Nieschlag/Dichtl/Hörschgen 1997, S. 264).

d) Die Realisierung der ausgewählten Neuproduktideen

Diese Phase des Produktinnovationsprozesses hat zwei wesentliche Entscheidungsfelder: die Entwicklung und Prüfung des marktreifen Produkts sowie die Festlegung der Strategie seiner Markteinführung.

- **Entwicklung und Test des Neuprodukts**

Produktkonzepte, die ausgewählt wurden, müssen technisch entwickelt und verschiedenen Tests unterzogen werden, bevor sie am Markt eingeführt werden können. Mit Hilfe von **Prototypen** und **Funktionstests** soll die technische Leistungsfähigkeit eines Produkts ermittelt werden. Dabei kommen heute in manchen Branchen, wie z.B. dem Flugzeugbau und der Automobilindustrie, neben realen zunehmend auch virtuelle Prototypen zum Einsatz, die mit Hilfe leistungsfähiger Software erzeugt werden (z.B. Digital Mock-up und Virtual Reality; vgl. Barthold 1997). Darüber hinaus wird in **Kundenakzeptanztests** die Eignung des neuen Produkts zur Bedürfnisbefriedigung ermittelt. Um letztlich nicht bedarfsgerechte Produktentwicklungen zu vermeiden, ist es besonders wichtig, die Interessen und Neigungen der späteren Produktverwender im Entwicklungsprozeß möglichst frühzeitig zu berücksichtigen.

Ziel muß es folglich sein, von Beginn an sowohl technisch solide als auch vom Kunden gewünschte Produkte zu entwickeln. Vor diesem Hintergrund haben sich einige Unternehmen dazu entschlossen, bereits in der Produktentwicklung gezielt auch auf die Wünsche und Anforderungen verschiedener Produktverwender einzugehen. Dabei kommt aber weniger dem durchschnittlichen Kunden, sondern eher dem sog. **Lead User** besondere Bedeutung zu (vgl. Sattler/Schrader 1995, Sp. 1000). Lead User sind Abnehmer, deren spätere Produktverwendung aus zwei Gründen von großer Bedeutung ist (vgl. v. Hippel 1988, S. 107): Zum einen geben Lead User Hinweise auf zukünftig am Markt vorherrschende Bedürfnisse („Lead Users face needs that will be general in a marketplace, but they face them months or years before the bulk...encounters them"), zum anderen haben Lead User, sofern sie gewerbliche Abnehmer sind, für ihre eigenen Kunden oft selbst schon Innovationen geplant, die dem Hersteller wichtige Impulse für dessen eigene Produktentwicklung geben können. Ein innovatives Befestigungssystem für Rohrleitungen, das zusammen mit Lead Users entwickelt worden ist, hat 1991 der *Hilti AG* sogar den schweizerischen Innovationspreis eingebracht (vgl. Kleinschmidt et al. 1996, S. 156 ff.). Am Beispiel einer CAD-Neuentwicklung und in ergänzenden Untersuchungen konnte gezeigt werden, daß Innovationen, die unter Einbeziehung von Lead Users entwickelt wurden, nicht nur deutlich besser vom Markt aufgenommen, sondern zumeist auch schneller und kostengünstiger fertiggestellt werden (vgl. Urban/v. Hippel 1988). Die Anregungen, die von solchen „Schrittmacherkunden" ausgehen, sind jedoch nicht nur für die Entwicklungsphase von Bedeutung, sondern darüber hinaus vielfach bereits für die Ideengewinnungsphase (vgl. Kotler/ Bliemel 1995, S. 512, 515).

Die frühzeitige Einbeziehung von Kundenwünschen in den Produktentwicklungsprozeß gewährleistet auch ein Instrument, das ursprünglich in Japan entwickelt worden ist: das sog. **Quality Function Deployment**. Dieser Terminus bezeichnet ein bestimmtes Verfahren, das den gesamten Entwicklungs- und Produktionsprozeß eines technischen Neuprodukts begleitet und mit dem kundenorientierte und technische Produktanforderungen simultan berücksichtigt werden können (vgl. Hauser/Clausing 1988). Dabei werden die technischen Produkteigenschaften schrittweise aus den manifesten oder latenten Wünschen und Anforderungen des Kunden an das neue Produkt entwickelt. Konzeptioneller Kern dieser Methode ist das sog. *House of Quality*, das in graphischer Form die Kundenanforderungen in die technischen Konstruktionsmerkmale des Neuprodukts zu überführen hilft. Das Quality Function Deployment wird daher auch als „kundenwunschorientiertes Produktplanungsverfahren" bezeichnet (Brunner 1992, S. 42).

Nach abgeschlossener Produktentwicklung kommt es zur Markterprobung. Hierfür werden zumeist **Markttests** eingesetzt, in denen die Neuprodukte unter den Bedingungen geprüft werden, die später auch bei der tatsächlichen Markteinführung zu erwarten sind (vgl. Kotler/Bliemel 1995, S. 542). Mit einem solchen, unter kontrollierten Bedingungen stattfindenden Test ist es ferner möglich, die Wirkung der geplanten Marketing-Maßnahmen am Markt zu prognostizieren. Wichtig ist daher, daß alle Testmärkte ein zwar verkleinertes, aber dennoch möglichst getreues (im Idealfall: repräsentatives) Abbild der späteren Marktsituation darstellen (zu den Formen des Markttests vgl. Abschnitt 3.2.2. b).

• **Markteinführung des Neuprodukts**

Steht man nach erfolgreich abgeschlossener Testphase vor der Markteinführung des Neuprodukts, müssen folgende Fragen beantwortet werden: Wann, wie, für wen, wo und ggf. mit wem soll das neue Produkt eingeführt werden (vgl. Kotler/Bliemel 1995, S. 546 ff.):

Frage 1: Wann einführen? – das Timing

Es bieten sich zwei grundsätzliche Alternativen an: entweder eine **Führerstrategie**, d.h. als erster mit einem Neuprodukt den Markt zu betreten („first-to-market"), oder eine **Folgerstrategie** („second-" oder „late-to-market"). Die Folger können entweder mit einer reinen, gegenüber dem Pionierprodukt u.U. geringfügig verbesserten Imitation oder mit einem vergleichsweise eigenständigen Nischenprodukt den Markt betreten (vgl. Backhaus 1997, S. 231). Empirische Untersuchungen zum Zusammenhang zwischen Markteintrittszeitpunkt und Geschäftserfolg haben gezeigt, daß 70% der heutigen Marktführer angeben, als Erste bzw. Pioniere in einen Markt eingetreten zu sein (vgl. Buzzell/Gale 1989, S. 153). Der Wert der Marktführerschaft wird allerdings durch eine Studie von Diller et al. relativiert: Hiernach konnten nur 41% der einstmaligen Marktführer ihre Position im beobachteten Zeitraum (1981-1991) ohne Unterbrechung halten (vgl. Diller/Kaffenberger/Lücking 1993, S. 273 f.). Obwohl die empirischen Befunde also nicht einheitlich sind, dürften Führerstrategien dennoch in der Mehrzahl der Fälle erfolgreicher sein.

Sowohl Führer- als auch Folgerstrategien haben ihre eigenen **Vorzüge und Schwächen**: Führer müssen Investitionen in die Forschung und Entwicklung sowie in die Markterschließung tätigen, gegebenenfalls den Marktwiderstand brechen, d.h. einen neuartigen Produktnutzen erst einmal vermitteln. Dafür gelingt es ihnen häufig, bei entsprechend innovationsfreudigen und kaufkräftigen Kunden höhere Preise durchzusetzen, Pioniergewinne zu erzielen sowie wichtige Marktanteile zu gewinnen, die dann eine Kostendegression bewirken. Führer können überdies nicht selten Standards setzen, an denen sich die Folger später orientieren müssen. Die Folger haben dagegen den Vorteil, daß sie erst einmal abwarten können, ob sich das Neuprodukt überhaupt durchsetzt. Ferner können sie von Fehlern des Marktersten lernen. Darüber hinaus ersparen sie sich größere Forschungs-

und Entwicklungsausgaben und müssen insgesamt geringere Investitionen in den Markt vornehmen, denn sie können das erfolgreiche Produkt des Marktersten u.U. imitieren und werden von dessen Erfolg mitgetragen. Daher sind auch Folgerstrategien oftmals erfolgreich. Das Ausmaß der Vor- und Nachteile jeder Position variiert letztlich mit dem zeitlichen Eintrittsabstand der „frühen" bzw. „späten" Folger vom Pionier. Es dürfte ferner auf verschiedene Situationsfaktoren (z.B. die Größe und Finanzkraft der Folger) ankommen, welcher Strategie letztlich der Vorzug zu geben ist (vgl. v. d. Oelsnitz 1996a, 1996b, 1998).

Frage 2: Wie einführen? – die instrumentale Ausgestaltung

Die Markteinführung eines Neuprodukts kann grundsätzlich durch hohe oder niedrige Preise sowie durch hohe oder niedrige Ausgaben für Werbung, Verkaufsförderung und Distribution begleitet werden (vgl. Kotler/Bliemel 1995, S. 568 ff.). Hohe Preise und eine intensive Unterstützung der Markteinführung durch Werbung und Verkaufsförderung liegen z.B. dann nahe, wenn ein Pionierunternehmen eine Marktneuheit anbietet, die den Kunden dementsprechend noch unbekannt ist, die Kunden über eine ausreichende Kaufkraft sowie eine prinzipielle Kaufbereitschaft verfügen und das Pionierunternehmen mit dem baldigen Markteintritt von Konkurrenten rechnen muß. Tritt das Unternehmen dagegen nicht mit einer Marktneuheit, sondern mit einer Betriebsneuheit an den Markt, die eher Imitationscharakter trägt, und verfolgt es somit eine Strategie der Marktfolgerschaft, so sollte es eher niedrige Einführungspreise wählen, da die Kunden das Produktkonzept schon kennen und daher vermutlich preisempfindlich reagieren werden. Die bereits vorhandene Bekanntheit des Produktkonzepts erlaubt es dem Marktfolger dann aber, auf hohe Werbeausgaben zu verzichten.

Frage 3: Für wen einführen? – die Zielgruppen

Von entscheidender Bedeutung ist die Frage, an welche Zielgruppen sich das Neuprodukt schwerpunktmäßig wenden soll. Aus einer entsprechenden Festlegung ergeben sich in der Regel zahlreiche Konsequenzen für die anderen Entscheidungsbereiche der Neuprodukteinführung. Wichtig ist dabei die Erkenntnis, daß sich viele Menschen hinsichtlich ihrer Bereitschaft, neue Produkte zu akzeptieren, beträchtlich voneinander unterscheiden. Anhand sog. **Adoptionskurven** lassen sich die verschiedenen Reaktionsmuster auf Innovationen darstellen. Abbildung 27 zeigt unterschiedliche **Adoptertypen**.

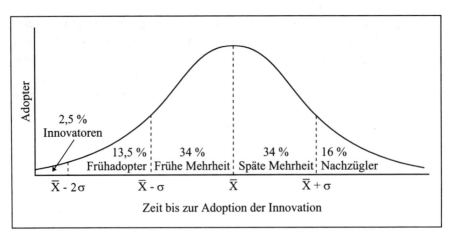

Abb. 27: Verschiedene Adoptertypen (Kotler/Bliemel 1995, S. 552)

Besondere Relevanz kommt dabei den Innovatoren und Frühadoptern zu, die etwa 15% der Konsumenten ausmachen. In jedem Produktbereich gibt es diese „Konsumpioniere". Sie zeichnen sich oft durch besondere Charaktereigenschaften, wie z.B. Unternehmungslust und Verlangen nach Respekt, aus (vgl. Kotler/Bliemel 1995, S. 552). Diese Eigenschaften sowie ihre Rolle als Trendsetter und Meinungsführer machen sie für das Marketing als bevorzugt anzusprechende Zielgruppe interessant.

Frage 4: Wo einführen? – die geographische Strategie

Grundsätzlich bieten sich hierbei die Alternativen der regionalen, nationalen und/oder internationalen Einführung an. Insbesondere auf großen Märkten kann eine gesamtnationale oder internationale Produkteinführung aus Kostengründen unmöglich sein, so daß zunächst einmal auf regionaler Basis vorgegangen werden muß. Hieran schließen sich zu einem späteren Zeitpunkt die übrigen Alternativen der **Marktarealstrategie** an. Entsprechende Optionen sehen neben konzentrischen Absatzgebietsausdehnungen auch selektive bzw. inselförmige Erschließungen des geographischen Absatzgebiets vor, z.B. in Form der „Eroberung" zunächst der wichtigsten Großstädte eines Landes (vgl. Becker 1998, S. 304 ff. sowie Abschnitt 4.2.2.). Konzentrische, d.h. ringförmig um das ursprüngliche Absatzgebiet erfolgende Expansionen führen in der Regel zwar vergleichsweise langsam zu einer überregionalen oder nationalen Gebietsabdeckung, begründen dafür jedoch nicht selten sehr stabile Absatzmärkte („Absatzburgen"; vgl. Becker 1998, S. 304). Selektive und inselförmige Gebietsausdehnungen erfordern demgegenüber ein höheres Maß an Marketing-Flexibilität, da sie sich auf Schlüsselmärkte richten, auf denen nicht selten unterschiedliche Marktbedingungen herrschen.

Ggf. Frage 5: Mit wem einführen? – mögliche Kooperationspartner

Nach Klärung dieser Fragen kann sich herausstellen, daß das eigene Knowhow und/oder die eigene Finanzkraft nicht ausreichen, um zu einer gewinnversprechenden Neuprodukteinführung insbesondere im internationalen Maßstab zu gelangen. In diesem Fall kann das Eingehen einer **strategischen Partnerschaft** ratsam sein (vgl. Abschnitt 4.2.4.). Das Unternehmen hat sich dann zu fragen, mit welchem Partner die gesteckten Einführungs- und Marktziele am ehesten zu erreichen sind. Geeignete Marktpartner müssen dabei keineswegs nur auf derselben Wirtschaftsstufe gesucht werden. Auch nachgelagerte Stufen, und hier vor allem die selbständigen **Handelsbetriebe**, sind für den Erfolg der Neuprodukteinführung eines Herstellers von entscheidender Bedeutung. Vor diesem Hintergrund empfiehlt es sich, die zum Vertrieb der Produkte grundsätzlich in Frage kommenden Handelsbetriebe sorgfältig auf ihre spezifische Leistungsfähigkeit und -bereitschaft hin zu prüfen und ggf. mit besonderen Vergünstigungen wie Einführungsrabatten, großzügigen Zahlungsfristen oder regionalen Alleinvertretungsrechten zu einer besonders engen Zusammenarbeit zu motivieren (vgl. hierzu auch Abschnitt 5.4.2.2).

5.2.2.2. Produktmodifikation und -elimination

Unter **Produktmodifikation** versteht man die Änderung bereits eingeführter Produkte. Diese Änderung kann sowohl materiell-funktionale und ästhetische Produktmerkmale als auch verpackungs- und markierungspolitische Sachverhalte betreffen, also alles, was im Zusammenhang mit dem Produkt und seinem Erscheinungsbild steht.

Die Produktmodifikation tritt in zwei Formen auf (vgl. Nieschlag/Dichtl/Hörschgen 1997, S. 277 f.):

- die **Produktvariation**, bei der ein Produkt im Laufe der Zeit in seinen einzelnen Bestandteilen verändert, in seinem Grundkonzept aber beibehalten wird, wobei das in dieser Weise modifizierte Produkt die vorherige Version ersetzt, sowie

- die **Produktdifferenzierung**, bei der *neben* dem ursprünglichen Produkt abgewandelte Produkte, d.h. Ableger, zeitgleich geschaffen und als Ergänzung der Produktlinie in den Markt eingeführt werden. Dies geschieht vor allem, um den speziellen Anforderungen einzelner Marktsegmente zu entsprechen.

Produktvariation und Produktinnovation sind nicht immer eindeutig voneinander abzugrenzen. Insbesondere zwischen Betriebsneuheiten und stark veränderten Altprodukten bestehen häufig große Übereinstimmungen (vgl. Nieschlag/Dichtl/Hörschgen 1997, S. 277). Wird ein bereits seit langem auf dem Markt vorhandenes Produkt mit Blick auf gewandelte Kundenbedürfnisse umgestaltet, dann spricht man auch von einem **Produktrelaunch**. Ein solches Relaunch kann sich sowohl auf Aspekte des funktionalen Grundkonzepts eines Produkts als auch auf dessen periphere Gestaltungselemente, wie z.B. das Produktdesign („face lifting"), richten und wird von intensivierten Marketing-Bemühungen begleitet. Ziel ist dabei immer eine absatzfördernde Attraktivitätssteigerung bzw. -wiederherstellung aus Kundensicht.

Ein anderer Aspekt sind Entscheidungen der **Produktelimination**, die zu einer Entfernung von Produkten aus dem Absatzprogramm führen. Sowohl modifizierende als auch eliminierende Produktentscheidungen sind im Laufe des Produktlebens unumgänglich. Modifikations- und Eliminationsentscheidungen werden vor allem in fortgeschrittenen Phasen der Produktexistenz erforderlich.

Ein wesentlicher Ansatz zur Beschreibung eines als typisch angenommenen Produktwerdegangs ist das **Produktlebenszykluskonzept**. Dieses Konzept ist ein idealtypisches Modell, mit dem meist nur die Phase der unmittelbaren *Marktpräsenz* des Produkts beschrieben wird (Produktlebenszyklus i.e.S.). Daneben existieren jedoch auch erweiterte Lebenszyklusmodelle, die zusätzlich die *Entstehungs-* und *Entsorgungsphase* eines Produkts einbeziehen (Produktlebenszyklus i.w.S.). Wie in der nachfolgenden Abbildung dargestellt wird, existiert aber ein enger sachlicher Zusammenhang zwischen diesen Phasen (vgl. Abbildung 28).

Man kann innerhalb des Zeitraums der **Marktpräsenz** eines Produkts **fünf typische Lebenszyklusphasen** unterscheiden (vgl. Hoffmann 1972, S. 31 ff.):

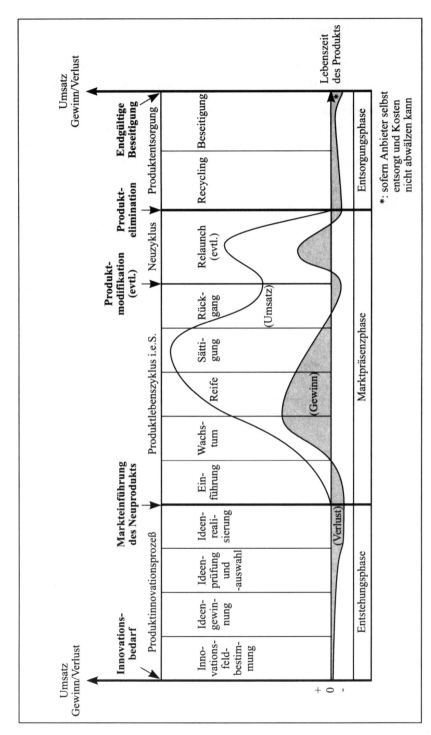

Abb. 28: Ein erweitertes Konzept des Produktlebenszyklus

1. In der **Einführungsphase** wird aufgrund der zur Produktentwicklung und -einführung notwendigen Investitionen noch ein Verlust erwirtschaftet; das Erreichen der Gewinnschwelle (Break-Even-Point) kennzeichnet dann den Beginn der sich anschließenden Wachstumsphase.
2. In der **Wachstumsphase** steigen die mit dem Neuprodukt erzielten Umsätze überproportional an. Erreicht die Umsatzkurve ihren Wendepunkt, d.h. beginnt der Umsatzzuwachs abzunehmen, geht die Phase des Wachstums in die Reifephase über. Zugleich überschreitet der Gewinn sein Maximum und nimmt ab.
3. Die **Reifephase** ist zunächst durch eine weitere Ausdehnung des Markts bei gleichzeitiger Abnahme der Umsatzwachstumsraten gekennzeichnet. Ihr Ende wird markiert durch das Auftreten erster Marktsättigungserscheinungen.
4. An die Reifephase schließt sich die **Sättigungsphase** an. Infolge zunehmender Marktsättigung findet kein Umsatzwachstum mehr statt, d.h. der Umsatz erreicht sein Maximum und beginnt abzunehmen.
5. Die Entwicklung tritt schließlich in die **Rückgangsphase** ein. In diesem Stadium des Umsatzverfalls, bei dem Verluste erzielt werden, wird das Unternehmen eine Produktelimination in Betracht ziehen. U.U. gelingt es dem Unternehmen aber auch, durch einen erfolgreichen **Produktrelaunch** den Rückbildungsprozeß aufzuhalten und einen (kürzeren) Neuzyklus zu initiieren, der für einen begrenzten Zeitraum noch Gewinne erbringt.

Das Produktlebenszykluskonzept besitzt trotz seiner Anschaulichkeit diverse **Schwachpunkte**. So läßt es z.B. offen, ob es die Entwicklung von einzelnen Produkten (z.B. der Lochkarte), von Produktgattungen (z.B. Computern) oder von gesamten Branchen und Märkten (z.B. elektronischer Informationstechnik) abbildet. Auch die Einteilung und Abgrenzung der einzelnen Lebensphasen ist eher willkürlich und negiert zudem deren marketingpolitische Beeinflußbarkeit. Und schließlich vernachlässigt es aufgrund seines idealtypischen Charakters davon abweichende Lebenszyklusverläufe, die in der Realität aber vorkommen können.

Anhand des konzeptionell erweiterten Lebenszyklusmodells kann man den Unterschied zwischen Produktelimination und **Produktentsorgung** deutlich machen. Während sich erstere auf die Herausnahme eines Produkts aus dem unternehmerischen Absatzprogramm, d.h. die Beendigung seiner individuellen Marktphase bezieht, erstreckt sich letztere auf die physische

Entfernung eines Produkts (bzw. seiner materiellen Bestandteile) in der „nachmarktlichen" Entsorgungsphase, etwa in Gestalt einer endgültigen Beseitigung oder eines Recycling solcher Bestandteile, die im Produktionsprozeß wieder verwertbar sind.

Die **Elimination einzelner Produkte** aus dem unternehmerischen Angebotsprogramm ist eine schwerwiegende Entscheidung. Sie kann u.a. nach Maßgabe folgender **Eliminationskriterien** getroffen werden (vgl. Meffert 1998, S. 437 ff.):

- **Quantitative Kriterien**:

  - sinkender Umsatz oder Marktanteil;

  - abnehmender Anteil am Gesamtumsatz;

  - sinkender Deckungsbeitrag;

  - sinkende Produktrentabilität.

- **Qualitative Kriterien**:

  - kein Kaufverbund mit anderen Produkten;

  - nachhaltige Störungen im Produktionsablauf;

  - negativer Einfluß auf das Firmenimage;

  - nachlassende Wirkung der Marketing-Maßnahmen;

  - neue Bedarfsstrukturen und/oder Gesetze.

Die genannten Mißerfolgskriterien müssen natürlich nicht zwingend zu einer sofortigen Produktelimination führen; sie können zunächst auch nur diverse Produktmodifikationen auslösen. Bewähren sich diese jedoch nicht, wird es früher oder später zur endgültigen Elimination der nicht mehr erfolgreichen Produkte kommen müssen.

5.2.2.3. Produktmarkierung

Um ein Produkt aus der Anonymität herauszuheben, bietet speziell die **Produktmarkierung** geeignete Möglichkeiten. Die **Marke** eines Produkts stellt ein seine Herkunft beschreibendes Merkmal dar (z.B. Name, Bildzeichen). Produkte, die in dieser Weise gekennzeichnet sind und daher **Markenartikel** heißen, müssen u.a. eine gleichbleibende Aufmachung und

Qualität, einen hohen Bekanntheitsgrad sowie eine weit verbreitete Erhältlichkeit aufweisen (vgl. Nieschlag/Dichtl/Hörschgen 1997, S. 243 f.). Produktmarkierungen finden sich keineswegs nur bei Konsumgütern; zunehmend werden auch Investitionsgüter und Dienstleistungen zum Gegenstand entsprechender Bemühungen (vgl. v. d. Oelsnitz 1995a; Stauss 1994). Speziell bei Dienstleistungen treten aufgrund ihrer Immaterialität besondere „Qualitätsnachweisprobleme" auf. Serviceanbieter müssen zur Visualisierung des Markenvorteils häufig auf Qualitätsindikatoren (einheitliche Bekleidung des Servicepersonals, markierte materielle Ersatzgüter oder schriftliche Qualitätszeugnisse wie Urkunden, Diplome u.ä.) zurückgreifen. Darüber hinaus ist in der Regel eine entsprechende Anpassung der kommunizierten Markenbotschaft erforderlich (vgl. v. d. Oelsnitz 1997).

Der Hersteller eines Sachguts als **Führer eines Markenartikels** verfolgt mit diesem in der Regel folgende Ziele:

- Schaffung von Präferenzen beim Kunden, die den preispolitischen Spielraum vergrößern sollen;

- Förderung/Erleichterung des Wiederkaufs (Markentreue);

- Profilierung des Produkts im Wettbewerb sowie

- Aufbau von Marktmacht gegenüber dem Handel.

Aus der Sicht des **Käufers** besitzt ein Markenartikel u.a. die Vorzüge der weit verbreiteten Erhältlichkeit und einer dauerhaft hochwertigen Produktqualität. Darüber hinaus ermöglichen ihm Markenartikel eine Vereinfachung seines Einkaufsverhaltens (Markentreue).

Marken können auf verschiedene Weise gebildet werden; sie treten z.B. als **Einzelmarke** für ein Produkt (auch: Produktmarke) oder als **Dachmarke** für mehrere Produkte in Erscheinung. Beispiele für Einzelmarken liefern *Valensina* von Procter & Gamble, *Hohes C* von Eckes oder *Persil* von Henkel. Dachmarken dagegen fassen sämtliche Produkte eines Unternehmens unter einer Marke zusammen. Dies soll den Imagetransfer von einem Produkt auf ein anderes erleichtern und dabei insbesondere die Einführung neuer Produkte unterstützen. Beispiele dafür bieten *BMW*, *Volvo* und *Renault* in der Automobilindustrie sowie *Apple*, *IBM* und *Microsoft* in der Computerbranche. Ein Zwischending zwischen Einzel- und Dachmarke ist die **Tandemmarke** (vgl. Dichtl 1992, S. 12). Diese verbindet den vertrauenstärkenden Effekt einer übergreifenden Dachmarke mit der differenzierten Wirkung einer Einzelmarke (Beipiel: *McRib, Big Mäc, Fischmäc* von McDonalds). Es ist zu beobachten, daß im Zuge einer zunehmenden Produktdifferenzierung viele bisherige Einzelmarken – so z.B. *Nivea*, *Tesafilm* oder *Hansaplast* von Beiersdorf – immer häufiger zu dachmarkenähnlichen **Markengruppen** oder **Markenfamilien** ausgebaut werden. Des weiteren finden Tandemmarken zunehmend Eingang in die Finanz- und Versicherungsbranche (vgl. Besig et al. 1996). Abbildung 29 bietet einen Überblick über weitere Markentypen.

Markenarten		Hersteller-marke	Handels-marke	Dienstleistungs-marke
Gegenstand der Markenbezeichnung	Einzelmarke	Rama	Albrecht-Kaffee	Lufthansa Party Service
	Markengruppe	Nivea	A & P	Mister Minit
	Firmenmarke	Bahlsen	Ikea	Allianz
Reichweite der Marke	Regionale Marke	Feldschlößchen	KDW (Kaufhaus des Westens)	Radio Brocken
	Nationale Marke	Duden	Privileg	Telekom
	Internationale Marke	Coca-Cola	Woolworth	American Express

Abb. 29: Verschiedene Markentypen (in Anlehnung an Bruhn 1997a, S. 149)

5.3. Preispolitik

5.3.1. Der preispolitische Gestaltungsbereich

Unter einem **Preis** versteht man das vom Leistungsabnehmer zu entrichtende Entgelt, d.h. die monetäre (und manchesmal auch nicht-monetäre) Gegenleistung des Kunden für die ihm angebotene und von ihm nachgefragte Leistung. Wird einer Leistung ein Entgelt direkt zugemessen, spricht man von einem *clear payment* (vgl. Raffée 1974, S. 109); wird das Entgelt ganz oder teilweise in Form von nicht-monetären Gegenleistungen entrichtet, dann liegen Tausch-, Barter- oder Kompensationsgeschäfte vor.

Zur **Preispolitik** gehören *nicht nur Entscheidungen über die Preisfixierung, sondern auch solche, die die Bedingungen der Entgeltentrichtung festlegen.* Den letzteren Bereich bezeichnet man auch als **Konditionenpolitik**. Er erstreckt sich vor allem auf die Festlegung der Rabatte, Absatzkredite, Gewährleistungen sowie der Lieferungs- und Zahlungsbedingungen. In Zeiten zunehmender Marktsättigung und wachsenden Konkurrenzdrucks gewinnt der konditionenpolitische Aspekt der unternehmerischen Preispolitik an Bedeutung. Ein Blick auf die gegenwärtige Situation auf dem Automobilmarkt zeigt exemplarisch, daß viele Hersteller sich inzwischen eher über günstige Finanzierungsangebote als über den Endverbraucherpreis gegenüber den Konkurrenten zu profilieren suchen.

Die vom Hersteller zu treffenden **preispolitischen Entscheidungen** beziehen sich vor allem auf folgende Aspekte (vgl. Diller 1991; Simon 1992a):

- Festlegung der optimalen Preishöhe;
- Durchsetzung des Preises am Markt;
- Bestimmung der Preisabfolgen im Zeitverlauf (dynamische Preispolitik);
- Festlegung von Preisdifferenzierungsmaßnahmen sowie
- Gestaltung einer produktübergreifenden Preispolitik.

Darauf wird im folgenden näher eingegangen.

5.3.2. Spezielle Aspekte der Preispolitik

5.3.2.1. Ansätze zur Preisbestimmung

Angebotspreise werden in der Praxis auf der Grundlage von **Kosten** und/oder marktorientierten Daten fixiert. Letztere können sich dabei sowohl auf die **Nachfrager** als auch auf die **Konkurrenten** beziehen. Wir wollen zunächst auf die kostenorientierte Preisbestimmung eingehen.

a) Kostenorientierte Ansätze

• Preiskalkulation auf Vollkostenbasis

Die kostenbasierte Preisbildung besitzt traditionell eine große Bedeutung in der Praxis. Zum Teil ist eine kostenorientierte Preisfindung auch gesetzlich vorgesehen: Bei öffentlichen Aufträgen ist es dem Anbieter gemäß den Preisbildungsrichtlinien u.U. erlaubt, die Preise für seine Leistungen auf einer sog. Selbstkostenbasis zu ermitteln (vgl. Raffée/Fritz/Wiedmann 1994, S. 197).

Bei der Preiskalkulation auf **Vollkostenbasis**, d.h. unter Berücksichtigung sämtlicher anfallender Kosten, ergibt sich der Angebotspreis aus der Summe der durch die Kostenträgerrechnung ermittelten Gesamt-Stückkosten und des zuvor festzulegenden Gewinnzuschlags. Dies ist letztlich die einfachste Art der Preisfixierung; man spricht in diesem Fall auch von einem „Cost-plus-Pricing" und meint damit eine einfache Zuschlagskalkulation nach der Formel (vgl. Meffert 1998, S. 493 f.):

$$p_i = k_i \, (1 + g_i)$$

Dabei ist:

p_i = Preis für Produkt i;

k_i = gesamte Stückkosten des Produkts i als Summe der gesamten stückbezogenen fixen und variablen Kosten (oder Einzel- und Gemeinkosten);

g_i = prozentualer Gewinnzuschlag für Produkt i.

Diese einfache Zuschlagskalkulation zieht zur Preisermittlung sowohl die variablen bzw. Einzelkosten der Produkte (z.B. die Materialeinzelkosten) als auch die beschäftigungsunabhängigen Fix- bzw. Gemeinkosten (z.B. die Verwaltungskosten) heran. Erstere werden dabei direkt, letztere indirekt, d.h. über verschiedene Verteilungsschlüssel dem Produkt zugerechnet.

Probleme bzw. Gefahren einer Preiskalkulation auf Vollkostenbasis sind:

- die mehr oder weniger willkürliche Zurechnung der Fix- bzw. Gemeinkosten auf die Produkte und
- die Gefahr, sich „aus dem Markt zu kalkulieren".

Wodurch entsteht die Gefahr, „sich aus dem Markt zu kalkulieren"? Durch die Belastung der Produkte mit den *gesamten* Kosten eines Betriebs errechnen sich zwangsläufig höhere Produktpreise, als wenn lediglich diejenigen Kosten zugrundegelegt würden, die mit der Produkterstellung und -vermarktung *unmittelbar* verbunden sind (variable Kosten bzw. Einzelkosten). Geht die am Markt erzielte Absatzmenge zurück, dann werden im nächsten Kalkulationsdurchgang weniger Produkte mit den nahezu identischen Fix- bzw. Gemeinkosten belegt. Durch die Anrechnung gleich hoher Kosten auf eine nunmehr reduzierte Produktmenge steigt der Preis für das einzelne Produkt, wodurch der Produktabsatz weiter zurückgeht usw. Man spricht auch davon, daß eine Kosten-plus-Preisbildung zu einem **prozyklischen Verhalten** der Anbieter im Konjunkturverlauf führt: Durch die Fix- bzw. Gemeinkostenbelastung der Erzeugnisse werden in einer Rezession zu hohe und im Boom zu niedrige Preise festgelegt. Eine antizyklische Preispolitik ist auf diesem Weg nicht möglich (vgl. Meffert 1998, S. 495). Eine Preisbestimmung auf Vollkostenbasis vernachlässigt also ersichtlich die Gegebenheiten der Marktsituation.

Ein weiteres methodisches Problem der vollkostenorientierten Preisfindung ist die ihr innewohnende **Zirkelschlußproblematik** (vgl. Diller 1991, S. 155). Zur Ermittlung der Vollkosten müssen die erzielbaren Absatzmengen bekannt sein. Diese Absatzmengen ergeben sich jedoch aus der unternehmerischen Preisforderung. Folglich beeinflussen die festgelegten Preise indirekt jene Kosten, auf deren Basis die Preise kalkuliert werden sollen. Auf diese Weise entsteht ein logischer Zirkel bzw. eine Rechnung, die nur dann aufgeht, wenn der festgelegte Preis genau die Absatzmenge auch tatsächlich erbringt, die bei der Kalkulation zugrunde gelegt wurde.

Die **Vorteile dieses Verfahrens** bestehen zum einen darin, daß stets eine volle Kostendeckung erreicht werden kann. Zum zweiten ist dieses Verfahren relativ einfach anzuwenden, da es einen verhältnismäßig geringen Informationsaufwand erfordert. Kosteninformationen werden in allen Unternehmen regelmäßig aufbereitet. Trotz der sachlogisch eigentlich unberechtigten, weil dem Kostenverursachungsprinzip widersprechenden Einbeziehung der gesamten Fix- und Gemeinkosten in den Kalkulationsprozeß, ist es für ein Unternehmen zudem in der Regel einfacher, die Gesamtkosten seiner Tätigkeit zu erfassen, als analytisch einer unmittelbar produktbezogenen Kostenverursachung nachzugehen. Vor allem Handelsunternehmen, die oft über mehrere tausend Einzelartikel in ihrem Sortiment verfügen, können von daher mitunter gar keine komplizierteren Preisfindungsmethoden anwenden.

• **Preiskalkulation auf Teilkostenbasis**

In die Preiskalkulation auf **Teilkostenbasis** werden nur jene Kosten einbezogen, die in einem engen direkten Zusammenhang mit dem Produkt, genauer: dessen Entwicklung, Erstellung und Vermarktung stehen. Auf der Grundlage **variabler Kosten** errechnet sich der Angebotspreis dann wie folgt (vgl. Meffert 1998, S. 496):

$$P_i = k_{v,i} (1 + db_i)$$

Dabei ist:

P_i = Preis für Produkt i;

$k_{v,i}$ = variable Stückkosten für Produkt i;

db_i = geplanter prozentualer Deckungsbeitragszuschlag für Produkt i.

Statt der variablen, d.h. umsatz- oder beschäftigungsabhängigen Kosten, können auch die dem Produkt direkt zurechenbaren **Einzelkosten** in die Preisbestimmung eingehen. Der **Deckungsbeitrag** gibt diejenigen Preisbestandteile an, die über die variablen Stückkosten bzw. Einzelkosten hinaus einen Beitrag zur Deckung der Fix- bzw. Gemeinkosten sowie zur Erzielung des Gewinns leisten. Deckungsbeiträge sind erforderlich, weil in jedem Unternehmen Kosten entstehen, die nicht unmittelbar durch das Produkt verursacht sind und damit auch anfallen, wenn nicht oder weniger produziert würde (Gehalt des Pförtners, Arbeitsmaterialien der Verwaltung etc.).

Ein **Problem** bei der Preiskalkulation auf Teilkostenbasis ist die Gefahr, sich „aus der Gewinnzone zu kalkulieren". Letzteres ist zu befürchten, weil durch die Konzentration auf variable bzw. Einzelkosten die Notwendigkeit der Fix- bzw. Gemeinkostendeckung vernachlässigt bzw. die Neigung begünstigt werden kann, Forderungen nach Preissenkung in Preisverhandlungen nachzugeben, da ja ein scheinbar größerer Spielraum existiert. Es entsteht somit das Risiko, daß langfristig zu niedrige Preise festgelegt werden. Dem kann zwar durch die Festlegung von Soll-Deckungsbeiträgen entgegengewirkt werden (vgl. Meffert 1998, S. 496). Die grundsätzliche Gefahr der Preiskalkulation auf Teilkostenbasis besteht dennoch in einer insgesamt zu kurzfristigen bzw. unvollständigen Perspektive.

Vorteile der Preiskalkulation auf Teilkostenbasis ergeben sich andererseits durch ihre taktische Entscheidungsrelevanz. Beispielsweise können auf diese Art **kurzfristige Preisuntergrenzen** bestimmt werden, die z.B. lediglich die Deckung der variablen Kosten vorsehen und somit vor allem für die Selektion zusätzlich eingehender Aufträge Anhaltspunkte bieten. Dies sollte allerdings die Ausnahme bleiben, da zumindest langfristig alle Kosten gedeckt und Gewinne erzielt werden müssen.

Die bislang beschriebenen Verfahren der betrieblichen Preisbestimmung vernachlässigen allerdings, ganz gleich ob sie auf Voll- oder Teilkostenbasis beruhen, weitgehend jene Einflußfaktoren, die vom Markt herrühren. Hier setzt ein dritter, in letzter Zeit zunehmend beachteter Preisbildungsansatz an: das Target Costing.

- **Target Costing**

Die Logik der kostenorientierten Preisbestimmung, wonach die Kosten die Preise festlegen, wird in dem aus Japan stammenden Kostenmanagementkonzept des Target Costing umgedreht (vgl. Seidenschwarz 1993). Im **Target Costing** oder Zielkostenmanagement wird nicht mehr gefragt: „Was wird ein Produkt aufgrund betrieblicher Gegebenheiten kosten?", sondern: „Was darf ein Produkt aufgrund der Marktgegebenheiten maximal kosten?". Den Ausgangspunkt beim sog. Market-into-Company-Verfahren des Target Costing bildet der **am Markt erzielbare Preis** für ein neues Produkt (sog. Zielverkaufspreis oder Target Price), der durch Methoden der Marktforschung ermittelt wird. Von diesem realisierbaren Marktpreis wird dann der geplante Gewinn (Bruttogewinnspanne oder Target Margin) subtrahiert. Das Ergebnis stellen die **Zielkosten** (Target Costs) eines Produkts dar, d.h. jene Kosten, die „vom Markt erlaubt" werden und damit höchstens für ein Produkt anfallen dürfen.

Ob diese Zielkosten von einem Unternehmen auch tatsächlich erreicht werden können, ergibt sich aus einem Vergleich mit den sog. **Produktstandardkosten**, die aus der Kostenrechnung ermittelt worden sind. Übertreffen diese Produktstandardkosten die Zielkosten, so ergibt sich in Höhe der Differenz ein Kostensenkungsbedarf als Vorgabe für das betriebliche Kostenmanagement. Ist die erforderliche Senkung der Produktstandardkosten nicht zu realisieren, muß das Unternehmen seine ursprüngliche Gewinnplanung reduzieren, um den vom Markt erlaubten Preis zu erzielen. Abbildung 30 gibt den Prozeß des Zielkostenmanagements in seinen Grundzügen wieder.

Das Target Costing zeichnet sich durch eine konsequente Einbringung der Marktperspektive in das Kostenmanagement aus und entspricht damit dem Marketing-Denken in hohem Maße, zumindest beim sog. Market-into-Company-Verfahren. Zugleich verknüpft es die kosten- mit den marktorientierten Ansätzen der Preisbestimmung, um die es im folgenden geht.

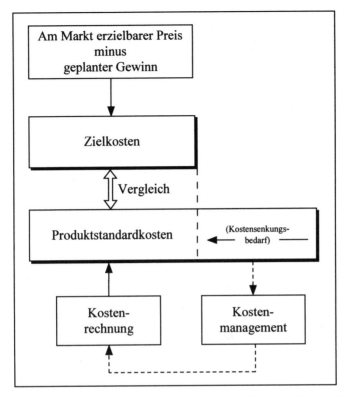

Abb. 30: Elemente des Zielkostenmanagements („Target Costing")

b) Marktorientierte Ansätze

• **Nachfrage- bzw. kundenorientierte Preisbestimmung**

Richtet sich die betriebliche Preisbildung danach, was der Kunde vermutlich für ein bestimmtes Leistungsangebot zu zahlen bereit ist, dann geht die Preisbestimmung nicht mehr kosten-, sondern abnehmerorientiert vor.

In ihrer simpelsten Form kann die **Preisfixierung nach Maßgabe der Nachfrageintensität** erfolgen. Eine starke (schwache) Nachfrage zieht dann hohe (niedrige) Preise nach sich.

Einen differenzierteren Anhaltspunkt für die abnehmerorientierte Preisbestimmung bietet dagegen die (direkte) **Preiselastizität der Nachfrage**. Sie gibt Aufschluß über *das prozentuale Ausmaß der Absatzmengenveränderung, das als Reaktion auf eine prozentuale Preisvariation des Anbieters auftritt*. Sie ist damit ein allgemeines Maß zur Ermittlung der Absatzkonsequenzen von Preisentscheidungen und wird wie folgt definiert:

$$\varepsilon_{x,p} = \frac{\frac{dx}{x}}{\frac{dp}{p}} = \frac{dx}{dp} \cdot \frac{p}{x}$$

$\varepsilon_{x,p}$ = Preiselastizität

$\frac{dx}{x}$ = relative Mengenänderung

$\frac{dp}{p}$ = relative Preisänderung

x = Menge

p = Preis

Die Preiselastizität der Nachfrage ist im Regelfall negativ, denn auf eine Preissenkung reagieren die Kunden gemeinhin mit einer Erhöhung ihrer Nachfrage und umgekehrt. Die Preiselastizität der Nachfrage läßt sich aus einer linearen **Preis-Absatz-Funktion** (PAF) ableiten, die den geometrischen Ort aller denkbaren Preis-Absatz-Kombinationen darstellt (vgl. Abb. 31). Elastizitäten können theoretisch sowohl endliche als auch infinitesimal kleine Variablenänderungen erfassen und insofern entweder als Bogen- oder als Punktelastizitäten auftreten.

Eine Preiselastizität von -3 sagt z.B. aus, daß die prozentuale Absatzerhöhung dreimal größer als die sie bewirkende prozentuale Preissenkung ist. Bei einer 10%igen Preissenkung (z.B. von 100.- auf 90.- DM) wäre demnach eine 30%ige Absatzmengenerhöhung (z.B. von 100 auf 130 Stück) zu erwarten. Eine Preiselastizität von -0,5 besagt dagegen, daß eine 50%ige Preissenkung (z.B. von 100.- auf 50.- DM) nur eine 25%ige Absatzmengenerhöhung (z.B. von 100 auf 125 Stück) bewirkt, d.h. der Absatzeffekt (Mengeneffekt) nur halb so groß wie der Preiseffekt ist.

Für die unternehmerische Preispolitik hat das folgende **Implikationen**: Ist die *Preiselastizität der Nachfrage hoch* ($|\varepsilon|$ größer 1 bzw. ε kleiner -1, d.h. elastischer Bereich der PAF), dann wirken sich Preisvariationen sehr stark aus. Folglich besteht ein geringer preispolitischer Spielraum nach oben, da Preiserhöhungen sich letztlich umsatzschmälernd auswirken (der Umsatz ergibt sich aus der Multiplikation der Absatzmenge mit dem erzielten Absatzpreis). Bei Preissenkungen kommt es demgegenüber zu einem Umsatzzuwachs, weil das Ausmaß der durch die Preissenkung erreichten Absatzzunahme (Mengeneffekt) den Effekt des geringeren Preises (Preiseffekt) überkompensiert.

Ist die *Preiselastizität dagegen niedrig* (|ε| kleiner 1 bzw. ε größer -1, d.h. unelastischer Bereich der PAF), dann besteht ein hoher preispolitischer Spielraum nach oben: Der Mengeneffekt bleibt hinter dem Preiseffekt zurück, und es kommt bei Preiserhöhungen zu Umsatzsteigerungen. Preissenkungen führen dagegen zu Umsatzrückgängen, weil der Mengeneffekt den Preiseffekt in diesem Fall nicht auszugleichen vermag, mit anderen Worten: zu wenig zusätzliche Kunden hinzugewonnen werden können (vgl. Abbildungen 31 und 32).

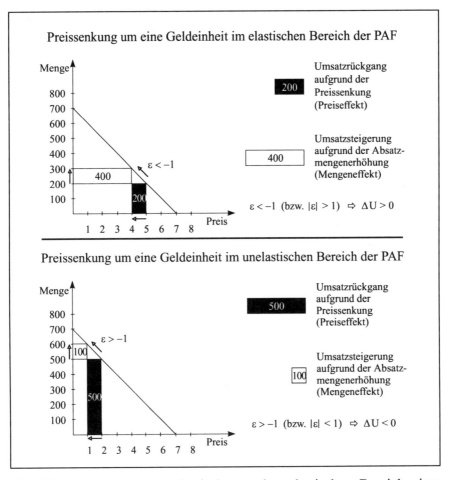

Abb. 31: Preissenkung im elastischen und unelastischen Bereich einer Preis-Absatz-Funktion (PAF)

Elastizität: Preisänderung:	$\varepsilon > -1$ $|\varepsilon| < 1$	$\varepsilon < -1$ $|\varepsilon| > 1$
Preissenkung	Umsatzsenkung	Umsatzsteigerung
Preiserhöhung	Umsatzsteigerung	Umsatzsenkung
	⇩ Preiseffekt stärker	⇩ Mengeneffekt stärker

Abb. 32: Umsatzwirkungen einer Preisänderung bei verschiedenen Preiselastizitäten

Folgende **Bedingungen** bewirken eine niedrige Preiselastizität der Nachfrage (vgl. Kotler/Bliemel 1995, S. 754 f.; Simon 1992a, S. 140):
- es gibt nur wenige oder überhaupt keine Substitutionsprodukte;
- die Preisveränderung wird von den Käufern nicht wahrgenommen, bzw. das Preisbewußtsein der Käufer ist gering;
- die Käufer sind träge in ihren Kaufgewohnheiten und in ihrer Suche nach preisgünstigeren Alternativen;
- für den Kauf spielt der Preis keine wesentliche Rolle, sondern vielmehr die Marke bzw. das Image des Produkts bzw. Anbieters;
- die Käufer denken, ein höherer Preis sei durch Qualitätsverbesserungen, allgemeine Teuerung u.ä. gerechtfertigt.

Für eine hohe Preiselastizität gelten die umgekehrten Bedingungen.

In den letzten Jahren wurden zahlreiche empirische Preiselastizitätsschätzungen durchgeführt. In diese wurden vor allem Konsumgüter einbezogen; der Elastizitätsmittelwert liegt hier bei rd. -2,5. Das bedeutet, daß die prozentualen Absatzeffekte im Durchschnitt mehr als doppelt so hoch sind wie die sie auslösenden Preiseffekte, wobei allerdings zu beachten ist, daß die Preiselastizität im Einzelfall von diesem Durchschnittswert erheblich abweichen kann.

Diese Resultate machen deutlich, daß der Preis meist einen außerordentlich starken Einfluß auf den Absatz der Produkte ausübt. Seine Wirkung auf den Absatz übertrifft z.B. die der Werbung bei weitem. Empirische Untersuchungen belegen nämlich, daß die Preiselastizität etwa 10- bis 20mal so groß ist wie die Werbeelastizität. Dies besagt, daß der Effekt einer z.B. 10%igen Preisänderung auf den Absatz 10- bis 20mal größer ist als der einer 10%igen Änderung der Werbeausgaben eines Unternehmens (vgl. Simon 1992a, S. 138).

- **Konkurrentenorientierte Preisbestimmung**

Bei diesem Preisbildungsprinzip orientiert sich das Unternehmen an den Preisen seiner Konkurrenten, d.h. an einem wettbewerbsbezogenen **Leitpreis**. Dieser spiegelt den als üblich empfundenen Preis der Branche oder den Preis des Marktführers wider. Im einfachsten Fall wird der Preis für die eigenen Produkte genau diesem Leitpreis entsprechen. Eine außergewöhnliche Konkurrenzintensität oder auch vom Konsumenten wahrgenommene Unterschiede zwischen den einzelnen Produkten können den Anbieter jedoch auch dazu veranlassen, vom Leitpreis nach oben oder unten abzuweichen. Insbesondere Marktfolger trachten in diesem Sinne häufig danach, die Preisforderung des Marktführers um eine konstante Marge zu unterbieten, um am Markt ihre Image- und Bekanntheitsnachteile durch einen für die Kunden attraktiveren Preis wettzumachen. Bis 1991 verfolgte *Pepsi-Cola* eine solche Strategie, bevor dann preislich mit dem Marktführer *Coca-Cola* gleichgezogen wurde; heute bemühen sich vor allem Billig-Tankstellen wie *Jet*, ihr Absatzvolumen durch bewußt unter dem Branchendurchschnitt liegende Preise zu erhöhen.

Weicht das Unternehmen systematisch vom üblichen Marktpreis ab, dann kann dies zwei Gründe haben. Zum einen kann das Unternehmen versuchen, durch die bewußte Differenzierung von den Preisen der Wettbewerber eine **Nischenstrategie** zu verfolgen (vgl. Simon 1992a, S. 203). Durch die Konzentration auf eine Marktnische kann das Unternehmen u.U. dem Preiswettbewerb entgehen, der auf dem Gesamtmarkt herrscht. Zum anderen kann das Unternehmen versuchen, eine **eigene Preisführerschaft** auf dem Gesamtmarkt anzustreben. Die Wahl einer solchen Option ist jedoch immer an bestimmte Wettbewerbsvorteile gebunden, über die ein Unternehmen verfügen muß.

Die Verfolgung einer Strategie der Preisführerschaft kann zwei Formen annehmen: die dominierende oder die barometrische Preisführerschaft (vgl.

Diller 1991, S. 183; Nieschlag/Dichtl/Hörschgen 1997, S. 412 f.). Eine **dominierende Preisführerschaft** liegt dann vor, wenn der Preisführer eine überragende Marktstellung besitzt, der unterzuordnen sich die übrigen Anbieter gezwungen sehen. Die Situation ist z.B. im Handwerk und im Handel oft gegeben, wo Anbieter in die Preisforderung größerer Konkurrenten eintreten müssen, um am Markt zu überleben. Bei der **barometrischen Preisführerschaft** existiert dagegen eine Gruppe etwa gleich starker Konkurrenten, die dennoch einen Preisführer anerkennt. Diesem fällt die Aufgabe zu, einen akzeptablen Preis vorzugeben, der ihm selbst jedoch keinen besonderen Vorteil verschaffen darf, womit letztlich ruinöse Preiskämpfe vermieden werden. Um nicht mit dem Kartellrecht in Konflikt zu geraten, wird jeder Konkurrent ab und zu als Preisführer in Erscheinung treten. Typisch ist dieser Fall z.B. für die Zigaretten-, Automobil- und Mineralölindustrie. Ein derartiges Vorgehen geschieht somit aus wettbewerbsstrategischen Gründen und bewegt sich letztlich immer in der Grauzone zwischen einem kartellrechtlich irrelevanten „bewußten Parallelverhalten" und einer kartellrechtlich verbotenen „abgestimmten Verhaltensweise" (Schmalen 1995, S. 109 f.).

Damit ergeben sich im Rahmen einer konkurrentenorientierten Preisfindung insgesamt folgende **Preisbildungsoptionen**:

- Anpassung an den branchenüblichen Leitpreis;

- Preisüberbietung;

- Preisunterbietung (ggf. bis hin zum Preiskampf);

- Verfolgung einer Strategie der Preisführerschaft,

- Nischenstrategie.

Die **Vorteile der marktorientierten Preisfindung** sind in ihrer ausdrücklichen Berücksichtigung wettbewerbs- bzw. nachfragerelevanter Faktoren zu sehen. Eine abnehmer- oder konkurrentenorientierte Preispolitik läuft somit weniger Gefahr, unrealistische, d.h. am Markt nicht durchsetzbare Preise festzulegen. Sie wird aber dann problematisch, wenn diese Art der Preisfindung isoliert, d.h. ohne Kostenbezug, zur Anwendung kommt. Dies ist z.B. der Fall beim sog. **Dumping**, bei dem der Hersteller seine Erzeugnisse weit unter seinen Kosten anbietet, um auf einem Auslandsmarkt Marktführer zu werden (vgl. Schmalen 1995, S. 210). Dabei werden betriebliche Kostensteigerungen aus Konkurrenzgründen nicht durch eine entsprechende Preisanpassung aufgefangen, und das Unternehmen riskiert,

Verluste zu erwirtschaften und damit seine finanzielle Substanz auszuhöhlen, sofern nicht zugleich Maßnahmen eines kalkulatorischen Ausgleichs ergriffen werden (vgl. Abschnitt 5.3.2.4.).

5.3.2.2. Dynamische Preispolitik

Das Problem der Preisfestlegung und -veränderung stellt sich naturgemäß im Laufe eines Produktlebens immer wieder neu. Die beiden nun exemplarisch beschriebenen Preisstrategien – die Abschöpfungs- sowie die Penetrationsstrategie – unterstreichen dies. Sie spielen zunächst bei der Einführung von Neuprodukten eine wichtige Rolle. Darüber hinaus veranschaulichen sie aber auch, daß Marktpreise nicht für die gesamte Lebensdauer eines Produkts die gleiche Höhe besitzen müssen. Die nachfolgende Abbildung gibt beide Preisstrategien im zeitlichen Ablauf wieder (vgl. Abbildung 33).

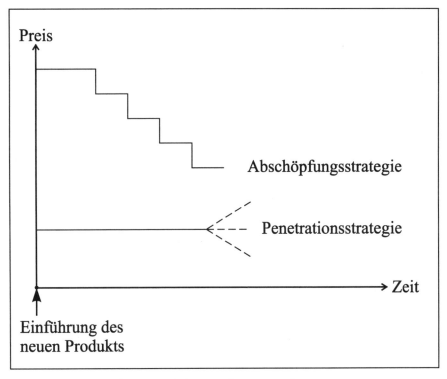

Abb. 33: Abschöpfungs- und Penetrationsstrategie

a) Abschöpfungsstrategie („Skimming")

Bei dem sog. Skimming-pricing handelt es sich um eine **Hochpreisstrategie**, in deren Verlauf der ursprünglich hoch angesetzte Einführungspreis bis zur Elimination des Produkts schrittweise herabgesetzt wird. In besonderen Fällen kann der hohe Einführungspreis auch in späteren Lebenszyklusphasen verteidigt werden, wenn er z.B. von einem dominierenden Preisführer stammt. Die Abschöpfungsstrategie korrespondiert mit der Präferenz- bzw. Differenzierungsstrategie und wird vor allem bei technisch hochwertigen Markenprodukten praktiziert. Ebenfalls werden Abschöpfungspreise bei der selektiven Bearbeitung von Marktsegmenten oft eingesetzt.

Die **Vorzüge dieser Preisstrategie** sind (vgl. Simon 1992a, S. 295):

- Realisierung hoher kurzfristiger Gewinne;
- schnelle Amortisation des Forschungs- und Entwicklungsaufwands;
- Aufbau und Stützung des Produktimages;
- Abschöpfen der Preisbereitschaft des Konsumenten;
- positive Prestige- und Qualitätsindikation durch hohen Preis;
- Vermeidung der Notwendigkeit von Preiserhöhungen und Schaffung eines Preisspielraums nach unten.

Die Skimmingstrategie empfiehlt sich, wenn ein geeignetes (Premium-)Marktsegment existiert, das ausreichend groß ist und dessen Mitglieder genügend preisunempfindlich sind. Daneben ist eine derartige Hochpreisstrategie sinnvoll, wenn für das Produkt die Gefahr einer raschen Veralterung besteht oder es aus Imagegründen hochpreisig vermarktet werden muß. Skimming-pricing ist allerdings nur bei innovativen und/oder qualitativ hochwertigen Produkten möglich. Bei Produkten, die schon länger auf dem Markt sind und lediglich „me-too-Charakter" aufweisen, d.h. Imitationsprodukte darstellen, wird es einem Anbieter kaum möglich sein, einen deutlich über dem Marktdurchschnitt liegenden Produktpreis bei den Kunden durchzusetzen.

Ein solches Abschöpfen des Markts hat natürlich auch seine Schattenseiten: Es zwingt den Anbieter zu einer entsprechend aufwendigen Ausgestaltung der anderen absatzpolitischen Instrumente und lockt überdies Konkurrenten an.

b) Penetrationsstrategie

Bei diesem Gegenentwurf zur Marktabschöpfung handelt es sich um eine **Niedrigpreisstrategie**, in deren Verlauf der niedrige Produktpreis beibehalten, in späteren Lebenszyklusphasen leicht erhöht oder sogar noch weiter abgesenkt werden kann. Die Penetrationsstrategie korrespondiert insofern mit der Preis-Mengen- bzw. Kostenführerschaftsstrategie. Letztlich sollen mit niedrigen Produktpreisen schnell größere Marktanteile erobert werden, wobei die hierdurch einsetzende Kostendegression im Unternehmen ggf. zu weiteren Preissenkungen genutzt werden kann. Die Penetrationsstrategie empfiehlt sich bei einer hohen Preiselastizität der Nachfrage, die Abschöpfungsstrategie dagegen bei einer niedrigen.

Hiermit sind zugleich **Vorzüge der Penetrationsstrategie** angesprochen. Als solche sind vor allem zu nennen (vgl. Simon 1992a, S. 295):

- schnelle Marktdurchdringung;
- Nutzung von Kostendegressionseffekten;
- Reduzierung des Fehlschlagsrisikos, da ein niedriger Einführungspreis die Mißerfolgswahrscheinlichkeit für ein Neuprodukt senkt, sowie
- Aufbau einer starken Marktposition und Errichtung von Markteintrittsbarrieren.

Auch hier ist jedoch auf die besondere **Problematik** dieser spezifischen Preisstrategie hinzuweisen. Ein Hauptproblem besteht in der mit der niedrigen Preisstellung häufig verbundenen Assoziation von minderer Produktqualität aus der Sicht des Kunden. Insbesondere bei Produkten, deren Qualität der Kunde nicht genau beurteilen kann, dient der Preis oftmals als Qualitätsindikator. Ist der Preis niedrig, wird häufig auf eine verminderte Produktqualität geschlossen. Des weiteren schränkt ein niedriger Einführungspreis den künftigen preispolitischen Spielraum des Anbieters sowohl nach oben – Preiserhöhungen lassen sich wesentlich schwieriger durchsetzen als Preissenkungen – als auch nach unten ein; liegt der gegenwärtige Marktpreis bereits nur noch knapp über der Preisuntergrenze des Herstellers, sind weitere Preissenkungen kaum möglich. Außerdem dauert es bei niedrigen Preisen, also auch geringeren Stückerträgen, länger, bis sich die notwendigen Investitionen z.B. in Forschung und Entwicklung, Fertigungsaufbau und Markterschließung amortisiert haben. Die gilt insbesondere dann, wenn die Marktdurchdringung nur langsam voranschreitet.

Der Einsatz der Penetrationsstrategie ist dann sinnvoll, wenn bei den Konsumenten eine hohe Preisempfindlichkeit erwartet werden kann, das eingeführte Produkt Imitations- bzw. „me-too-Charakter" trägt und/oder unausgelastete Fertigungskapazitäten existieren.

5.3.2.3. Preisdifferenzierung

Die Preiselastizität der Nachfrage und die Preiswahrnehmung der Kunden können in den einzelnen Segmenten eines Markts sehr unterschiedlich sein; daraus ergeben sich Ansatzpunkte für eine Differenzierung der Preise. Von **Preisdifferenzierung** spricht man, wenn für im großen und ganzen identische Produkte unterschiedliche Preise verlangt werden (vgl. Simon 1995, Sp. 2082).

Eine Preisdifferenzierung kann z.B. **nach Nachfragern oder Marktsegmenten** vorgenommen werden. Dies setzt die Identifikation von Kundengruppen voraus, die sich in ihrer Preisbereitschaft voneinander unterscheiden. Hierzu zählt die **persönliche** Preisdifferenzierung, bei der der Zugang zu bestimmten Preisen an das Vorliegen bestimmter Merkmale des Käufers geknüpft ist (z.B. Lebensalter: besondere Eintrittspreise für Jugendliche und Senioren). Auch die **regionale** Preisdifferenzierung gehört zur Preisdifferenzierung nach Nachfragern, da – etwa im Spezialfall der internationalen Preisdifferenzierung – die Käufer in Land A oft andere Preise zu zahlen bereit sind als die in Land B und daher die Produkte zu entsprechend unterschiedlichen Preisen verkauft werden. Andere Formen sind die zeitliche und die quantitative Preisdifferenzierung. Von **zeitlicher** Preisdifferenzierung spricht man, wenn abhängig von Tageszeit, Wochentag oder Jahreszeit die gleiche Leistung zu unterschiedlichen Preisen angeboten wird (z.B. Mondscheintarif) beim Telefonieren; Sommer- und Winterpreise für Heizöl). Die **quantitative** Preisdifferenzierung bezieht sich dagegen auf die dem Kunden in Abhängigkeit von der Abnahmemenge gewährten Preisnachlässe. Eine traditionelle Form ist der Mengenrabatt, ein neueres Beispiel die BahnCard, die ein Vielfahrer erwirbt, um die daran gekoppelte 50%ige Fahrpreisermäßigung zu nutzen (vgl. Simon 1995, Sp. 2083 f.; Raffée/Fritz/Wiedmann 1994, S. 220).

Mit der Preisdifferenzierung verfolgt ein Unternehmen beispielsweise das **Ziel**, die in den einzelnen Kundengruppen unterschiedlich ausgeprägte Neigung zu nutzen, bestimmte Preise zu akzeptieren. Dieses Ziel der Preisdifferenzierung wird häufg – etwas ungenau – als Abschöpfung der *Konsumentenrente* umschrieben (vgl. Diller 1991, S. 224). Diese bezeichnet den Betrag, den ein Käufer maximal für ein Gut zu zahlen bereit ist, den er aber infolge des niedrigeren Marktpreises de facto nicht zahlen muß. Daneben dient eine differenzierte Preisbildung der Verstetigung des Absatzes, die etwa durch eine Verteuerung der Leistung in Zeiten extrem hoher Nachfrage und durch ihre Verbilligung in Zeiträumen nur schwacher Nachfrage erreicht werden kann. Daraus ergeben sich sowohl produktions- als auch finanzwirtschaftliche, logistische und administrative Vorteile für das Unternehmen. Mit differenzierten Preisen kann ferner unterschiedlichen Marktstellungen der Nachfrager und Konkurrenten sowie sozialen Zwekken entsprochen werden (vgl. Diller 1991, S. 221).

Der **Erfolg der Preisdifferenzierung** setzt voraus, daß

- die Nachfrager in verschiedene Gruppen eingeteilt werden können, die sich in ihrer Preisempfindlichkeit unterscheiden;

- sich die segmentierten Märkte vollständig voneinander isolieren lassen, d.h. kein segmentüberschreitender Warenaustausch oder Zwischenhandel möglich ist;

- grundsätzlich eine genügend große Preisempfindlichkeit bzw. eine ausreichend niedrige Preiselastizität bei den Nachfragern besteht;

- die entstehende Preisstruktur bestimmte Abnehmergruppen nicht diskriminiert, was u.U. wettbewerbsrechtlich problematisch ist;

- die Differenzierung ökonomisch sinnvoll ist, d.h. die durch die differenzierte Preisstellung verursachten Mehrkosten auch durch entsprechende Mehrerlöse gedeckt werden, sowie

- die Konkurrenzsituation differenzierte Preise zuläßt (vgl. ebenda, S. 221 f.).

5.3.2.4. Produktübergreifende Preispolitik

Bislang wurde die Preispolitik für nur *ein* Produkt betrachtet. Im folgenden sollen ergänzend zwei Formen einer produktübergreifenden Preispolitik (oder: Verbundpreispolitik) behandelt werden: die Preisbündelung sowie der kalkulatorische Ausgleich.

Das Kennzeichen der **Preisbündelung** besteht in der Zusammenfassung mehrerer Produkte zu einem Angebotspaket mit einem einzigen Bündelpreis. Beispiele hierfür liefern Menüpreise im Restaurant, Konzert- und Theaterabonnements, Pauschalreisen, Versicherungspakete, EDV-Systeme oder auch clevere Fußballmanager wie Uli Hoeneß, der in der Saison 89/90 Eintrittskarten für das Europacup-Schlagerspiel von Bayern München gegen Inter Mailand nur in Verbindung mit dem Kauf einer Eintrittskarte für das Bundesligaspiel gegen den weniger attraktiven FC Homburg abgab. (In einem ähnlichen Fall wurde dem 1.FC Köln vom Bundesgerichtshof 1987 allerdings verboten, den Verkauf von 25.000 Eintrittskarten für ein UEFA-Cup-Spiel an den Erwerb einer Bundesliga-Eintrittskarte zu binden; vgl. Simon 1992a, S. 456).

Naturgemäß kommt eine derartige Bündelung vor allem bei komplementären Gütern vor; der Bündelpreis ist dabei in der Regel niedriger als die Summe der Einzelpreise. Sind die verschiedenen Bündelbestandteile alternativ auch als Einzelprodukte käuflich, so spricht man von einer **gemischten Preisbündelung** („mixed bundling"); wird nur ein komplettes Bündel z.B. zu einem „Systempreis" angeboten, liegt eine **reine Preisbündelung** („pure bundling") vor (vgl. Simon 1992a, S. 444).

Die Bündelung von Produkten und Preisen verfolgt letztlich das gleiche Hauptziel wie die Preisdifferenzierung: Mit ihrer Hilfe soll es gelingen, die individuellen Preisbereitschaften der Konsumenten konsequenter abzuschöpfen. Im Fall der Preisbündelung geschieht dies dadurch, daß Käuferschichten gewonnen werden, denen die Summe der Einzelpreise der Produkte zu hoch ist, die jedoch den geringeren Bündelpreis akzeptieren. Außerdem kann das Bündel Bestandteile enthalten, die ein Käufer isoliert nicht als sinnvoll angesehen und nachgefragt hätte (z.B. ein Sorbet als Zwischengang in einem Menü).

Eine andere Form der produktübergreifenden Preispolitik ist der **kalkulatorische Ausgleich**. Dabei werden Produkte systematisch mit unterschiedlich hohen Kalkulationsaufschlägen und -abschlägen versehen, um ein möglichst günstiges Gesamtergebnis zu erzielen (vgl. Diller 1991, S. 206 ff.; Raffée 1974, S. 191). Der kalkulatorische Ausgleich soll somit einen finanziellen Ausgleich zwischen ergebnisstarken und ergebnisschwachen Produkten herstellen. Er wird daher auch als Ausgleichskalkulation, Erfolgsausgleich, Misch- bzw. Sortimentskalkulation oder preispolitische Gewinndifferenzierung bezeichnet (vgl. Nieschlag/Dichtl/Hörschgen 1997, S. 381). Ein derartiger Ausgleich kann zum einen **sukzessiv**, zum anderen **simultan** erfolgen.

Im ersten Fall wird z.B. der Preis eines Produkts im Zeitablauf variiert, z.B. um die oft verlustreiche Markteinführung eines Neuprodukts später durch erhöhte Preise und hohe Erträge wieder auszugleichen. Das betrachtete Produkt durchläuft in den verschiedenen Phasen seiner Marktpräsenz insofern nacheinander verschiedene Preisstufen, wobei in der Praxis heute eine immer kürzere Zeitspanne zur Deckung der Anfangs- und Degenerationsverluste ausreichen muß.

Im zweiten Fall erfolgt der finanzielle Ausgleich für ergebnisschwache Produkte zeitgleich durch ergebnisstärkere Produkte. Deren Gewinnspannen sind derart kalkuliert, daß sie zur Deckung von Verlusten niedrigpreisiger Produkte ausreichen. Diese Verluste können u.a. aus Gründen der kurzfristigen Absatzförderung („Sonderangebote") oder auch aufgrund wettbewerbsstrategischer Kalküle (z.B. Eintritt in einen umkämpften Auslandsmarkt mittels niedriger Preise; s.o.) entstehen. Wichtig ist letztlich nicht die vollständige Kostendeckung bei jedem einzelnen Produkt, sondern allein der Gesamtertrag des unternehmerischen Angebotsprogramms. Auf diese Weise gelingt es z.B. dem Einzelhandel, seine Leistungsstärke bei Produkten zu beweisen, deren Preise von den Konsumenten erfahrungsgemäß besonders scharf beobachtet und verglichen werden. Derartige Schlüsselartikel, deren Preishöhe die Einschätzung der Preiswürdigkeit des gesamten Sortiments durch den Kunden beeinflussen und damit zugleich Käufe anderer Artikel anregen kann, sind vor allem bekannte Markenartikel, wie z.B. die „Krönung" von *Jacobs*, die häufig für Sonderaktionen im Handel genutzt werden. Der kalkulatorische Ausgleich erzeugt und nutzt somit gleichermaßen Ausstrahlungs- und Verbundeffekte im Angebotsprogramm.

5.4. Distributionspolitik

5.4.1. Der distributionspolitische Gestaltungsbereich

Von **Distribution** spricht man, wenn man die Art und Weise der Güterübertragung vom Hersteller bis zum Endabnehmer beschreiben möchte. Der Begriff umfaßt damit *„alle Entscheidungen und Handlungen, welche die Übermittlung von materiellen und/oder immateriellen Leistungen vom Hersteller zum Endkäufer ... betreffen"* (Meffert 1998, S. 582).

Die grundlegenden Gestaltungsbereiche der Distributionspolitik sind (vgl. Nieschlag/Dichtl/Hörschgen 1997, S. 429):

- Die **akquisitorische Distribution**: Hierbei geht es um den Verkauf der Ware, d.h. die Anbahnung des Kundenkontakts, den Abschluß des Kaufvertrags und die längerfristige Bindung des Kunden an das Unternehmen. Grundlage hierfür ist u.a. ein systematisches Absatzwege- oder Absatzkanalmanagement. Die akquisitorische Distribution bezieht sich somit vor allem auf den *ökonomischen* bzw. *juristischen* Warenweg.
- Die **physische Distribution**: Diese betrifft vor allem Tatbestände des körperlichen Gütertransfers vom Anbieter zum Nachfrager. Angesprochen ist hiermit die Steuerung des *physischen* Warenwegs. In der Praxis sind beide Bereiche jedoch nicht immer eindeutig voneinander zu trennen.

Die **zentralen Aktionsfelder der Distributionspolitik** beziehen sich auf:

- die Wahl der Distributionsstandorte;
- die Wahl der Absatzwege (Absatzkanäle);
- das Absatzwegemanagement;
- die Distributionslogistik (Marketing-Logistik) sowie
- den persönlichen Verkauf (Außendiensteinsatz).

Die **Wahl der Distributionsstandorte** ist ein wichtiger Baustein der akquisitorischen und physischen Distributionspolitik. Für Handelsbetriebe bedeutet das z.B. die (existentielle) Entscheidung über die Zahl und Lage der diversen Verkaufsstätten etwa in einer Stadt. Eine ähnlich gelagerte Entscheidung trifft ein Industriebetrieb, der seine Distributionsstandorte wählt, also u.a. unter Kosten- und Ertragsgesichtspunkten die Anzahl und räumliche Verteilung seiner Zentral- und Auslieferungslager optimiert.

Die **Wahl der Absatzwege** (Absatzkanäle) bezieht sich auf die Entscheidung zwischen einem Direktvertrieb und einem indirekten Vertrieb und damit auch z.T. auf die Entscheidung über den Einsatz eigener oder betriebsfremder Verkaufsorgane. Die wichtigsten betriebsfremden Verkaufsorgane sind die Absatzmittler, d.h. die selbständigen Handelsbetriebe (vgl. Abschnitt 5.4.2.1.).

Das **Absatzwegemanagement** (Absatzkanalsteuerung) besitzt eine mindestens ebenso große Bedeutung wie die Wahl der unternehmerischen Absatzwege. Es erstreckt sich sowohl auf die Gewinnung und Motivation geeigneter Absatzmittler als auch auf die Initiierung und Führung dauerhafter Vertriebskooperationen (vgl. Abschnitt 5.4.2.2.).

Die **Distributionslogistik** (Marketing-Logistik) hat räumliche und zeitliche Distanzen der Güterproduktion und -konsumtion zu überbrücken. In vielen Unternehmen liegen in diesem Bereich noch erhebliche Effizienzreserven, deren Nutzung heute besonders wichtig ist, da die jeweiligen Logistikkosten am Gesamtumsatz häufig beachtlich sind. In der Nahrungsmittelindustrie betragen sie über 30%, in der metallverarbeitenden und chemischen Industrie über 20% (vgl. Specht 1998, S. 70).

Die Distributionslogistik umfaßt

- Lagergestaltung und Lagerhaltung,
- Transport,
- Verpackung (zum Zwecke von Lagerhaltung und Transport) und
- Auftragsabwicklung

unter marktorientiertem Aspekt.

Die **Redistribution** (auch Retrodistribution) ist der jüngste Bereich der Distributionspolitik. Darunter wird die Rückführung von ge- und verbrauchten Produkten zum Hersteller verstanden. Die Distributionspolitik wird damit um eine neue Aufgabe erweitert: „Die Absatzwege in Richtung Verbraucher müssen durch *Redistributionskanäle* (Reverse-channel-concept) ergänzt werden" (Specht 1998, S. 305). Die Redistributionspolitik soll durch die Einrichtung geeigneter Kollektions- und Rückführungssysteme die Wiederaufbereitung, erneute Verwendung bzw. Verwertung oder die endgültige Beseitigung bzw. Entsorgung ausgedienter Produkte, Produktbestandteile und Verpackungen gewährleisten (vgl. ebenda, S. 307). Solche Maßnahmen der Redistribution sind nicht nur aufgrund gesetzlicher Bestimmungen (wie z.B. dem Kreislaufwirtschafts- und Abfallgesetz) für Unternehmen besonders wichtig, sondern auch aufgrund des hohen Umweltbewußtseins vieler Konsumenten.

Der **persönliche Verkauf bzw. Außendiensteinsatz** schließlich betrifft u.a. folgende Teilprobleme (vgl. Abschnitt 5.4.2.3.):

- die Bestimmung der optimalen Größe der Außendienstorganisation;
- die Auswahl der Außendienstmitarbeiter sowie
- Maßnahmen der zielgerechten Außendienststeuerung.

Im folgenden wollen wir uns auf einige ausgewählte Entscheidungsfelder konzentrieren.

5.4.2. Spezielle Aspekte der Distributionspolitik

5.4.2.1. Die Wahl des Absatzwegs

Ein Hersteller steht immer vor der grundsätzlichen Frage, ob er seine Produkte direkt, d.h. in Eigenregie, oder besser indirekt, d.h. unter Einschaltung selbständiger Handelsbetriebe, vertreiben soll; es ist dies das Entscheidungsproblem zwischen Direktvertrieb und indirektem Vertrieb.

a) Direktvertrieb

Beim **Direktvertrieb (Direktabsatz)** erfolgt der Güterabsatz an den Endkunden durch den Hersteller selbst. Folglich treten keine weiteren selbständigen Institutionen, sog. Absatzmittler oder Handelsbetriebe, im Absatzkanal auf. Man bezeichnet dieses Modell auch als **Nullstufenkanal** (vgl. Abb. 34 sowie Kotler/Bliemel 1995, S. 806). Ein solcher Weg wird u.a. bei sehr hochwertigen und/oder erklärungsbedürftigen Gütern gewählt; er findet sich deshalb häufig im Investitionsgüterbereich, insbesondere im Geschäft mit Anlagen. Ein weiterer Bereich, in dem der Direktvertrieb dominiert, ist der der Dienstleistungen.

Auch im Konsumgütersektor findet ein Direktabsatz der Erzeugnisse statt, z.B. über eigene Außendienstmitarbeiter (Vertreterverkauf) oder über Verkaufsniederlassungen der Hersteller. Diese Niederlassungen sind rechtlich und wirtschaftlich in die Hersteller-Gesamtorganisation eingebunden und leisten neben der bloßen Verkaufstätigkeit in aller Regel zusätzliche Servicedienste (Beratung, Reparatur, Ersatzteilbevorratung u.ä.). Betreibt ein Hersteller eigene Verkaufsstellen, die direkt am oder nahe dem Ort der Produktion angesiedelt sind, dann spricht man von Firmenläden bzw. Fabrikverkauf (sog. „**Factory Outlets**").

Vorreiter des direkten Vertriebskonzepts waren *Avon Cosmetics*, *Vorwerk* (Handstaubsauger, Einbauküchen) sowie der Schuhproduzent *Salamander*. *WMF* (Besteck), *Rosenthal* (Porzellan), *Vobis* (Computer), *Villeroy&Boch* (Porzellan) oder *Tchibo* (Kaffee) haben sich dieser Idee bereits seit längerem angeschlossen. Rasante Fortschritte in der Entwicklung und Anwendung neuer Informations- und Kommunikationstechnologien erleichtern heutzutage die direkte Kundenansprache und machen den Direktvertrieb (z.B. via Internet) immer einfacher und zugleich erfolgversprechender.

Ein direkter Absatzweg besitzt vor allem folgende **Vorteile**:

- bessere Steuerung des Distributionsgeschehens durch den Hersteller;
- Einsparung der Handelsspanne;
- keine Abhängigkeit von selbständigen Handelsbetrieben.

Natürlich gilt andererseits auch, daß ein direkter Absatzweg für den Hersteller meistens sehr kostspielig ist. Die genannten Vorzüge des Direktabsatzes zeigen aber, daß bei dieser Entscheidung nicht nur Kostenüberlegungen angestellt werden dürfen.

b) Indirekter Vertrieb

Im Gegensatz zum Direktvertrieb treten beim **indirekten Vertrieb (indirekter Absatz)** wirtschaftlich und rechtlich selbständige Organe zwischen den Hersteller und den Endkunden; Groß- und Einzelhändler sollen in diesem Fall für den Produzenten die Distribution bis hin zum Endkunden übernehmen. Auf diese Weise entsteht ein **Ein- bzw. Mehrstufenkanal**, je nachdem, ob nur ein Einzelhändler oder davor noch Großhändler eingesetzt werden. Abbildung 34 veranschaulicht die direkte und indirekte Distribution im Überblick.

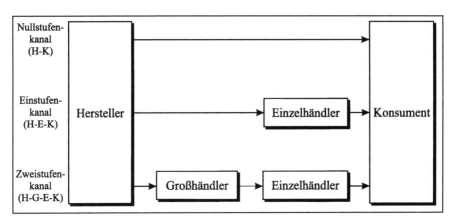

Abb. 34: Verschiedene Absatzkanäle (Kotler/Bliemel 1995, S. 807)

(1)	**Grad der Funktionserfüllung durch die Mitglieder des Absatzkanals** • Umfang der ausgeübten Handelsfunktionen (Kundenberatung, Werbung, Auslieferung, Kundendienst, Kreditgewährung etc.) • Qualität der Funktionserfüllung (Sicherstellung eines sach- und fachgerechten Vertriebs der Absatzgüter)
(2)	**Absatzkanalspezifische Erträge** • Größe des bei Wahl der Absatzkanalalternative erzielbaren Absatzvolumens • Durchschnittlich in diesem Absatzkanal erzielbare Absatzpreise • Auftragszusammensetzung in sachlicher Hinsicht (Sortimentszusammensetzung) • Zeitliche Absatzstruktur (Verhältnis von Zahl zur Größe der periodenbezogenen Aufträge, Bestellrhythmen)
(3)	**Absatzkanalspezifische Kosten und Kapitalbindung**
(4)	**Absatzsicherung in der Zukunft** • „Standing" der Absatzmittler im Markt und Marktreserven (Wachstumspotential) • Lieferantentreue der Absatzmittler
(5)	**Marktpräsenz der Distributionsobjekte** • Distributionsdichte (Anzahl der Einkaufsstätten im Verhältnis zur Bevölkerungszahl oder Fläche eines Absatzgebiets) • Distributionsgrad (Anzahl der Einkaufsstätten im Verhältnis zu den möglichen oder vom Hersteller erwünschten oder vom Verbraucher erwarteten Absatzstellen eines Absatzgebietes) • Wahrscheinlichkeit, mit der ein Kaufinteressent in einer Absatzstelle, die seinen Vorstellungen nach das Produkt führen müßte, das Produkt auch erstehen kann, oder • Quotient aus der Zahl der Absatzstellen einer Branche, die das Produkt führen, und der Gesamtheit der Absatzstellen dieser Branche
(6)	**Image des Absatzkanals** • Erscheinungsbild der Absatzgüter in der letzten Stufe des Absatzkanals • Good-will der Einkaufsstätten aus der Sicht der relevanten Verbraucher • Einkaufsstättentreue der dem Absatzkanal zurechenbaren Verbraucher
(7)	**Flexibilität des Absatzkanals** • Aufbaudauer des Absatzkanals • Anpassungsfähigkeit und -willigkeit der Absatzmittler an Strategieänderungen des Herstellers • Grad der erforderlichen Bindung des Herstellers an den Absatzkanal
(8)	**Beeinflußbarkeit (Steuerbarkeit und Kontrollierbarkeit) des Absatzkanals** • Relative Machtposition des Herstellers im Absatzkanal • Bereitschaft der Absatzmittler zur Verhaltensabstimmung und Übernahme von Umsatzbindungen (Kooperationsbereitschaft)

Abb. 35: Entscheidungskriterien der Absatzkanalpolitik
(Ahlert 1996, S. 174)

Die Wahl eines indirekten Vertriebswegs besitzt gegenüber dem Direktvertrieb vor allem drei **Vorteile**:

- geringere Aufbauinvestition, daher oft schneller zu realisieren;
- geringeres finanzielles Risiko;
- höhere Anpassungsflexibilität für den Hersteller.

Dem steht jedoch gegenüber, daß der Hersteller nicht selten ganz erhebliche „Eintrittsgelder" in Form von Investitionsbeihilfen an den Handel zu zahlen hat, ein indirekter Vertrieb von vornherein also nicht immer kostengünstiger als ein Direktvertrieb ist. Hinzu tritt, daß der Hersteller tendenziell weniger Einfluß auf das spätere Erscheinungsbild seines Produkts am Verkaufspunkt ausüben kann. Dieses hat jedoch entscheidenden Einfluß auf das „Gesicht" und Image eines Produkts beim Konsumenten. Die manchmal kostengünstigere Entscheidung kann also unter qualitativen Marketing-Gesichtspunkten möglicherweise die insgesamt ungünstigere für einen Hersteller sein.

Abbildung 35 gibt einen zusammenfassenden Überblick über die wichtigsten Entscheidungskriterien bei der Wahl des Vertriebswegs.

5.4.2.2. Aspekte der Absatzwegesteuerung

Fällt die Entscheidung zugunsten eines indirekten Vertriebswegs, tauchen umgehend Fragen auf, die sich auf die nunmehr erforderlichen Maßnahmen einer gezielten Absatzkanalsteuerung beziehen. Diese sind nötig, weil die durch anhaltende Konzentrationsprozesse im Groß- und Einzelhandel gestiegene Handelsmacht viele Absatzmittler zunehmend in die Lage versetzt, eigene Geschäftsziele und -strategien durchzusetzen (vgl. Nieschlag/Dichtl/Hörschgen 1997, S. 434 ff.). Konflikte zwischen Industrie und Handel sind vielfach die Folge. Abbildung 36 gibt einen Überblick über grundlegende Zieldivergenzen zwischen Hersteller und Handel. Die einzelne Hersteller-Handels-Beziehung muß damit zum Gegenstand eines gezielten Absatzwegemanagements werden.

Als Reaktion auf die wachsende Handelsmacht sind Konzepte des sog. **Vertikalen Marketing** entwickelt worden (vgl. Olbrich 1995). Die auf die unmittelbare Beeinflussung der Absatzmittler gerichteten Strategien werden inzwischen durch neuere Ansätze ergänzt, die vor allem einen Wandel vom (einseitigen) Beeinflussungs- zum (kooperativen) **Beziehungs-**

management propagieren (vgl. 2.1.2. f). Damit soll der Versuch gemacht werden, eine dauerhafte Partnerschaftsbeziehung zwischen Hersteller und Absatzmittler zu schaffen (vgl. u.a. Oehme 1994; Diller 1995a).

Aus dem Bereich des Absatzkanalmanagements sollen im folgenden einige grundlegende Aspekte herausgegriffen werden, nämlich die Auswahl, Gewinnung und Motivation von Absatzmittlern sowie die Gestaltung der vertraglichen Vertriebsform als Basis für die dauerhafte Zusammenarbeit zwischen Hersteller und Absatzmittler.

Ziele des Herstellers	Ziele des Handels
• aktive und ständige Innovationspolitik	• Einführung neuer Produkte nur bei hoher Erfolgswahrscheinlichkeit
• Aufbau von Produkt- und Markenimages	• Aufbau eines Einkaufsstättenimages
• Distribution des gesamten Leistungsprogramms	• Beschränkung auf zielgruppenspezifische Sortimente („fast runner")
• Verringerung der Handelsspannen	• Druck auf die Konditionen, Spannen-Denken
• kontinuierlicher Absatz und große Bestellmengen	• bedarfsabhängige, schnelle Lieferung des Herstellers, ggf. kleine Mengen
• Serviceleistungen vorwiegend durch den Handel	• starke Beteiligung des Herstellers am Service
• nationale und internationale Produktwerbung	• lokale und regionale Firmenwerbung
• bevorzugte Plazierung eigener Produkte	• sortimentsgerechte Plazierung im Rahmen der eigenen Konzeption

Abb. 36: Typische Zieldivergenzen zwischen Hersteller und Handel (Scharf/Schubert 1995, S. 304).

a) Auswahl, Gewinnung und Motivation von Absatzmittlern

Die Auswahl eines Absatzkanals sowie die Bestimmung der Art und Anzahl der Absatzmittler richten sich in grundlegender Weise nach der Marketing-Strategie, die ein Hersteller zu realisieren gedenkt (vgl. 4.2.2.

und 4.2.3.). Strebt er z.B. im Rahmen einer Massenmarktstrategie eine vollständige Marktabdeckung an, so kommt für ihn nur eine **intensive Distribution** in Betracht, in die so viele Absatzmittler wie möglich eingeschaltet werden müssen, um eine Ubiquität (= Überall-Erhältlichkeit) des Produkts zu erreichen (vgl. Specht 1998, S. 139). Verfolgt der Hersteller dagegen eine Marktsegmentierungsstrategie mit partialer Marktabdeckung oder eine Differenzierungs- bzw. Fokussierungsstrategie, so muß er sich auf jene Absatzmittler beschränken, mit denen sich die ausgewählten Zielgruppen im Endabnehmerbereich am besten erreichen lassen. Man spricht dann von einer **selektiven Distribution** oder, wenn für einen regionalen Zielmarkt nur ein einziger Absatzmittler eingesetzt wird, von einer **exklusiven Distribution** (vgl. ebenda, S. 139 f.).

Innerhalb des durch die Marketing-Strategie abgesteckten Rahmens müssen dann geeignete Handelsbetriebe gefunden, bewertet und ausgewählt sowie für die Zusammenarbeit gewonnen werden (vgl. Specht 1998, S. 170 ff.). Während z.B. durch Brancheninformationsdienste Absatzmittler schnell identifiziert werden können, stellt deren Bewertung eine anspruchsvollere Aufgabe dar. Wichtige **Bewertungs- und Auswahlkriterien** sind etwa (vgl. ebenda, S. 171 ff.):

- **das Produkt bzw. das Sortiment**: Für serviceintensive und erklärungsbedürftige Produkte eignen sich vornehmlich Fachgeschäfte; für den Vertrieb von Nahrungs- und Genußmitteln dagegen eher Super- und Verbrauchermärkte; ferner muß das Sortiment des Händlers die Kunden ansprechen.

- **Standort und Einzugsgebiet**: Die Händler müssen über attraktive Standorte und ein Einzugsgebiet verfügen, das groß genug ist, um das anvisierte Endverbrauchersegment zu erreichen.

- **Größe und Finanzkraft**: Sie geben Auskunft über die wirtschaftliche Lage, die Kreditwürdigkeit und die Nachfragemacht des Absatzmittlers.

- **Leistungsfähigkeit und Image**: Der Händler muß z.B. Lagerung und Transport sachgemäß und effizient durchführen können sowie genügend große Regalflächen besitzen; außerdem muß er über ausreichend qualifiziertes Verkaufspersonal und ein positives Image verfügen.

Nach der Bewertung und Auswahl der Absatzmittler hat der Hersteller ein meist weitaus größeres Problem zu lösen, nämlich das der Gewinnung bzw. Motivation der leistungsfähigen Handelsbetriebe für die distributionspolitische Zusammenarbeit. Erschwert wird dies durch den erheblichen

Wettbewerb der Hersteller um knappe Regalplätze im Handel, der sich aufgrund der seit Jahren zunehmenden Regalplatzknappheit ständig verschärft (vgl. Ahlert 1996, S. 146 ff.; Hansen 1990, S. 126). Das Problem der Regalplatzknappheit wird besonders deutlich in der zunehmenden Schwierigkeit der Hersteller, neue Produkte im Handel plazieren zu können.

Zur **Gewinnung von Händlern** kann der Hersteller grundsätzlich Methoden des Pull- oder Push-Konzepts anwenden (vgl. Becker 1998, S. 596; Specht 1998, S. 140 ff., 209 f.). Bei der **Pull-Strategie** bedient sich der Hersteller einer intensiven *Endverbraucherwerbung* (sog. Sprungwerbung) durch Massenmedien mit dem Ziel, eine starke Endverbrauchernachfrage zu schaffen. Diese soll einen „Sog" in Gang setzen, der das neue Produkt gewissermaßen in den Absatzkanal „hineinzieht", d.h. den Händler zur Aufnahme des Produkts in sein Sortiment zwingt. Typisch ist die Pull-Strategie für die Markenartikelindustrie.

Im Gegensatz dazu wird im Rahmen der **Push-Strategie** ein Maßnahmenbündel eingesetzt, das sich direkt an den *Händler* richtet und z.B. die Gewährung besonders günstiger Einkaufskonditionen, die Einräumung von Exklusivrechten, die Übernahme der Regalpflege und intensive persönliche Verkaufsanstrengungen umfaßt. Auf diese Weise soll das neue Produkt in den Absatzkanal „gepreßt" werden.

Allerdings ist es heutzutage für einen Hersteller meist nicht ratsam, eine Pull- oder Push-Strategie in reiner Form zu verfolgen. Vielfach ist eine **Kombination** handelsgerichteter und endverbraucherbezogener Maßnahmen sinnvoller, wenngleich angesichts der großen Nachfragemacht des Handels Elemente des Push-Konzepts in einem solchen Maßnahmen-Mix häufig dominieren werden (vgl. Becker 1998, S. 597 ff.; Specht 1998, S. 210 ff.).

b) Gestaltung der vertraglichen Vertriebsform

Ein weiteres Problem besteht in der Gestaltung der rechtlichen Form für die dauerhafte Zusammenarbeit. Grundsätzlich existieren verschiedene Alternativen sog. **vertraglicher Vertriebssysteme**. Diese begründen auf individualvertraglicher Basis eine planmäßige Zusammenarbeit bzw. Verhaltensabstimmung zwischen selbständig bleibenden Industrie- und Handelsunternehmen. Vertragliche Vertriebssysteme sind dabei auf Dauer angelegt (vgl. Ahlert 1981, S. 45).

Die bedeutendsten **Formen** vertraglicher Vertriebssysteme sind in aufsteigender Folge ihrer jeweiligen Bindungsintensität (vgl. Ahlert 1981, S. 77 ff.; Nieschlag/Dichtl/Hörschgen 1997, S. 482 f.):

- Vertriebsbindungssysteme;
- Alleinvertriebssysteme;
- Vertragshändlersysteme;
- Franchise-Systeme sowie
- Agentursysteme.

Vertriebsbindungen legen auf der Basis einer Vielzahl einzelvertraglicher Vereinbarungen fest, mit wem die Parteien Geschäftsbeziehungen eingehen dürfen. Hersteller können so z.B. den Großhandel verpflichten, nur an ausgewählte Facheinzelhändler zu liefern (sog. Fachhandelsbindung).

Im Falle der Etablierung von **Alleinvertriebssystemen** teilt der Hersteller sein gesamtes Absatzgebiet in einzelne Bezirke auf und gewährt dann in jedem Bereich nur einem bestimmten Absatzmittler das Alleinvertriebsrecht. Um einen derartigen Gebietsschutz aufrechtzuerhalten, unterwirft er in der Regel jeden Händler einer regionalen Verkaufsbeschränkung, womit ein Absatz der Güter in die benachbarten Gebiete unterbunden wird.

Bei **Vertragshändlersystemen** verpflichtet sich der Absatzmittler darüber hinaus, ausschließlich die Produkte des Herstellers zu führen, d.h. ganz auf den Vertrieb von Konkurrenzprodukten zu verzichten. Man spricht in diesem Fall auch von einem lizensierten oder konzessionierten Handel. Weiteres Kennzeichen dieser Kooperationsform ist die ausdrückliche Verpflichtung des Absatzmittlers zur aktiven Förderung der jeweiligen Vertragsprodukte. Vertriebssysteme dieser Art finden sich insbesondere beim Verkauf von Automobilen, in der Mineralölbranche oder auch beim gastronomischen Engagement von Brauereien, die Gaststätten auf längere Zeit exklusiv an sich binden, um auf diese Weise ihren Bierabsatz zu sichern.

Versucht ein Hersteller, seine ureigene Marketing-Konzeption über seine Vertriebspartner bis hin zum Endabnehmer durchzusetzen, dann liegt diesem Bemühen in der Regel ein **Franchise-System** zugrunde (vgl. Fritz 1986 sowie Abschnitt 4.2.4. a). Diese Form der Kooperation, die den Franchise-Nehmer z.B. am Image eines eingeführten Markenartikels partizipieren läßt und dem Franchise-Geber dafür eine schnelle und kostengünstige Expansion sowie einen (mitunter weltweit) standardisierten Marktauftritt ermöglicht, findet zunehmende Verbreitung. Gemessen an der Mitgliederzahl waren 1997 Porst (Fotohandel), Eismann (Tiefkühlheimservice) und Foto-Quelle die größten Franchise-Systeme in Deutschland (nach Angaben des Deutschen Franchise-Verbands, München).

Dem Direktvertrieb eines Herstellers nähert sich die Vertriebskooperation an, wenn sog. **Agentursysteme** praktiziert werden. Die Absatzmittler sind hier in ihrer wirtschaftlichen Selbständigkeit am weitesten eingeschränkt. Sie treten nicht mehr in vollem Umfang als Händler auf, d.h. sind weder frei von Weisungen des Herstellers noch tragen sie das Absatzrisiko allein. Agentursysteme basieren letztlich auf Kommissions- und Handelsvertreterverträgen zwischen Hersteller und Händler. Im deutschen Markt stellte beispielsweise das Elektronikunternehmen Telefunken in den 80er Jahren sein Vertriebssystem auf einen solchen Agenturhandel um. Damit konnte Telefunken sowohl die Preispolitik als auch die Sortimentsgestaltung und Warenpräsentation seiner Absatzmittler wesentlich effektiver kontrollieren.

Vertragshändlersystem, Franchising und Agenturvertrieb sind letztlich deutlichster Ausdruck eines Vertriebskonzepts, bei dem die Absatzmittler nach strengen Kriterien ausgesucht und gesteuert werden, um schließlich ein Höchstmaß an herstellerseitiger Einflußnahme auf die Art und Weise des gesamten Güterabsatzes sicherzustellen. In dem Maße, in dem die Handelsbetriebe stärker vom Hersteller dominiert werden und somit ihre Dispositionsautonomie mehr und mehr verlieren, ist eigentlich kaum noch von einem indirekten Absatz zu sprechen. Wie erwähnt, stellt das Agentursystem in diesem Sinne einen Übergang zum Direktabsatz dar.

5.4.2.3. Die Außendienstgestaltung

Möchte ein Unternehmen den Verkauf seiner Produkte nicht in die Hände einer eigenen Verkaufsniederlassung legen, sondern ihn über fremde Absatzmittler oder persönliche Kontakte der Geschäftsleitung betreiben, dann ist dazu die Unterstützung durch eine Außendienstorganisation erforderlich (vgl. Albers 1993, Sp. 228). Dies kann sich u.a. bei großvolumigen, technologisch sensiblen und in hohem Maße erklärungs-, wartungs- und reparaturbedürftigen Produkten empfehlen. Der Außendienst kann dabei zum Unternehmen selbst gehören (Reisende) oder durch betriebsfremde Organe (Handelsvertreter) repräsentiert werden.

Ferner ist der **Verkaufsaußendienst** vom eher serviceorientierten, also **nicht-verkaufenden Außendienst** zu unterscheiden (vgl. Specht 1997, S. 163). Während letzterer vor allem Beratungs-, Installations-, Wartungs- und Reparaturfunktionen wahrnimmt, besteht das vorrangige Ziel des Verkaufsaußendienstes in der Erzielung eines Geschäftsabschlusses. Hierfür müssen potentielle Kunden gezielt angesprochen und über das eigene Angebot sowie dessen Vorzüge informiert werden. Wir beziehen uns im folgenden primär auf diesen Außendiensttyp, d.h. den **persönlichen Verkauf**.

Vor diesem Hintergrund umfaßt die Außendienstgestaltung mehrere **Teilprobleme**. Im einzelnen betreffen diese vor allem:

- die Festlegung der Größe der Außendienstorganisation;
- die Auswahl der Außendienstmitarbeiter sowie
- die Möglichkeiten der Außendienststeuerung.

Daneben sind Probleme der strategischen und taktischen Einsatzplanung, wie z.B. die Festlegung verschiedener Absatzgebietsgrenzen, die Bestimmung optimaler Besuchshäufigkeiten und -zeiten sowie die Ermittlung kostenminimaler Besuchstouren, zu lösen, auf die wir hier jedoch nicht näher eingehen wollen (vgl. hierzu ausführlicher Albers 1993, Sp. 229 ff.).

a) Größe der Außendienstorganisation

Das Problem besteht in der Bestimmung der optimalen Anzahl der Außendienstmitarbeiter. Hierzu liegen verschiedene Lösungsansätze vor (vgl. Albers 1992, S. 62 f.):

• **Budgetmethode**

Die Budgetmethode geht nicht von den Aufgaben aus, die vom Außendienst zu erfüllen sind, sondern fragt nach den Ressourcen, die in einem Unternehmen für diesbezügliche Tätigkeiten zur Verfügung stehen. Ihre Planungs-Inputgröße ist folglich die Höhe des für Außendiensttätigkeiten verfügbaren Budgets als Teil des Marketing-Budgets. Nach Abzug von Reise- und Verwaltungskosten wird das verbliebene Budget durch das durchschnittliche Einkommen eines Außendienstmitarbeiters geteilt, wodurch sich letztlich die Anzahl der zu beschäftigenden Außendienstmitarbeiter ergibt.

• **Arbeitslastmethode**

Anders als die Budgetmethode geht die Arbeitslastmethode zunächst von den Anforderungen aus, die sich zur Erreichung eines bestimmten, vorgegebenen Distributionsziels stellen. Ausgangspunkt der Planung sind dabei die jeweiligen Besuchsnormen (Besuchshäufigkeit, Besuchslänge, Wegstrecken), die sich letztlich aus vorgegebenen Vertriebszielen (Umsatz, Distributionsgrad etc.) ableiten. Nach Festlegung der Besuchsnormen kann man den Zeitaufwand für alle Kundenbesuche schätzen. Dieser wird mit einem bestimmten Faktor, der den Zeitaufwand für Besuchsvor- und -nachbereitung sowie diverse ergänzende Tätigkeiten berücksichtigt, multipliziert. Die errechnete Größe, die den gesamten Zeitaufwand für die erforderliche Außendiensttätigkeit wiedergibt, dividiert man durch die maximal zulässige Arbeitszeit eines Außendienstmitarbeiters und erhält so die Anzahl der zur Erreichung der vorgegebenen Distributionsziele benötigten Mitarbeiter.

• **Inkrementalmethode**

Auf der Basis der gegebenen Außendienstgröße wird bei der Inkrementalmethode überprüft, welche Änderung des Deckungsbeitrags sich ergibt, wenn z.B. ein Außendienstmitarbeiter zusätzlich eingestellt bzw. entlassen wird. In iterativen Prozessen werden sodann die Wirkungen geringfügiger Änderungen der Außendienstgröße ermittelt. Die optimale Zahl der Außendienstmitarbeiter ist dann erreicht, wenn weder eine Verkleinerung noch eine Vergrößerung der Außendienstmitarbeiterzahl eine Ergebnisverbesserung erzielt.

b) Auswahl der Außendienstmitarbeiter

• **Reisende oder Handelsvertreter?**

Einem Unternehmen stehen bei der Rekrutierung des Außendienstpersonals grundsätzlich zwei Wege offen: Es kann angestellte Mitarbeiter, sog. **Reisende**, oder rechtlich selbständige Absatzhelfer, d.h. **Handelsvertreter**, mit dem Vertrieb seiner Produkte beauftragen (und diese Alternativen natürlich auch miteinander kombinieren). Das sich hieraus ergebende Entscheidungsproblem gehört zum Standardgut der Betriebswirtschaftslehre. Einen klassischen Lösungsansatz liefert das sog. Modell des kritischen Umsatzes von Erich Gutenberg (vgl. Gutenberg 1984, S. 132).

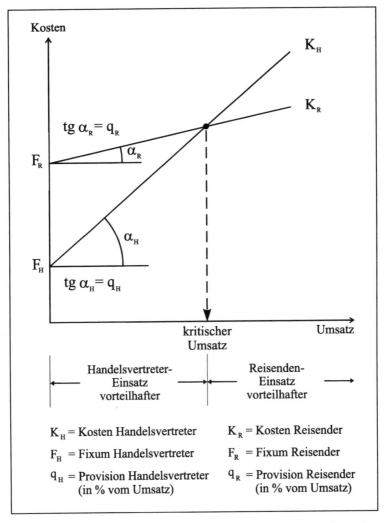

Abb. 37: Modell des kritischen Umsatzes (in Anlehnung an Gutenberg 1984, S. 132)

Das **Modell des kritischen Umsatzes** geht von den unterschiedlichen Kosten aus, die der angestellte Reisende und der selbständige Handelsvertreter verursachen. Dabei wird unterstellt, daß ein Handelsvertreter zwar eine niedrigere Fixkostenbelastung für das Unternehmen bewirkt, weil er höchstens ein geringes fixes Entgelt erhält, dafür aber durch seine höhere Provision, die sich als Prozentsatz vom Umsatz bemißt, letztendlich höhere variable Kosten erzeugt. Der Reisende hingegen, der vom Unternehmen ein höheres festes Entgelt erhält sowie mit den erforderlichen Ressourcen (Dienstwagen, Büromaterial, Schulungen) ausgestattet werden muß und daher wesentlich größere Fixkosten verursacht, kompensiert dieses teilweise durch geringere umsatzabhängige Kosten in Form von niedrigeren Provisionen. In der Abbildung 37, die diesen Sachverhalt in Abhängigkeit vom Umsatz graphisch wiedergibt, wird dieser Umstand durch eine weniger stark steigende, dafür aber insgesamt höher ansetzende Gesamtkostenkurve des Reisenden ausgedrückt.

Fällt man das Lot vom Schnittpunkt der beiden Kostenkurven auf die Umsatzachse, so wird dadurch der „kritische Umsatz" gekennzeichnet. Bei diesem Umsatzvolumen sind der Reisende und der Handelsvertreter für das Unternehmen gleich teuer. Bis zu diesem Umsatzpunkt ist mithin der Einsatz selbständiger Handelsvertreter, bei Überschreiten dieses Umsatzvolumens der Einsatz fest angestellter Reisender günstiger.

So einsichtig dieses Modell zunächst erscheint, hat es doch auch seine **Probleme** (vgl. Dichtl/Raffée/Niedetzky 1981, S. 24 ff.). So steigen die Kosten eines Außendienstmitarbeiters nicht nur mit dem durch ihn erzielten Umsatz; vielmehr werden weitere Einflußgrößen kostenwirksam (z.B. Einarbeitungs- und Weiterbildungskosten; Kosten der Beendigung eines Handelsvertretervertrags aufgrund seines handelsrechtlichen Ausgleichsanspruchs nach § 89b HGB). Des weiteren erscheint es kurzsichtig, die Leistung des Außendienstpersonals lediglich an dem von diesem erzeugten Umsatz zu bemessen. Weitere wichtige Außendienstleistungen können z.B. in der Beratung von Kunden oder in der Gewinnung von Marktinformationen bestehen, womit der Reisende oft stärker belastet ist als der Handelsvertreter. Die Reduktion der Betrachtung allein auf die Kosten des Außendienstpersonals vernachlässigt überdies qualitative Personalleistungsfaktoren. So geht man davon aus, daß Reisende nicht nur besser kontrollier- und steuerbar sind, sondern zudem durch eine tendenziell höhere Fachkenntnis auch eine insgesamt bessere Beratungsqualität bieten. Ferner sind sie einsatzflexibler, d.h. man kann ihnen von Unternehmensseite her zusätzliche Aufgaben, wie z.B. Lagerpflege, per Weisung übertragen. Demgegenüber dürften Handelsvertreter eine größere Markt- und Kundenkenntnis besitzen sowie durch die teilweise erfolgsabhängige Entlohnung auch stärker motiviert sein. Da Reisende ihre Verkaufstätigkeit oft lediglich als Karriere-Zwischenstation betrachten, besitzen Handelsvertreter zudem Vorteile, die aus ihrem Interesse an einer längerfristigen Bindung an ein Unternehmen resultieren (vgl. Nieschlag/Dichtl/Hörschgen 1997, S. 493 ff.).

Als **Alternative** zu dem Gutenbergschen Entscheidungsmodell bieten sich daher diverse **Punktbewertungsverfahren** von der Art des oben beschriebenen Scoring-Modells an (vgl. Abschnitt 5.2.2.1. c). In diesem werden die herangezogenen Bewertungs- und Auswahlkriterien gemäß ihrer Bedeutung gewichtet, wodurch man zu einem ausgewogeneren Urteil gelangt (vgl. Dichtl/Raffée/Niedetzky 1981, S. 32 ff., 126 ff.). Der gegenwärtige Trend zum individuellen Groß- bzw. Schlüsselkundenmanagement (sog. Key-Account-Management; vgl. Abschnitt 6.2.3.), bei dem die für den Unternehmenserfolg zentralen Kunden gezielt durch eigens hierfür abgestelltes Personal umworben und betreut werden, sorgt indes dafür, daß heutzutage die Reisenden mehr an distributionspolitischer Bedeutung gewinnen.

- **Erforderliche Qualifikation des Außendienstpersonals**

Über die notwendigen Eigenschaften eines guten Verkäufers wurden viele Merkmalskataloge aufgestellt und eine Vielzahl unterschiedlicher Verkäufertypologien entwickelt. Wir beschränken uns in diesem Rahmen auf zwei Ansätze, die sich beide darum bemühen, die Merkmale eines erfolgreichen Verkäufers bzw. einer erfolgreichen Verkaufssituation möglichst einfach zu beschreiben.

Der erste Ansatz wurde von Mayer/Greenberg entwickelt und kann den sogenannten Ein-Personen-Ansätzen subsumiert werden. Mayer/Greenberg präsentieren einen der kürzesten Eigenschaftskataloge, indem sie aus dem Eigenschaftsbündel eines erfolgreichen Verkäufers zwei wesentliche Merkmale herausschälen (vgl. Kotler/Bliemel 1995, S. 1050): **Empathy** (Einfühlungsvermögen) und **Ego-Drive** (Selbstbestätigungsdrang). Ein guter Verkäufer muß demnach über eine ausgeprägte Motivation verfügen, einen Verkaufserfolg zu erzielen, die überdies mit einem sensiblen Empfinden für die (oft unausgesprochenen) Kundenwünsche gepaart sein sollte. Die Autoren haben ihr Erklärungsmodell in drei verschiedenen Branchen getestet und konnten schließlich mit einigem Erfolg die späteren Verkaufsleistungen von Bewerbern für neue Verkaufspositionen voraussagen.

In Weiterentwicklung solcher Erklärungsansätze wurden sog. Mehrpersonen- bzw. Interaktionsansätze präferiert, die der Tatsache Rechnung tragen, daß der persönliche Verkauf ein Interaktionsvorgang zwischen Verkäufer und Käufer ist. In diesem Sinne behauptet die sog. **Ähnlichkeitshypothese**, daß sich erfolgreiche Verkäufer gegenüber ihren Kunden durch ein kongruentes Rollenverhalten auszeichnen. Ein Verkäufer ist demnach dann erfolgreich, wenn er so denkt, handelt und spricht wie der von ihm betreute Kunde und daher vom Kunden als ihm ähnlich wahrgenommen wird. Diese Einsicht liegt z.B. der Beratungskonzeption des Finanzdienstleisters *MLP* zugrunde: Das Unternehmen konzentriert sich in seiner Klientel auf akademisch gebildete Führungsnachwuchskräfte, denen in der täglichen Beratungspraxis gleich situierte Mitarbeiter gegenübergestellt werden, die ihrerseits einstmals aus dem akademischen Kreis rekrutiert wurden. Für Unternehmen, die stark auf den persönlichen Verkauf setzen, erweist es sich damit als unverzichtbar, zunächst die besonderen Charakteristika ihrer Kunden zu erforschen und sodann eine darauf aufbauende Mitarbeiterauswahl und -schulung zu betreiben (vgl. Nieschlag/Dichtl/ Hörschgen 1997, S. 486). Die Ähnlichkeitshypothese kommt zudem zur Anwendung, wenn im Investitionsgüterbereich dem kollektiven Einkaufsgremium der beschaffenden Organisation („Buying Center"; vgl. Abschnitt 2.3.2.) anbieterseitig ein z.B. an Größe, Rollenverteilung und Entscheidungskompetenz analog gestaltetes Verkaufsgremium („Selling Center") gegenübergestellt wird.

• **Auswahlverfahren**

Als Verfahren zur Auswahl der Außendienstmitarbeiter kommen die üblichen personalwirtschaftlichen Bewertungs- und Selektionsverfahren in Betracht (vgl. Hentze 1994, S. 252 ff.). Hier sind besonders persönliche Interviews, Tests sowie Assessment-Center-Verfahren zu nennen. Bei der Auswahl von Personal, das in unmittelbaren Kundenkontakt gerät, muß neben fachlichen Fähigkeiten ganz besonders auch auf soziale und menschliche Qualitäten sowie auf dessen Interaktionsfähigkeit und Kundenorientierung geachtet werden.

c) Außendienststeuerung

Ist man sich auf seiten des Unternehmens darüber klargeworden, wie sich der Außendienst personell zusammensetzen und welche Größe er haben soll, sind die Möglichkeiten und Instrumente der zielgerichteten Steuerung dieses Apparats zu ergründen. Da die meisten Mitarbeiter im Verkaufsaußendienst relativ unbeobachtet operieren, muß letztlich mittels unpersönlicher Steuerung sichergestellt werden, daß der der unmittelbaren Aufsicht durch Vorgesetzte meist entzogene Außendienst auch tatsächlich im Unternehmenssinne arbeitet. Auch für dieses Führungsproblem existieren verschiedene Lösungsmodelle. Diese setzen grundsätzlich entweder am einzubringenden Input des Außendienstmitarbeiters (z.B. den Kundenbesuchen) oder am zu erzielenden Output (z.B. dem gewünschten Umsatz) an. In Verbindung hiermit können entweder zu erreichende Mengen vorgegeben oder finanzielle Anreize in Aussicht gestellt werden. Somit ergeben sich folgende Formen der Außendienststeuerung (vgl. Abbildung 38):

	Input	Output
Mengenvorgaben	Besuchsvorgaben	Umsatzvorgaben
Finanzielle Anreize	Prämien pro Besuch	Umsatzprovision

Abb. 38: Formen der Steuerung eines Verkaufsaußendienstes
(in Anlehnung an Albers 1993, Sp. 234)

Die **Hauptformen der Außendienststeuerung** sind demnach (vgl. Albers 1993, Sp. 233 ff.):

- **Inputorientierte Außendienststeuerung**

Diese Modelle geben verschiedene Sollgrößen als Orientierung für den Außendienstmitarbeiter vor, die sich auf seinen Arbeitseinsatz beziehen. Hierbei kann es sich z.B. um die Vorgabe einer Anzahl wöchentlich oder monatlich zu leistender Besuche handeln oder um zeitliche Mindestaufwendungen pro Besuch. Daneben können bestimmte Besuchsprämien als inputorientierte Steuerungsinstrumente eingesetzt werden. Solche Prämien sind dann sinnvoller als Vorgaben, wenn der Außendienstmitarbeiter über das Absatzgebiet besser informiert ist als die Verkaufsleitung und daher seine Besuche effizienter planen kann (und umgekehrt). Grundsätzlich empfiehlt sich eine Input-Steuerung dann, wenn der Umsatz sich nicht in ausreichendem Maße der Aktivität des Außendienstes kausal zurechnen läßt, da er z.B. auch von der Werbung und anderen Faktoren erheblich beeinflußt wird. Dies ist in der Konsumgüterindustrie oft der Fall.

- **Outputorientierte Außendienststeuerung**

Alternative Steuerungsmodelle setzen am angestrebten Ergebnis der Außendiensttätigkeit an. Hierbei können u.a. detaillierte Umsatzvorgaben gemacht werden. Der entsprechend geführte Mitarbeiter muß dann pro

Maßeinheit (Besuchsstunde, Fahrkilometer, Woche, Monat) bestimmte Mindestumsätze erzielen. Statt dessen können auch hier erfolgsbezogene Anreize in Form von Umsatzprovisionen vorgesehen werden; diese bieten sich dann an, wenn der Außendienstmitarbeiter seinen Einsatz besser planen kann als die Verkaufsleitung. Eine Output-Steuerung ist nur dann angebracht, wenn der erzielte Umsatz der Arbeit des Außendienstmitarbeiters auch kausal zurechenbar ist.

- **Ergänzende Mittel der Außendienststeuerung**

Seit einiger Zeit wird die klassische monetäre Außendienststeuerung durch die Bewilligung besonderer nicht-monetärer Leistungsanreize, sogenannter **Incentives**, ergänzt (vgl. Tomczak 1992, S. 439; Kotler/Bliemel 1995, S. 1063 f.). Man geht hierbei davon aus, daß es bei dem heutigen Standard allgemeinen Wohlstands außergewöhnlicher Anreize und Stimulantien bedarf, um den ansonsten finanziell motivierten Außendienstmitarbeiter zu einem außerordentlichen Engagement zu bewegen. Solche Incentives, wie z.B. luxuriöse Yachtreisen, Abenteuerurlaube oder der Einlaß zu besonderen sportlichen bzw. kulturellen Darbietungen – man denke nur an die berühmten „Hummerlogen" bei Davis-Cup-Spielen –, werden aber nicht nur zur Außendienststeuerung und -motivation eingesetzt, sondern halten inzwischen in nahezu alle Unternehmensbereiche Einzug, in denen die Mitarbeiter zu besonderen Leistungen angeregt werden sollen. Zur Erhaltung ihrer motivationsfördernden Wirkung sollte ihre Gewährung allerdings die Ausnahme bleiben; gleichzeitig muß der Zusammenhang zwischen erbrachter Leistung und Belohnung unmittelbar einsichtig sein. Die Effektivität von Incentives hängt wesentlich von den individuellen Bedürfnis- und Erwartungshaltungen der Mitarbeiter ab.

5.5. Kommunikationspolitik

5.5.1. Der kommunikationspolitische Gestaltungsbereich

Kommunikationspolitische Maßnahmen sind aufgrund der Tatsache notwendig, daß nichts verkauft werden kann, und sei es noch so gut, was dem Konsumenten nicht bekannt, d.h. in seiner selektiven Wahrnehmung nicht verankert ist. Die **Kommunikationspolitik** umfaßt alle *Maßnahmen, die* *dazu dienen, Informationen über die Produkte und das Unternehmen zu vermitteln und die Empfänger im Sinne des Marketing zu beeinflussen* (vgl. Kroeber-Riel 1993b, Sp. 2720).

Zu den wichtigsten **Instrumenten der Kommunikationspolitik** zählen:

- Werbung;
- Verkaufsförderung (Sales Promotion);
- Öffentlichkeitsarbeit (Public Relations);
- Messen und Ausstellungen;
- Product Placement;
- Sponsoring;
- Event-Marketing;
- Multimedia-Kommunikation und die
- Integrierte Kommunikation.

Die vier erstgenannten Instrumente zählen überwiegend zum „klassischen" Repertoire der Kommunikationspolitik, während die fünf letztgenannten neueren Ursprungs sind. Alle neun Instrumente werden im folgenden kurz skizziert.

5.5.2. Spezielle Aspekte der Kommunikationspolitik

5.5.2.1. Werbung

Unter **Werbung** versteht man die zielorientierte Information und Beeinflussung von Menschen mit Hilfe bestimmter Werbemittel (vgl. Nieschlag/ Dichtl/Hörschgen 1997, S. 531 f.; Schweiger/Schrattenecker 1995, S. 9). Sie tritt in zwei grundlegenden Formen auf: der **Mediawerbung** als der Werbung in Massenmedien einerseits, der sich unmittelbar an die Zielpersonen richtenden **Direktwerbung** andererseits.

a) Mediawerbung

Der **Prozeß der Werbeplanung** läßt sich wie folgt charakterisieren (vgl. Abbildung 39 sowie Bruhn 1989, S. 400 ff.): Den Ausgangspunkt bilden die Marketing-Ziele. Aus diesen müssen im Rahmen der Werbeplanung spezielle **Werbeziele** für die vom Unternehmen bearbeiteten Marktsegmente entwickelt werden. Diese können als ökonomische Werbeziele (Umsatzsteigerung, Marktanteilszunahme, Gewinnwachstum) und/oder außer- oder besser: vorökonomische Werbeziele erscheinen (Steigerung des Bekanntheitsgrads, Imageverbesserung etc.).

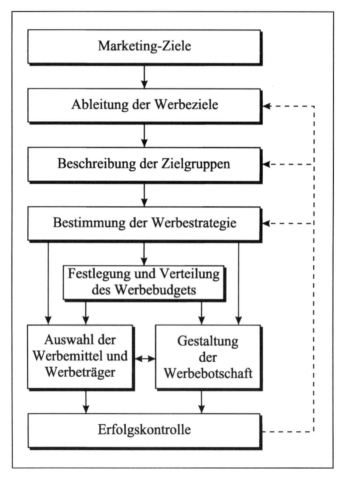

Abb. 39: Schritte bei der Werbeplanung und -realisierung (in Anlehnung an Bruhn 1989, S. 401)

In einem nächsten Schritt sind die relevanten **Zielgruppen** der Werbung näher zu beschreiben. Vor diesem Hintergrund ist dann jeweils die konkrete Werbestrategie zu entwickeln.

Die **Bestimmung der Werbestrategie** umfaßt die Festlegung der zentralen Werbebotschaft bzw. -aussage (Kernbotschaft) sowie die Auswahl der Werbemittel und Werbeträger, die schwerpunktmäßig zum Einsatz kommen sollen. Unter einem **Werbemittel** versteht man z.B. Zeitungsanzeigen, Hörfunk- und Fernsehspots, Werbekataloge, Plakate oder Werbebriefe. Werbemittel sind damit die konkreten Darstellungsformen der Werbebotschaft. Sie werden von geeigneten **Werbemedien** bzw. **-trägern** übermittelt. Hier kann unterschieden werden in:

- Printmedien (Zeitungen, Zeitschriften, Handzettel u.ä.);
- Elektronische Medien (Hörfunk, Fernsehen, Internet);
- Medien der Außenwerbung (Schaufenster, Litfaßsäulen, Anschlagtafeln);
- sonstige Werbemedien (z.B. Adreßbücher, Kinos).

Bei der **Gestaltung der Werbebotschaft und der Werbemittel** sind die verhaltenswissenschaftlichen Erkenntnisse des Marketing zu berücksichtigen (vgl. Abschnitt 2.3.). So muß der Konsument z.B. durch das Werbemittel aktiviert werden, damit er die Werbebotschaft überhaupt aufnehmen, verarbeiten und sich an sie erinnern kann. Eine weitere Voraussetzung dafür ist, daß die Werbegestaltung den Wahrnehmungsmechanismen des Konsumenten ausreichend angepaßt ist (vgl. Abschnitt 2.3.1.2.).

Bei der **Auswahl der Werbemedien** stellen sich zwei grundlegende Probleme: das der Inter- und das der Intramediaselektion (vgl. Berndt 1995, S. 362 ff.). Bei der **Intermediaselektion** geht es darum, jene Werbeträgergruppen (z.B. Zeitungen, Fernsehen, Hörfunk) auszuwählen, die sich für die geplanten Werbemaßnahmen am besten eignen. Dies richtet sich beispielsweise nach der Produktart und/oder nach werberechtlichen Restriktionen: Da z.B. die Zigarettenwerbung im Fernsehen und Hörfunk hierzulande verboten ist, bieten sich dafür lediglich Printmedien, Kinos sowie Medien der Außenwerbung an (wenigstens solange die Zigarettenwerbung nicht völlig verboten sein wird). Weitere Auswahlkriterien sind z.B. die unterschiedlichen Darstellungsmöglichkeiten der Werbebotschaft in den einzelnen Medienkategorien, deren jeweilige Verfügbarkeit, die Erreichbarkeit der Zielgruppen sowie das generelle Verhältnis von Reichweite zu Kosten der Werbeträgergruppen. Die gleichzeitige Berücksichtigung einer Mehrzahl solcher Kriterien zur Auswahl der geeignetsten Medienkategorie ist z.B. im Rahmen eines Scoring-Modells möglich (vgl. ebenda, S. 368).

Ist die Entscheidung für bestimmte Werbeträgerkategorien gefallen, muß innerhalb der einzelnen Kategorie noch das jeweils geeignetste Medium ausgewählt werden. Im Rahmen einer solchen **Intramediaselektion** wird dann z.B. festgelegt, ob ein Werbespot im Privatfernsehen bei RTL, SAT 1 oder PRO 7, bzw. im öffentlich-rechtlichen Fernsehen bei ARD oder ZDF, ausgestrahlt werden soll. Ein in der Praxis beliebtes Auswahlkriterium ist in diesem Zusammenhang der **Tausendkontaktpreis** (TKP). Dieser ist für den Werbeträger i definiert als (vgl. ebenda, S. 385; Bruhn 1997b, S. 306):

$$TKP_i = \frac{\text{Kosten pro Belegung des Werbeträgers i}}{\text{Reichweite des Werbeträgers}} \cdot 1.000$$

Der Tausendkontaktpreis ist eine Wirtschaftlichkeitskennziffer, die angibt, wieviel Geld man pro Werbeträger ausgeben muß, um 1.000 Personen zu erreichen. Da die Reichweiten der Werbeträger regelmäßig in Mediaanalysen ermittelt und publiziert werden und die Kosten der Werbeträgerbelegung aus Preislisten hervorgehen, sind die Tausendkontaktpreise zahlreicher Medien bekannt. Sie betrugen 1994 für einen Werbespot von 30 Sekunden Länge in der Zeit zwischen 19.00 und 19.30 Uhr in ARD DM 23,05; ZDF DM 10,25; RTL DM 14,96; SAT 1 DM 17,10 und PRO 7 DM 16,03 (vgl. Nieschlag/Dichtl/Hörschgen 1997, S. 613).

Ein **Problem** des Tausendkontaktpreises besteht darin, daß die Kosten der Erreichbarkeit der anvisierten **Zielgruppe** zunächst nicht ersichtlich sind, sondern durch zielgruppenspezifische Zusatzanalysen ermittelt werden müssen, d.h. durch die Berechnung **zielgruppenspezifischer** oder **gewichteter Tausendkontaktpreise** (vgl. Berndt 1995, S. 389; Bruhn 1997b, S. 306). Darüber hinaus muß die **Kontaktqualität** berücksichtigt werden, d.h. die Wirkung des Medienkontakts auf den Adressaten, die für den Werbeerfolg von größerer Bedeutung ist als der bloße Werbeträgerkontakt. Hierbei spielt das Image des Werbeträgers eine wichtige Rolle, etwa im Hinblick auf seine Glaubwürdigkeit (vgl. Nieschlag/Dichtl/Hörschgen 1997, S. 623). Einen komplexeren Ansatz zur Auswahl der Werbeträger bieten verschiedene computergestützte **Mediaselektionsmodelle**, die aber in der Praxis nur selten eingesetzt werden (vgl. ebenda, S. 624 ff.).

Auf der Basis der festgelegten Werbestrategie muß die **Zumessung und Verteilung des Werbebudgets**, d.h. des Etats, der für Werbung zur Verfügung steht, erfolgen. Das verfügbare Budget muß auf die einzusetzenden Werbemittel und Werbemedien im Werbezeitraum aufgeteilt werden (sog. Streuplanung). Hierbei sollte z.B. berücksichtigt werden, daß bei mittelgroßen Werbebudgets eine innerhalb des Zeithorizonts permanente Werbung mit wechselnder Intensität (pulsierende Werbung) vorteilhafter ist als eine in ihrer Intensität gleichbleibende Werbung (vgl. Simon 1983).

Die Bemessung und Aufteilung des Werbebudgets sollte sich letztlich nach Maßgabe der Werbeziele und der Werbestrategie ergeben; dies entspräche der sog. **Ziele-und-Aufgaben-Methode** der Werbebudgetierung. In der Praxis sind aber meist **andere Methoden der Festlegung des Werbebudgets** gebräuchlich, die in der Regel eine konsequente Ziel- und Strategieorientierung eher vermissen lassen. Dies sind beispielsweise (vgl. Berndt 1995, S. 342 ff.; Nieschlag/Dichtl/Hörschgen 1997, S. 586 ff.):

- die **„percentage of sales method"**, bei der das Budget als Prozentsatz vom Umsatz bestimmt wird;

- die **„all you can afford method"**, wonach die Finanzmittel, die nach Abzug aller anderen Ausgaben vom gesamten Werbebudget noch übrigbleiben, in die Werbung investiert werden dürfen, sowie

- die **Wettbewerbs-Paritäts-Methode**, die ein Werbebudget fordert, das dem der maßgeblichen Konkurrenten entspricht.

Die in der Wissenschaft entwickelten **Optimierungsmodelle** zur Werbebudgetierung (z.B. ADBUDG) werden in der Praxis nur von einer Minderheit der Unternehmen eingesetzt (vgl. Berndt 1995, S. 361).

Im Anschluß an die Realisation der Werbemaßnahmen ist die Durchführung einer Erfolgskontrolle sinnvoll, die Aufschluß darüber geben sollte, in welchem Umfang die gesetzten Werbeziele tatsächlich erreicht worden sind. Die **Kontrolle des Werbeerfolgs** ist grundsätzlich ein schwieriges Problem, weil z.B. eine Absatzzunahme auch durch ganz andere Faktoren verursacht werden kann als durch Werbemaßnahmen (z.B. durch eine Senkung der Preise) und daher der Werbung allein oft nicht kausal zurechenbar ist. Dennoch sollte eine Kontrolle der realisierten Werbemaßnahmen durchgeführt werden. Als **Methoden** bieten sich dafür beispielsweise an:

- zeitlicher Vergleich von Werbeaktivitäten und Umsatzentwicklung;
- Ermittlung des Bekanntheitsgrads der Unternehmensleistungen vor und nach den Werbemaßnahmen;
- Erhebung des Unternehmensimages sowie der Kundenzufriedenheit vor und nach Abschluß einer Werbemaßnahme;
- Einsatz von Markttests, z.B. in der Form elektronischer Mini-Testmärkte (vgl. Abschnitt 3.2.2.b).

b) Direktwerbung

Die abnehmende Erfolgswirksamkeit der Werbung in Massenmedien hat seit einigen Jahren zu einem unübersehbaren Trend in Richtung auf ein individuelleres, d.h. den direkten Kundenkontakt in den Mittelpunkt stellendes **Direct Marketing** geführt (vgl. Dallmer 1995). In dessen Rahmen nimmt insbesondere die **Direktwerbung** eine zentrale Stellung ein. Die Direktwerbung umfaßt alle Werbemaßnahmen, die die Adressaten der Werbebotschaft unmittelbar und gezielt ansprechen und zugleich einen Dialog bzw. eine Interaktion mit ihnen herbeiführen wollen (vgl. Meffert 1998, S. 720). Durch die persönliche Ansprache sollen eine größere Kundennähe und Kundenbindung erreicht werden.

Die Direktwerbung kommt in verschiedenen Formen vor. So kann man grundsätzlich unterscheiden zwischen der Werbung in „**direkten Medien**" (Werbebriefe, Telefonmarketing, Direktwerbung in Online-Medien) und der Werbung in **Massenmedien mit Rückantwortmöglichkeit**. Letztere heißt auch **Direct-Response-Werbung**, worunter z.B. Couponanzeigen in Printmedien, Fernseh- und Hörfunkspots, in denen Telefonnummern und Adressen mitgeteilt werden, sowie Werbesonderformen (z.B. Teleshopping im Fernsehen) zu verstehen sind (vgl. Meffert 1998, S. 721).

Die gebräuchlichste Form der Direktwerbung stellen spezielle Werbebriefe dar, die auch als **Direct Mail** bezeichnet werden. Diese Direktwerbung per Briefpost bedient sich als Aussendungseinheit der sog. **Mailings**, die aus typischen Grundelementen bestehen (vgl. Dallmer 1995, Sp. 486 f.). Diese sind u.a. ein persönliches Anschreiben, ein konkretes Produktangebot sowie ein beiliegendes Reaktionselement (z.B. eine Rückantwortkarte). Manchmal kommt auch noch ein „Gadget" hinzu, d.h. ein kleines Werbegeschenk. Ein Grenzfall besteht im Einsatz unadressierter Postwurfsendungen („Haushaltswerbung"). Diese werden zwar gezielt und direkt dem Konsumenten zugeführt, jedoch nicht persönlich an ihn adressiert.

Das erklärte Ziel der Direktwerbung ist die Herbeiführung einer unmittelbaren (und dann auch direkt meßbaren) Kundenreaktion. Dies unterscheidet die Direktwerbung von der klassischen Mediawerbung, die meist weniger zielgenau und daher in ihrem Erreichungsgrad schwerer kontrollierbar ist.

Was sind die **Erfolgsursachen** der Direktwerbung? Erstens ist es die persönliche Ansprache des Kunden, der sich hierdurch oft aufgewertet oder zumindest individuell angesprochen fühlt. Zweitens erzielt die Direktwerbung eine sehr hohe selektive Reichweite, was durch ihre Fundierung durch ein sog. **Data-Base-Marketing** erreicht wird (vgl. Kreutzer 1995, Sp. 403 ff.). Dessen Grundlage ist eine systematisch gepflegte (Ziel-) Kundendatei auf EDV-Basis. Mit dieser können marketingrelevante Kundeninformationen gesammelt, laufend aktualisiert und zu einer auf die individuellen Bedürfnisse des Kunden besser zugeschnittenen Ansprache genutzt werden (vgl. Dichtl 1994, S. 257 ff.). Drittens wird durch Direktwerbung die Exklusivität des Kundenkontakts begünstigt, d.h. parallele Konkurrenzeinflüsse, wie sie bei Rundfunkwerbung oder bei mehrfach belegten Anzeigenseiten etwa in Tageszeitungen vorkommen, sind tendenziell leichter auszuschließen. Und viertens darf das vorhandene Bequemlichkeitsstreben des typischen Kunden nicht unterschätzt werden, dem von seiten des Direktwerbenden gern z.B. durch die beiliegende Antwort- bzw. Bestellkarte oder den vorgedruckten Antwortcoupon entsprochen wird.

Vor diesem Hintergrund nimmt es nicht wunder, daß das Volumen der Direktwerbung bzw. des Direct Marketing in Deutschland in den letzten Jahren stetig gewachsen ist. Während 1985 erst etwa 3 Milliarden DM für Direct Marketing ausgegeben wurden, hat sich dieser Betrag bis 1993 auf etwa 20 Milliarden DM erhöht. Damit muß mehr als ein Drittel aller kommunikationspolitischen Gesamtaufwendungen der deutschen Wirtschaft diesem Bereich zugerechnet werden (vgl. Dallmer 1995, Sp. 481). Heute (1998) beläuft sich dieser Anteil vermutlich schon auf etwa die Hälfte dieser Gesamtaufwendungen von rd. 60 Milliarden DM (vgl. Lammoth 1998).

Die Kosten der Direktwerbung hängen entscheidend von den zukünftigen Telekommunikations- und Postgebühren ab. Durch das fortgesetzte Aufkommen **neuer**, eine individuelle Ansprache ermöglichender **Medien** und Werbeformen (interaktives Fernsehen; Internet u.ä.), ist aber mit einer weiteren Zunahme der unternehmerischen Direktwerbung zu rechnen.

5.5.2.2. Verkaufsförderung (Sales Promotion)

Bei der **Verkaufsförderung** (Sales Promotion) soll der Produktabsatz durch zusätzliche, kurzfristig wirksame Anreize und Aktionen gefördert werden (vgl. Nieschlag/Dichtl/Hörschgen 1997, S. 534 ff.). Hierzu zählen u.a. besondere Verkaufs- oder Probierstände im Einzelhandel, Lotterien, Preisausschreiben, Angebote mit Zugabecharakter (z.B. Schmuck in Kaffeegeschäften) oder auch die Einrichtung herstellereigener Kundenschulungs- und -beratungszentren („Maggi-Kochstudio"; Nähkurse vom Nähmaschinenhersteller Pfaff u.ä.).

Hinsichtlich der Adressaten der unternehmerischen Verkaufsfördermaßnahmen lassen sich **Händlerpromotions** (z.B. Gewährung von besonders hohen Rabatten bei der Einführung neuer Produkte), **Verbraucherpromotions** (z.B. Produktproben; Treuerabatte) sowie **Außendienstpromotions** (z.B. Verkäuferwettbewerbe) unterscheiden. Erstere stehen in einem erkennbaren Bezug zu den bereits erwähnten Maßnahmen der Gewinnung und Motivation von Absatzmittlern (vgl. Abschnitt 5.4.2.2.), letztere berühren den Bereich der Außendienststeuerung (vgl. Abschnitt 5.4.2.3.). Gemessen am Aufwand hat sich auch der Anteil der Verkaufsförderung – zumindest im Konsumgüterbereich – im Vergleich zur klassischen Werbung stetig erhöht, was u.a. auf deren abnehmende Wirkung zurückgeht.

5.5.2.3. Öffentlichkeitsarbeit (Public Relations)

Werbung und Verkaufsförderung sind in erster Linie auf den Absatzmarkt gerichtet. Sie werden ergänzt durch ein allgemeines Werben um öffentliches Vertrauen für das Unternehmen insgesamt. Dies ist der Aufgabenbereich der **Öffentlichkeitsarbeit** oder **Public Relations** (PR) (vgl. Nieschlag/Dichtl/Hörschgen 1997, S. 537 ff.). Dabei geht es im Rahmen der eher **absatzorientierten Öffentlichkeitsarbeit** um die Schaffung und Förderung eines positiven Erscheinungsbilds des Unternehmens in der Öffentlichkeit, von dem man sich zugleich, die herkömmliche Werbung flankierend, absatzfördernde Effekte erhofft. Demgegenüber zielt die **strategische Öffentlichkeitsarbeit** eher auf eine absatzunabhängige Kommunikation des Unternehmens mit der Gesellschaft und ihren Teilöffentlichkeiten. Hiervon verspricht man sich auf seiten des Unternehmens eine höhere Akzeptanz in der gesellschaftlichen Umwelt sowie eine höhere Sicherheit in Zeiten größerer Umweltveränderungen. Gelegentlich wird für diese

Variante der Public Relations auch der Begriff *Public Affairs* verwendet (vgl. Hermanns/Naundorf 1992, S. 982 f.). Public Relations stellen auch einen Baustein der Konzeption des Public Marketing dar (vgl. Raffée/Fritz/ Wiedmann 1994, S. 47, sowie Abschnitt 2.1.1.).

Zur Schaffung einer für das Unternehmen günstigen Atmosphäre in der Öffentlichkeit bieten sich zahlreiche **PR-Instrumente** an, z.B. (vgl. Nieschlag/Dichtl/Hörschgen 1997, S. 538):

- Pflege guter Kontakte zu Presse, Hörfunk und Fernsehen;
- Durchführung von Pressekonferenzen und Hintergrundgesprächen;
- Sozial- und Umweltbilanzen;
- Vorträge, Symposien, Jubiläumsschriften;
- Tage der offenen Tür;
- Firmenwerbung um öffentliches Vertrauen in den Massenmedien sowie
- Direktwerbung für das Unternehmen gegenüber relevanten Meinungsführern.

5.5.2.4. Messen und Ausstellungen

Messen und Ausstellungen zählen zu den klassischen Präsentations- und Kommunikationsmitteln der Investitionsgüterindustrie (vgl. Nieschlag/ Dichtl/Hörschgen 1997, S. 544). Aber auch im Konsumgütermarketing sind sie von Bedeutung, da sie eine direkte Kundenansprache ermöglichen.

Messen und Ausstellungen sind zeitlich befristete, meist regelmäßig stattfindende **Marktveranstaltungen**, an denen eine Vielzahl von Anbietern und Nachfragern bzw. Interessenten teilnimmt. **Messen** richten sich vornehmlich an das Fachpublikum aus dem gewerblichen Bereich, **Ausstellungen** dagegen meist an die breite Öffentlichkeit (vgl. Strothmann 1995, Sp. 1890). Allerdings werden in der Praxis viele Messen als Ausstellungen bezeichnet, und manche Veranstaltungen dieser Art tragen sowohl Messeals auch Ausstellungscharakter, d.h. dienen nicht nur den Fachleuten als Informations-, Verkaufs- und Einkaufsgelegenheit, sondern auch der Information und Unterhaltung des Nicht-Fachpublikums (vgl. Nieschlag/Dichtl/ Hörschgen 1997, S. 464). Die bedeutendste Industriemesse ist die jährlich stattfindende Hannover Messe und die größte Computer-Fachmesse die

CeBIT, während die Weltausstellung die bekannteste unter den Ausstellungen ist.

Messen und Ausstellungen tragen zum Marketing der Aussteller in vielerlei Hinsicht bei. So haben Industrieunternehmen z.B. die Möglichkeit, die Ergebnisse ihrer Produktinnovationsaktivitäten in Form von Exponaten zu präsentieren sowie in die Gestaltung des Messestands Elemente und Aussagen ihrer Werbung und Öffentlichkeitsarbeit einfließen zu lassen. Darüber hinaus bieten sich dem Standpersonal auf Messen und Ausstellungen gute Chancen für die Anbahnung und Pflege persönlicher Kontakte (vgl. Strothmann 1995, Sp. 1891). Dieses Spektrum macht deutlich, daß Messen und Ausstellungen zwar einen kommunikationspolitischen Schwerpunkt aufweisen, in ihrer Bedeutung für das Marketing jedoch über die Kommunikationspolitik weit hinausgehen.

Die erfolgreiche **Messebeteiligung** eines Industrieunternehmens setzt voraus (vgl. ebenda, Sp. 1891 f.):

- eine wirkungsvolle **Messe-Vorwerbung**, mit der die relevanten Zielgruppen auf die Messe und den eigenen Messestand aufmerksam gemacht werden sollen;
- eine ansprechende **Standgestaltung** sowie ein fachkundiges und kundenfreundliches **Standpersonal**, ferner
- ein gezieltes **Nachmesse-Marketing**, das an das Messegeschehen anknüpft und die Realisierung jener Verkäufe sicherstellen soll, die auf der Messe zwar angebahnt worden sind, jedoch erst im sog. Nachmessegeschäft zustande kommen.

Das Messe- und Ausstellungswesen hat in Deutschland eine große Bedeutung für das unternehmerische Marketing. So waren 1996 dort insgesamt über 140.000 in- und ausländische Aussteller und mehr als 10 Millionen Besucher zu verzeichnen. Insbesondere in der Investitionsgüterindustrie geben die Unternehmen bis zu zwei Drittel ihres Marketing-Budgets für die Teilnahme an Messen aus, was die Relevanz dieses Marketing-Instruments unterstreicht (vgl. Bruhn 1997b, S. 719).

5.5.2.5. Product Placement

Unter **Product Placement** versteht man die gezielte Plazierung von Produkten bzw. Markenartikeln als reale Requisiten in der Handlung eines Spielfilms oder einer Fernsehsendung gegen Entgelt (vgl. Silberer 1989, S. 266; Berndt 1995, S. 306). Das Entgelt kann dabei in der kostenlosen Überlassung des plazierten Produkts, der freien Gewährung von Dienstleistungen oder der Zahlung eines Geldbetrags bestehen. Im Mittelpunkt stehen vor allem Konsumgüter sowohl des gehobenen als auch alltäglichen Bedarfs.

Hintergrund der verstärkten Nutzung des Product Placement ist die abnehmende Wirkung der klassischen Mediawerbung. Hierzu tragen letztlich nicht nur der verschärfte Wettbewerb auch im Werbesektor und das sog. Zapping als dem wahllosen Hin-und-Herschalten zwischen den verschiedenen Fernsehkanälen (vor allem bei beginnender Werbung) bei, auch die steigende Informationsüberlastung des Konsumenten läßt die herkömmliche Werbung in ihrer Wirkung schwächer werden.

In den letzten Jahren nahm diese neue Form der Kommunikationspolitik daher stark an Bedeutung zu, etwa im Fernsehen: Sei es, daß in der Lindenstraße auf dem Tisch von Mutter Beimer eine unübersehbare Nesquickdose steht, sei es, daß Kommissar Schimanski beim Aufklären verwickelter Fälle übermäßig viele Paroli-Bonbons lutscht oder sei es, daß Prof. Dr. Brinkmann als Chefarzt der Schwarzwaldklinik ebenso treu zu seinem Audi 200 steht wie Sohn Udo zu seinem weißen Golf Cabrio. Auch in Kinofilmen findet Product Placement zunehmende Verwendung: Der Modemacher Willy Bogner leistete seinen Zuschuß zum Produktionsetat von „Fire and Ice" schließlich nicht nur aus künstlerischen Motiven. Immer wieder sind es auch James-Bond-Filme, die sich als Medien für das Product Placement anbieten, etwa der Ende 1995 angelaufene Film „Golden Eye": „Der James-Bond-Darsteller Pierce Brosnan tritt in Anzügen der Marke Brioni, Schuhen von Church und mit einer Omega-Armbanduhr auf und erklärt der Geheimdienst-Chefsekretärin Miss Moneypenny, die gerade an einem IBM-PC arbeitet, daß er sich leider verspätet habe, weil es schwierig gewesen sei, seinen BMW zu parken" (o.V. 1995b). Auch der 1998 in die Kinos gekommene Bond-Film „Der Morgen stirbt nie" ist mit Product Placements z.B. von *BMW*, *Dunhill*, *Omega*, *Heineken*, *Avis* und *Ericsson* geradezu gespickt (vgl. o.V. 1997c).

Product Placement besitzt gegenüber der klassischen Werbung grundsätzlich folgende absatzpolitische **Vorteile**:

- hohe Reichweiten (Fernsehserien-Reichweiten bis zu 25 Millionen Zuschauer);
- positive Umfeldwirkungen (z.B. durch eine entspannte Unterhaltungsatmosphäre);
- Imagetransfer von Filmhandlung bzw. -akteur auf das Produkt (z.B. „strahlt" James Bond mit seinem Image als anspruchsvoller und seinen Gegnern überlegener Weltbürger auf das Image der von ihm präferierten Produkte aus);
- Einsatz des Product Placement speziell im internationalen Marketing möglich;
- Umgehung des Zapping;
- Umgehung von Werbeverboten (Zigarettenwerbung ist hierzulande z.B. im Fernsehen verboten, demnächst auch in allen anderen Medien) und reglementierten Werbezeiten.

Darüber hinaus trägt das Product Placement zur Deckung der Produktionskosten von Spiel- und Fernsehfilmen bei, die sich im Fall des James-Bond-Films „Der Morgen stirbt nie" immerhin auf 100 Millionen Dollar belaufen haben (vgl. o.V. 1997c).

So vorteilhaft die gezielte Plazierung von Produkten in Spielfilmen auch sein kann, mit der Anwendung dieses Instruments entstehen – vor allem, wenn diese übertrieben wird – auch **Probleme**. Eine zu starke Aufdrängung der umworbenen Produkte führt zu Verbraucherkritik und u.U. zu einer deutlichen Kaufzurückhaltung als Trotzreaktion der Verbraucher („Reaktanz"). Darüber hinaus sind die Kosten des Product Placement mittlerweile stark angestiegen. Ferner ergibt sich für das eine Produktplazierung anstrebende Unternehmen eine brauchbare Anwendung dieses Instruments meist nur bei bestimmten, konsumnahen Produkten. Vornehmlich bei diesen besitzt die demonstrative Verwendung z.B. in einem Film einen Vorbildcharakter, der anschließend in größerem Umfange kaufrelevant werden kann (vgl. Berndt 1995, S. 308 f.).

Hinzu kommen **rechtliche Grenzen** des Product Placement (vgl. Silberer 1989, S. 280 ff.; Tolle 1995, Sp. 2097): Product Placement stellt nach heutiger Auffassung eine Form der Schleichwerbung dar und verstößt damit gegen den Staatsvertrag für den Rundfunk, der eine Kennzeichnung der Werbung sowie ihre klare Trennung vom übrigen Programm vorschreibt und eine Beeinflussung des Programmteils durch Werbung verbietet. Von diesen medienrechtlichen Regelungen ist das Product Placement in Kino- und Videofilmen aber bisher nicht explizit betroffen; dennoch sind mit dem Product Placement grundsätzlich rechtliche Risiken verbunden.

5.5.2.6. Sponsoring

Mit **Sponsoring** ist die Bereitstellung von Geld, Sachmitteln oder Dienstleistungen durch Unternehmen (als Sponsoren) für Personen bzw. Organisationen im sportlichen, kulturellen, Medien- oder sozialen Bereich (als Gesponserte) gemeint, womit die Sponsoren kommunikationspolitische Ziele verfolgen und die Gesponserten bestimmte Gegenleistungen zu erbringen haben, die den kommunikationspolitischen Zielen der Sponsoren entsprechen (vgl. Bruhn 1995, Sp. 2342). Lediglich für den Sponsor stellt damit das Sponsoring eine kommunikationspolitische Maßnahme dar; aus der Sicht der Gesponserten ist es dagegen eher als Instrument der Beschaffung bzw. Finanzierung zu verstehen (vgl. Raffée/Fritz/Wiedmann 1994, S. 199 f., 223).

Als **Grundformen** des Sponsoring lassen sich unterscheiden:

- das **Kultursponsoring**;
- das **Sozio- und Umweltsponsoring** sowie
- das **Sportsponsoring**

(vgl. Bruhn 1990, S. 2 ff.; Hermanns 1989, S. 6).

Seit wenigen Jahren existiert eine weitere Form des Sponsoring, die man als **Medien- oder Programmsponsoring** im Fernsehen bezeichnet und die zunehmend an Bedeutung gewinnt (vgl. Bruhn 1997b, S. 614 f.; Meffert 1998, S. 709 f.). Darunter ist das Sponsoring von Fernsehsendungen zu verstehen. So wurde z.B. die Übertragung der Spiele der Fußball-Weltmeisterschaft 1998 u.a. von *Bitburger*, *Obi* und der *Deutschen Telekom* „präsentiert".

Die Abbildung 40 zeigt ein Beispiel für Sponsoring-Aktivitäten im Wissenschaftssektor, das dem Kultursponsoring zuzuordnen ist. Den größten Bereich stellt jedoch das Sport-Sponsoring dar, das immer noch an Bedeutung gewinnt. Exponierte Beispiele hierfür liefern der Bierbrauer *Bitburger* (Michael Schumacher), die *Adam Opel AG* (Bayern München) sowie die *Deutsche Bank* (Boris Becker; Henry Maske).

Abb. 40: „Projekt Zukunft" der Technischen Universität Braunschweig

Es darf nicht verkannt werden, daß im Sponsoring das **Prinzip von Leistung und Gegenleistung** herrscht: Der Sponsor erwartet vom Gesponserten folglich eine Gegenleistung, beispielsweise in Form von Werbung vor, während oder nach der gesponserten Veranstaltung. Dies unterscheidet das Sponsoring von eher altruistischen Unterstützungsformen wie z.B. dem Mäzenatentum oder dem Spendenwesen.

Sponsoring ist ein **multiples Instrument** der Kommunikationspolitik, d.h. es kann zur Erreichung eines ganzen Bündels von Zielen der Werbung, der Public Relations und der Verkaufsförderung dienen. Es kann das Image des Sponsors ebenso steigern helfen wie seine Bekanntheit und letztlich auch seinen Absatz (vgl. Hermanns 1989, S. 7). Das aufsehenerregende Beispiel der *Volkswagen AG*, die seit 1993 weltberühmte Musikgruppen (Genesis, Pink Floyd, Rolling Stones, Bon Jovi, Eric Clapton) bei ihren

Konzertauftritten gesponsert und dies zugleich zur Einführung von PKW-Sondermodellen genutzt hat (z.B. Golf Genesis und Pink Floyd, die Golf Rolling Stones Collection sowie der Golf Bon Jovi), verdeutlicht die Einsatzvielfalt des Sponsoring. Es wird in diesem Zusammenhang geschätzt, daß *Volkswagen* durch die Partnerschaft mit den Rolling Stones etwa 100.000 Sondermodelle abgesetzt hat. Das Beispiel *VW* zeigt somit auch die Absatzchancen einer das Sponsoring nutzenden Produktpolitik: *VW* hat es in diesem Sinne verstanden, mit den gesponserten Musikgruppen jeweils gleichnamige Sondermodelle zeitlich abgestimmt auf deren deutschlandweiten Konzertauftritt auf den Markt zu bringen und damit zugleich ein ganzes Bündel verschiedener PR-, Werbe- und Verkaufsförderungseffekte erzielt.

Sponsoring wird überdies in aller Regel ergänzend zu den anderen Kommunikationsinstrumenten eingesetzt, es ist von daher auch als ein **komplementäres Instrument** zu begreifen (vgl. Hermanns 1989, S. 7 f.). Insbesondere im Verbund mit entsprechenden PR- und Werbemaßnahmen sowie mit einer konsequent auf das Sponsoring zugeschnittenen Verkaufsförderung und Produktpolitik kann das Sponsoring eine beachtliche absatzpolitische Wirkung entfalten, wie es das Beispiel *VW* veranschaulicht.

Die grundlegenden **Vorteile** des Sponsoring sind vor allem folgende:

- Die Ansprache erfolgt in entspannter Atmosphäre und attraktivem Umfeld, da häufig Freizeitveranstaltungen gesponsert werden (z.B. das Schleswig-Holstein Musik-Festival) und dort Sponsoring insgesamt weniger augenfällig ist;
- es werden oft hohe selektive Reichweiten, d.h. eine erhebliche Zielgruppengenauigkeit realisiert, da spezielle Ereignisse eine bestimmte Interessentenschaft „anlocken", die oft mit der anvisierten Zielgruppe identisch ist;
- es entstehen Multiplikatoreffekte durch Fernsehübertragungen gesponserter Ereignisse;
- ein erwünschter Imagetransfer vom Gesponserten auf die Produkte und das Erscheinungsbild des Sponsors ist wahrscheinlich;
- die Umgehung des Zapping sowie einschlägiger Werbeverbote und -reglementierungen wird erreicht;
- verbesserte Möglichkeiten eines internationalen Markteintritts sind u.U. gegeben.

Diesen Vorteilen des Sponsoring stehen u.a. folgende **Nachteile** gegenüber:

- Begrenzte Darstellungsmöglichkeiten, da nicht der Auftritt des Sponsors im Vordergrund steht; dies kann sogar zur
- Gefahr des „Übersehens" der Sponsorenschaft führen;
- das Risiko eines negativen Imagetransfers besteht (z.B. bei Nichtakzeptanz gesponserter Personen oder Veranstaltungen);
- eine Reaktanz beim Publikum ist möglich, falls die Sponsorentätigkeit zu aufdringlich erfolgt;
- das Risiko der Unglaubwürdigkeit ist gegeben, wenn die Abstimmung mit dem Unternehmensimage des Sponsors unzureichend ist. So hat sich der Deutsche Handball-Bund als Konsequenz aus der tödlichen Messerstecherei betrunkener Zuschauer bei der Damen-Weltmeisterschaft 1997 in Berlin von seinem Hauptsponsor *Krombacher* getrennt, um ein Zeichen gegen den Alkoholausschank bei Länderspielen zu setzen.

Angesichts der heutigen Kommunikationsbedingungen ist zu erwarten, daß Sponsorenschaften in den hierfür geeigneten Bereichen weiter an Bedeutung gewinnen werden.

5.5.2.7. Event-Marketing

Das Event-Marketing stellt, ebenso wie das Product Placement und das Sponsoring, ein relativ neues Instrument des Marketing dar. Sein Schwerpunkt liegt zwar in der Kommunikationspolitik; jedoch berührt es auch andere Marketing-Instrumente, wie z.B. die Produktpolitik.

Unter **Event-Marketing** wird die erlebnisorientierte Inszenierung von firmen- oder produktbezogenen Ereignissen sowie deren Nutzung im Rahmen der Unternehmenskommunikation verstanden (vgl. Meffert 1998, S. 665; Weinberg 1995, S. 100). Eröffnungen, jahreszeitliche Feste, die Präsentation neuer Modelle usw. werden als Anlaß für die Inszenierung von **Special Events** genutzt, die z.B. Zusatzangebote, Dienstleistungen und Unterhaltungen mit erheblichem Erlebniswert umfassen können. Solche Events sind in der Regel eher kurz- als langfristig konzipiert. Das Event-Marketing umfaßt meist Elemente des Sponsoring, der Public Relations und des Direct Marketing, die zusammen mit szenetypischen

Aktivitäten zu einem Erlebnis-Angebot zusammengefaßt werden. Beispiele dafür sind etwa das St.-Moritz-Gourmet-Festival (das z.B. von *Pommery*, *SwissAir* und *American Express* gesponsert wird), Snowboard- und Streetsoccer-Wettkämpfe (u.a. von *Adidas* und *Puma* initiiert), Krabbenessen (mit *Ikea*) und Wildwasser-Rafting (finanziert durch die *Sparkasse*). Im Gegensatz zum Sponsoring werden beim Event-Marketing Erlebnisveranstaltungen nicht nur unterstützt, sondern eigens arrangiert (vgl. Meffert 1998, S. 715).

Ein besonders prägnantes Beispiel ist die **„West-Fun-City"** von *Reemtsma*: „Im Rahmen dieses Events verwandelte die Hamburger Zigarettenfirma die Stadt Hannover für zwei Tage in ein Mitmach-Eldorado für Kids und Junggebliebene. „Fun-Sportarten" wie Beachvolleyball, Streetbasketball, Bungee-Jumping, Free-Climbing oder Mountain-Biking standen dabei im Mittelpunkt des Ereignisses. Für die mediengerechte Vermarktung sorgten der Norddeutsche Rundfunk und Bild" (o.V. 1993, S. 10).

Das Event-Marketing wird begünstigt durch den Trend zur Erlebnisgesellschaft (vgl. Schulze 1992; Weinberg 1992). Erlebnisorientierte Werte und Einstellungen entfalten einen immer größeren Einfluß auf das Konsumentenverhalten in den modernen Industriegesellschaften. Es ist daher verständlich, daß z.B. Markenartikelhersteller inzwischen durchschnittlich 20-30% ihres Werbeetats für Event-Marketing ausgeben (vgl. o.V. 1995c, S. 229).

5.5.2.8. Multimedia-Kommunikation

Die Multimedia-Kommunikation stellt eine Weiterentwicklung der Anfang der 80er Jahre entstandenen Kommunikation mit – den damals so bezeichneten – **Neuen Medien** (z.B. Bildschirmtext; Bildplatte) dar. Neben den Fortschritten in der Informations- und Telekommunikationstechnologie umfaßt das heutige Verständnis der **Multimedia-Kommunikation** eine **Neuorientierung der Kommunikationspolitik**, die angesichts der nachlassenden Wirkung traditioneller Kommunikationsinstrumente erforderlich erscheint und die sich bereits in der Direktwerbung andeutet (vgl. Abschnitt 5.5.2.1. b): Die Abkehr von einer einseitig unternehmensgesteuerten Massenkommunikation hin zu dialogischen, interaktiven Formen individualisierter und vom Rezipienten kontrollierter Kommunikation (vgl. Bruhn 1997c, S. 4 f.).

Multimedia – ein Schlagwort der neunziger Jahre – wird zur Beschreibung einer Vielzahl sehr unterschiedlicher Objekte und Eigenschaften von elektronischen Systemen verwendet. Im Marketing scheint sich die Auffassung durchzusetzen, daß **Multimedia** jene computergestützte Integrationsform mehrerer Medien ist, die einen interaktiven und multimodalen (d.h. mehrere Sinne ansprechenden) Dialog zwischen Mensch und elektronischem Medium ermöglicht (vgl. Silberer 1995, S 4 f.; Bruhn 1997c, S. 7; Meffert 1998, S. 722). Unter **Multimedia-Kommunikation** versteht man den systematischen Einsatz von Multimedia in der unternehmerischen Kommunikationspolitik (vgl. Bruhn 1997c, S. 8).

Grundlegend lassen sich drei technische **Systeme** der Multimedia-Kommunikation unterscheiden (vgl. ebenda, S. 12 f.):

- **Mobile Speichermedien**, z.B. CD-ROMs, die an Interessenten verschickt werden, die über einen PC mit CD-ROM-Laufwerk verfügen;
- **Kiosk-Systeme**, d.h. interaktiv bedienbare Terminals z.B. in Geschäftsräumen, über die der Kunde Informationen abrufen und Transaktionen (z.B. Buchungen) abwickeln kann, sowie
- **Online-Systeme**, die auf dem Anschluß der Endgeräte an ein Computer-Netz (z.B. das Internet) basieren und einen Informationsaustausch zwischen räumlich verteilten Plattformen ermöglichen. Das prominenteste multimediale Online-System stellt das World Wide Web (WWW) als spezieller Dienst des Internet dar.

Der Einsatz solcher Multimedia-Systeme kann mehreren kommunikationspolitischen **Zwecken** dienen, der Werbung und der Verkaufsförderung ebenso wie der Öffentlichkeitsarbeit (vgl. Meffert 1998, S. 723 f.). Bei der Gestaltung entsprechender **Maßnahmen** der Multimedia-Kommunikation muß vor allem beachtet werden, daß die Kommunikation vom Rezipienten ausgeht, dessen individuelle Informations- und Unterhaltungsmotive den Dialog steuern. Die Kommunikationspolitik muß damit die „Wende von der Push- zur Pull-Kommunikation" vollziehen (Bruhn 1997c, S. 9), bei der der Empfänger selbst – und damit nicht mehr der Sender – darüber entscheidet, welchen Informationen er sich aussetzt und wann er dies tun will. Das Potential der Multimedia-Kommunikation wird nur dann zur Entfaltung kommen, wenn diese als Instrument der **Individualkommunikation** eingesetzt wird und die Möglichkeiten der **Interaktion** konsequent nutzt (vgl. ebenda, S. 9 f.).

Die Bedeutung von Multimedia geht über die Kommunikationspolitik grundsätzlich weit hinaus, da sich viele Einsatzmöglichkeiten auch in anderen Bereichen des Marketing bieten, etwa in der Marktforschung, der Produktpolitik und dem Verkauf (vgl. Silberer 1995). Die gilt speziell auch für den Einsatz des Internet/WWW im Marketing. Wie empirische Untersuchungen jedoch zeigen, messen die meisten deutschen Unternehmen dem Internet/WWW für die Zwecke der Werbung, Verkaufsförderung und Öffentlichkeitsarbeit eine z.T. weitaus größere Bedeutung bei als für die übrigen Bereiche des Marketing. Sie betrachten es somit vorrangig als ein Instrument der Kommunikationspolitik (vgl. Fritz/Kerner 1997).

5.5.2.9. Integrierte Kommunikation

Wie im einzelnen ausgeführt, steht dem Unternehmen eine Vielzahl traditioneller und moderner Instrumente der Kommunikationspolitik zur Verfügung, von der Werbung, der Verkaufsförderung, der Öffentlichkeitsarbeit sowie Messen und Ausstellungen über das Product Placement und das Sponsoring bis zum Event-Marketing und der Multimedia-Kommunikation. Der isolierte Einsatz dieser Instrumente verfehlt jedoch häufig die angestrebte Kommunikationswirkung. So hat sich – wie erwähnt – z.B. gezeigt, daß die Wirkung der Fernsehwerbung in den letzten Jahren dramatisch abgenommen hat (vgl. Kroeber-Riel 1993b, Sp. 2728).

Daher ist die Kommunikationspolitik heute mehr als früher darauf angewiesen, die Einzelmaßnahmen aufeinander abzustimmen und als ganzheitliches Konzept zur Geltung zu bringen. Eine solche **integrierte Kommunikation** hat als übergreifendes kommunikationspolitisches Instrument aber nicht nur den Einsatz und die Gestaltung der einzelnen anderen Instrumente der Kommunikationspolitik zu koordinieren, sondern auch die Einheitlichkeit des gesamten öffentlichen Auftritts des Unternehmens zu gewährleisten (vgl. ebenda; Bruhn 1993, S. 4). Dies kann z.B. erreicht werden durch eine **formale Vereinheitlichung** (z.B. einheitliche Farben, Zeichen, Schrifttypen), eine **inhaltliche Abstimmung** (z.B. einheitliche Botschaften, Slogans, Bilder) sowie durch eine **geographische und zeitliche Koordination der Aktivitäten**. Durch diese Integration der Maßnahmen sollen die von einem Kommunikationsinstrument hervorgerufenen Wirkungen jene der anderen Instrumente verstärken bzw. ergänzen.

Die integrierte Kommunikation findet in der Praxis zunehmend Resonanz. Dazu ein **Beispiel** des Automobilherstellers Opel: „Das Sondermodell 'Corsa Steffi Spezial' 1986 bis 1990 wurde durch Deutschlands Tennisstar 1988 (Sportsponsoring) aktuell gemacht; das große Steffi-Gewinnspiel sorgte für 'traffic am point of sale' (Sales Promotion). Eine Anzeigenserie (Hero Campaign) schaffte Unternehmensgoodwill (Public-Relations-Kampagne), der Auftritt des Stars vor Ort Aktualität und Sympathie, Öffentlichkeitsarbeit und das Dabeisein von Händlern und Gewinnern beim Tennis-Turnier (Event-Marketing) das direkte Erlebnis" (Dahlhoff 1993, S. 45).

5.6. Marketing-Mix

5.6.1. Das Problem der Kombination absatzpolitischer Instrumente

Die Qualität und Erfolgswirksamkeit des unternehmerischen Marketing hängen ganz wesentlich von der Art der Zusammenfassung der einzelnen absatzpolitischen Instrumente zu einem ganzheitlichen Marketing-Mix ab. Hierunter wird folglich die spezifische Gesamtkombination der unternehmerischen Produkt-, Preis-, Distributions- und Kommunikationspolitik verstanden (vgl. Kühn 1995, Sp. 1615 ff.).

Neben den qualitativen Wechselwirkungen zwischen den einzelnen Instrumentalentscheidungen zeigt sich hierbei schon ein rein rechnerisches Problem: Bei vier Instrumenten ergeben sich, legt man jeweils vier verschiedene Instrumente-Ausprägungen zugrunde, $4^4 = 256$ mögliche Marketing-Mix-Kombinationen. Geht man realistischerweise von mehr als 4 Ausprägungen, z.B. 10 Instrumente-Optionen aus, dann bestehen bereits $10^4 = 10.000$ mögliche Marketing-Mix-Kombinationen (vgl. Bänsch 1998, S. 251).

Mit Blick auf die Wechselbeziehungen zwischen den einzelnen Instrumenten ist zunächst das Ziel eines konsistenten Gesamt-Mix zu verfolgen. Es kommt in diesem Sinne darauf an, zu einem in sich schlüssigen, auf einem einheitlichen Gesamtniveau befindlichen Marketing-Mix zu gelangen. Die einzelnen Instrumenteausprägungen müssen mit anderen Worten „zueinander passen". Diese rein instrumental orientierten Überlegungen können in der Praxis noch um zusätzliche wettbewerbliche, zeitliche oder auch konjunkturelle Erwägungen ergänzt werden. Das Problem der Bestimmung eines optimalen Marketing-Mix besitzt mithin eine erhebliche Komplexität. Ein praktikabler Ansatz zur Lösung dieses Gestaltungsproblems muß daher versuchen, sich dem Bereich der realistischen Kombinationen durch ein sukzessiv vorgehendes Verfahren der Grob- und der Feinauswahl zu nähern.

5.6.2. Ausgewählte Problemlösungsansätze

Zur Lösung des soeben skizzierten Entscheidungsproblems bieten sich die folgenden Verfahren der Grob- und Feinauswahl an (vgl. Berndt 1995, S. 513 ff.; Becker 1998, S. 657 ff.).

5.6.2.1. Verfahren der Grobauswahl

Die Eingrenzung des Lösungsraums kann auf verschiedene Weise erfolgen. Besonders relevant sind hierbei die folgenden Alternativen:

a) Sukzessive bzw. instrumentalorientierte Vorgehensweise

Das komplexe Problem der Marketing-Mix-Gestaltung läßt sich mitunter wesentlich vereinfachen, wenn man von einem simultanen zu einem sukzessiven Lösungsansatz übergeht. Beispielsweise könnte der Entscheidungsprozeß bei der Produktgestaltung, dem „Herz" des Marketing, beginnen und dann nach und nach die preis-, distributions- und kommunikationspolitischen Parameter festlegen.

b) Orientierung an der Branche bzw. der Produktklasse

Eine zweite Möglichkeit sieht eine Orientierung an der branchenüblichen Instrumentenausprägung vor. Auf hohe durchschnittliche Werbeetats der Konkurrenten in einer Branche würde dann z.B. mit der Festlegung einer ähnlichen Budgethöhe reagiert. Auch von der Art der vermarkteten Produkte („Warentypen"; vgl. Knoblich 1974, Sp. 178) kann eine Eingrenzung des Entscheidungsfelds ausgehen. Low-Interest-Erzeugnisse, wie Gummibänder oder Streichhölzer, oder auch homogene Massengüter

(Zement, Streusand u.ä.) werden kaum hochpreisig und mit großem Kommunikationsaufwand vertrieben; Markenartikel setzen dagegen hohe produkt-, preis- und kommunikationspolitische Mindestniveaus voraus.

c) Orientierung am Produktlebenszyklus

Eine dritte Option der Marketing-Mix-Planung setzt an den verschiedenen Lebens- bzw. Marktphasen eines Produkts an (vgl. auch Abschnitt 5.2.2.2.). Da in der Phase der *Produkteinführung* der Marktwiderstand am größten ist, besitzen hier Produktqualität, Distribution und Werbung ihre größte Bedeutung; dies gilt ähnlich in der *Wachstumsphase*, dem Stadium der eigentlichen Produktdiffusion. Mit zunehmendem *Reifegrad* des Produkts, d.h. bei immer intensiverem (Verdrängungs-)Wettbewerb, tritt dann die Relevanz preislicher Aktionen in den Vordergrund. Mit sukzessiven Preissenkungen wird der Anbieter dann versuchen, seinen Konkurrenten Kunden abspenstig zu machen und seine Kundschaft zu erhalten. In der *Sättigungsphase* läßt sich der Stagnation des Absatzes nicht mehr allein mit preispolitischen Mitteln begegnen; nunmehr muß das Produkt selbst diversen Modifikationen unterzogen werden. In der Phase der *Degeneration* schließlich kann mit kurzfristigen Werbemaßnahmen und Preisreduktionen versucht werden, das Leben des Produkts bis zum Zeitpunkt seiner Elimination immer wieder ein Stück zu verlängern.

d) Orientierung an der übergreifenden Marketing-Strategie

Auf die Implikationen, die sich aus ganz bestimmten, übergeordneten Marketing-Grundstrategien für die Gestaltung der Marketing-Instrumente ergeben, wurde bereits hingewiesen. So kann auf der einen Seite z.B. eine Marktsegmentierungsstrategie mit einer Produkt- und Preisdifferenzierung verbunden werden. Auf der anderen Seite werden bestimmte Instrumentalkombinationen durch eine übergeordnete Grundstrategie prinzipiell ausgeschlossen (Beispiel: Präferenzstrategie mit Penetrationspreisen und unterdurchschnittlicher Produktqualität).

e) Orientierung an der Wirtschaftsstufe

Hiernach legen z.B. endabnehmerbezogene Strategien im wesentlichen andere Instrumentalkombinationen nahe als handelsgerichtete Marketing-Programme. Empirische Untersuchungen belegen ferner unterschiedliche Instrumentegewichtungen im Geschäft mit Konsum- bzw. Investitionsgütern (vgl. Kotler/Bliemel 1995, S. 942). Hiernach besitzt in *Konsum-*

gütermärkten die Werbung eine vergleichsweise große absatzpolitische Bedeutung, gefolgt von der Verkaufsförderung. Für das Marketing von *Investitionsgütern* sind dagegen Aktivitäten des persönlichen Verkaufs am wichtigsten; die Werbung nimmt hier nur eine untergeordnete Stellung ein.

f) Orientierung an der Konjunkturphase

In der Praxis sind mitunter auch gesamtwirtschaftliche Einflußfaktoren für die Gestaltung des Marketing-Mix relevant. So beeinflußt u.a. die jeweilige Konjunkturphase die zu treffenden marketingpolitischen Entscheidungen eines Unternehmens. Empirische Untersuchungen haben gezeigt, daß deutsche und Schweizer Unternehmen auf die Rezession von 1991 bis 1993 mit einer erheblichen Anpassung des Marketing-Mix reagiert haben. Zur Bewältigung der Konjunkturschwäche wurden an erster Stelle Maßnahmen der Rationalisierung und Kosteneinsparung gewählt, die auch Kürzungen des Marketing-Budgets einschlossen. Speziell für solche Instrumente, mit denen eher längerfristige Zielsetzungen, wie z.B. die Positionierung im Wettbewerb und der Aufbau von Vertrauen in der Öffentlichkeit, verfolgt werden, wurden die Budgets gekürzt (z.B. Mediawerbung, PR, Sponsoring). Für jene Maßnahmen, mit denen sich dagegen kurzfristige Absatzerfolge erzielen lassen, wurden die Budgets in vielen Fällen erhöht (z.B. Verkaufsförderung; Direct Marketing). Außerdem trat der Preis als Marketing-Instrument stark in den Vordergrund; service- und qualitätsbezogene Maßnahmen wurden dagegen weniger stark betont (vgl. Meffert 1993; Tomczak/Belz 1993).

5.6.2.2. Ansätze zur Feinauswahl

Ist der in Frage kommende Aktionskorridor in seinen Grundzügen näher abgesteckt, muß eine Feinauswahl der prinzipiell für sinnvoll erachteten Maßnahmenkombination erfolgen. Zur Lösung dieses Problems sind in der Vergangenheit zahlreiche Planungsansätze entwickelt worden, die auf die Ermittlung des gewinnmaximalen Marketing-Mix abstellen. Zu diesen Ansätzen, die hier nicht weiter vertieft werden sollen, zählen u.a. Gewinnvergleichsrechnungen, Break-Even-Analysen, Ansätze der Marginalanalyse und der linearen Programmierung sowie sog. Decision-Calculus-Ansätze, etwa das von Little entwickelte Entscheidungsmodell BRANDAID (vgl. Berndt 1995, S. 520 ff.). Die diesen Ansätzen zugrundeliegenden Annahmen erweisen sich jedoch häufig als problematisch. Dementsprechend werden die meisten dieser Gestaltungshilfen in der Praxis auch nicht eingesetzt. Dies trifft, wie erwähnt, auch auf andere computergestützte Simulationsmodelle wie z.B. DEMON oder SPRINTER zu, die beide versuchen, ein optimales Marketing-Mix für die Einführung neuer Produkte zu bestimmen (vgl. Abschnitt 5.2.2.1.).

5.6.2.3. Praktikerregeln

Die Praxis kann bei der Lösung des Marketing-Mix-Problems auch auf heuristische Prinzipien zurückgreifen, deren Nützlichkeit durch diverse empirische Forschungsresultate untermauert wird (vgl. Simon 1992b).

Eine entsprechende Handlungsanweisung empfiehlt, *Preisänderungen von intensiver Werbung und einem starken Außendiensteinsatz zu begleiten*, da dadurch die Wirkung von Preiserhöhungen auf den Absatz gedämpft und die von Preissenkungen verstärkt werden kann. Im Falle der Preiserhöhung sollte die Werbung qualitäts-, prestige- oder imageorientiert sein, im Falle der Preissenkung dagegen den günstigen Preis herausstellen.

Eine zweite Regel betont, daß *mit Preiserhöhungen Produktänderungen einhergehen sollten*, da dies in der Regel die faktische Durchsetzung einer Preiserhöhung erleichtert.

Eine dritte Regel schlägt eine *dauerhafte Preis-Werbe-Konsistenz* vor (vgl. Simon 1992b, S. 87 ff.). Diese wird erreicht, wenn ein hohes (niedriges) Preisniveau mit hohen (niedrigen) Werbeausgaben korrespondiert.

Nach einem vierten Prinzip schließlich *ermöglichen Verbesserungen der Produktqualität, die einen für den Kunden wahrnehmbaren Wettbewerbsvorsprung erzeugen, auch Preiserhöhungen*, da Kunden – in Grenzen – bereit sind, für eine bessere Qualität auch höhere Preise zu zahlen (vgl. Buzzell/Gale 1989, S. 73). Diese Bereitschaft nimmt aber offenbar ab, weshalb sich auch bei einem Qualitätsvorsprung vorsichtige und moderate Preisanhebungen eher empfehlen als erhebliche (vgl. Fritz 1994).

Pauschal und vom Einzelfall losgelöst sollten derartige Regeln indes nicht angewandt werden.

6. Marketing-Implementierung

6.1. Das Grundproblem der Verankerung des Marketing im Unternehmen

Die beste Marketing-Konzeption bleibt erfolglos, wenn ihre Realisierung und Umsetzung in der unternehmerischen Praxis nicht gelingt. Ein zentraler Punkt der damit angesprochenen **Marketing-Implementierung** ist dabei die Frage nach der organisatorischen Verankerung des Marketing im Unternehmen, d.h. der Marketing-Organisation (vgl. zur Marketing-Implementierung z.B. Backhaus 1997, S. 725 ff.; Meffert 1998, S. 1013 ff.).

Sofern man Marketing als gesamtunternehmerische Führungskonzeption begreift, umfaßt der Begriff **Marketing-Organisation** *sämtliche strukturellen, prozessualen und kulturellen Vorkehrungen im Unternehmen, die der Marketing-Konzeption Geltung verschaffen sollen*. Somit zeichnen sich, neben dem Ablauf betrieblicher Aktivitäten, auf den wir weiter unten eingehen werden (vgl. Abschnitt 6.3.), zwei grundlegende organisatorische Gestaltungsbereiche für die Verankerung des Marketing ab: die **Unternehmenskultur** einerseits und die **Organisationsstruktur** des Unternehmens andererseits.

6.1.1. Die Verankerung des Marketing in der Unternehmenskultur

Um zur vollen Entfaltung zu gelangen, muß das Marketing-Denken bereits die **Unternehmenskultur** prägen, die in den Werten, Denk- und Verhaltensmustern der Unternehmensmitglieder zum Ausdruck kommt (vgl. zur Unternehmenskultur z.B. Ebers 1995; Neuberger/Kompa 1987). Dies bedeutet, daß auch im Selbstverständnis eines Unternehmens bzw. der Unternehmensmitglieder die Leitmaximen der Kunden- und Wettbewerbsorientierung einen hohen Stellenwert einnehmen müssen (vgl. Abschnitt 2.2.1.). Dies ist angesichts z.B. der traditionellen Technikdominanz etwa in Unternehmen der deutschen Investitionsgüterindustrie keineswegs selbstverständlich (vgl. Fritz 1997, S. 179).

Vielfach werden Maßnahmen eines betrieblichen **Kulturmanagements**, das einen Teilaspekt des sog. normativen Managements bildet (vgl. Abschnitt 2.2.1.), erforderlich sein, damit das Marketing-Denken in die Unternehmenskultur in ausreichendem Maße Eingang findet. Zu den entsprechenden Maßnahmen zählt z.B., daß die Spitzenmanager des Unternehmens kunden- und wettbewerbsorientierte Verhaltensrichtlinien nicht nur als verbindlich vorgeben, sondern auch überzeugend vorleben. Diese Vorbildfunktion erleichtert den übrigen Unternehmensmitgliedern die Übernahme eines solchen Verhaltens. Darüber hinaus bedarf es eines im Dienste des Kulturmanagements stehenden **personalorientierten internen Marketing** mit dem Ziel der Entfaltung eines kundenfreundlichen Mitarbeiterverhaltens (vgl. Abschnitt 2.1.2 e). Dies betrifft die Auswahl, Motivation und Entwicklung der Mitarbeiter und umfaßt u.a. Schulungen, Trainings und Kommunikationsmaßnahmen sowie ein die erzielte Kundenzufriedenheit einbeziehendes Anreiz- und Kontrollsystem.

Solche Maßnahmen sollten eingebettet sein in eine umfassende Strategie der Schaffung und Vermittlung einer **marktorientierten Corporate Identity**, mit der das Selbstverständnis und das Verhalten des Unternehmens bzw. seiner Mitglieder nach innen und außen konsequent an den Leitideen des Marketing ausgerichtet werden kann (vgl. zum Corporate-Identity-Konzept z.B. Birkigt/Stadler/Funk 1995; Wiedmann 1988). Gerade auch in traditionell techikgesteuerten Unternehmen wie etwa jenen der deutschen Investitionsgüterindustrie kann eine marktorientierte Corporate Identity zur Entfaltung des Marketing und zur Sicherstellung des Unternehmenserfolgs erheblich beitragen (vgl. Raffée/Fritz 1997).

6.1.2. Die Verankerung des Marketing in der Organisationsstruktur

Neben der Unternehmenskultur beeinflußt auch die **Organisationsstruktur** eines Unternehmens die Umsetzung des Marketing-Konzepts. So zeigt die empirische Forschung z.B., daß die Marktorientierung und die Kundennähe eines Unternehmens durch ein geringes Maß an Spezialisierung, Standardisierung und Formalisierung der Vorgänge im Unternehmen sowie durch ein hohes Maß an Entscheidungsdelegation von der Unternehmensspitze auf nachgelagerte Hierarchieebenen begünstigt werden (vgl. Fritz 1995a, S. 431 f.; Homburg 1998, S. 192). Anders ausgedrückt: Eine **bürokratische Organisationsform**, die durch die gegenteilige Ausprägung dieser Merkmale gekennzeichnet ist, steht der Entfaltung des Marketing entgegen und sollte somit **vermieden** werden.

Es hat sich auch gezeigt, daß die Einrichtung eines **Marketing-Ressorts im Vorstand** bzw. in der Unternehmensspitze die Marktorientierung eines Unternehmens häufig ebenfalls günstig beeinflußt, sofern dieses Ressort mit den anderen Bereichen (z.B. Produktion; Forschung und Entwicklung) konstruktiv zusammenwirkt (vgl. Fritz 1997, S. 218). Allerdings verfügen zahlreiche Unternehmen nicht über einen Marketing-Vorstand, ja manchmal noch nicht einmal über eine spezielle Marketing-Abteilung! Andere Unternehmen betreiben zwar Marketing in einem mehr oder weniger modernen Sinne, bezeichnen dies aber nicht so, sondern rechnen es z.B. dem Vertrieb oder Verkauf zu. Dies hat vor allem historische Gründe, wie ein Blick auf die verschiedenen **Entwicklungsphasen der Marketing-Organisation** zeigt:

In der unmittelbaren Nachkriegszeit beschränkten sich viele Marketing-Aktivitäten auf die bloße Distribution der produzierten Güter; die Marketing-Organisation bestand fast ausschließlich aus **Verkaufs- bzw. Vertriebsabteilungen.** Heute ebenfalls dem Marketing-Sektor zugeordnete Teilfunktionen wie Marktforschung, Werbung oder Produktplanung spielten entweder keine Rolle oder waren anderen Bereichen zugeordnet. Dies änderte sich in vielen Fällen aber im Zuge der Zeit. Enger werdende Märkte und eine Zunahme der mit dem Produktabsatz verbundenen Probleme führten zur Bildung eines **eigenständigen Marketing-Ressorts**, das auf eine Ebene mit den anderen Funktionsbereichen (Finanzierung, Personal, Produktion etc.) gehoben und diesen prinzipiell gleichgestellt wurde. Ein letzter Evolutionsschritt wäre vollzogen, wenn sich nunmehr die anderen Teilbereiche des Unternehmens dem Marketing-Ressort untergeordnet sähen, d.h. sich mit ihren Maßnahmen und Entscheidungen an zentralen Marketing-Vorgaben orientieren müßten (vgl. Kotler/Bliemel 1995, S. 116 ff.).

Diese Stufe der organisationalen Entwicklung des Marketing ist jedoch, wie bereits angedeutet, auch heute noch meist unerreicht. Nach wie vor gibt es eine Vielzahl von Unternehmen, die der heutigen Relevanz des Marketing-Gedankens keinen angemessenen organisatorischen Ausdruck verleihen. Dies gilt insbesondere für die bereits erwähnten Unternehmen der deutschen Investitionsgüterindustrie, die von einer solchen Stufe der Marketing-Implementierung noch weit entfernt sind.

In etwas differenzierterer Weise lassen sich folgende **Integrationsstufen des Marketing in der Organisationsstruktur** eines Unternehmens grundsätzlich unterscheiden (vgl. Raffée 1976; Kotler/Bliemel 1995, S. 1117 ff.):

- **Teilintegriertes Marketing**
  - Marketing als Assistentenstelle bei der Verkaufsleitung;
  - Marketing als Unterabteilung im Verkauf;
  - Marketing als Hauptabteilung neben dem Verkauf.

- **Vollintegriertes Marketing**
  - Marketing als Ressort im Vorstand bzw. in der Geschäftsleitung;
  - Marketing als oberstes Vorstands- bzw. Geschäftsleitungsressort.

Die hiermit aufgezeigten Organisationsalternativen sind in erster Linie formaler Art. Die formal-strukturelle Verankerung des Marketing ist ein sehr wichtiger Aspekt der Marketing-Implementierung; sie sollte jedoch nicht darüber hinwegtäuschen, daß die Organisationswirklichkeit in keineswegs geringem Maße auch durch **informale Strukturen und Abläufe** geprägt wird und daß neben dem Strukturaspekt, wie bereits im vorangegangenen Abschnitt dargelegt, auch der Aspekt der Unternehmenskultur bei der organisatorischen Verankerung des Marketing berücksichtigt werden muß (vgl. v. d. Oelsnitz 1995b, 1995c). In diesem Sinne ist von der Unternehmensleitung darauf zu achten, daß sich das Marketing-Denken im Unternehmen **insgesamt** durchsetzt.

6.2. Relevante Formen der Marketing-Organisation

Anknüpfend an die aufbauorganisatorischen Basisalternativen des **funktionsorientierten** (auch: verrichtungsbezogenen) und des **objektorientierten** (auch: spartenbildenden) **Organisationsprinzips**, kann grundsätzlich von einer funktional bzw. divisional gegliederten Organisationsstruktur ausgegangen werden (vgl. Kieser/Kubicek 1992, S. 86 f.). Im ersten Fall finden sich tätigkeits- bzw. aufgabenbezogen abgegrenzte Einheiten, wie die Produktions-, Finanzierungs-, Personal- oder die Vertriebsabteilung. Im zweiten Fall kann die Abteilungsbildung nach verschiedenen

Objekten erfolgen. In der Regel sind dies entweder Produkte, Kunden oder Absatzgebiete eines Unternehmens. Auf diese Weise entstehen schließlich auch die verschiedenen Sparten respektive Divisionen im Unternehmen.

Unter den primär objektorientierten Organisationsformen nehmen heute drei Formen der Marketing-Organisation eine besondere Stellung ein: es sind dies das **Produktmanagement**, das **Kategoriemanagement** und das **Kunden- bzw. Marktmanagement** (vgl. Köhler 1995b, Sp. 1641 ff.).

6.2.1. Produktmanagement

Das Produktmanagement beruht auf einer produktspezifischen Bündelung der unternehmerischen Marketing-Aktivitäten. Auf diese Weise entsteht eine Mehrzahl einzelner **Produktmanager**, die für sämtliche Marketing-Belange „ihres" Produkts – von dessen Entwicklung bis zu dessen Elimination – zuständig sind. Erreicht werden soll eine produktbezogene Abstimmung der einzelnen Funktionen, die vom Produktmanager ein ganzes Bündel verschiedenartigster Managementfähigkeiten verlangt.

Das Produktmanagement hat sich über viele Jahre bewährt, da es eine schnelle Reaktion auf veränderte Marktverhältnisse gestattet und die Entwicklung eines produktspezifischen Marketing-Mix begünstigt. Abbildung 41 illustriert den idealtypischen Aufbau des Produktmanagements in Form einer Matrix-Organisation, die dem Produktmanager die Aufgabe einer Querschnittskoordination der einzelnen Funktionen (Werbung usw.) zuweist.

Ein konsequent verwirklichtes Produktmanagement ist letztlich organisatorischer Ausdruck der Einsicht, daß ein Unternehmen seinen Markterfolg zuallererst seinen Erzeugnissen zu verdanken hat. Konzeptioneller Hintergrund des Produktmanagements ist insofern das Bemühen, *die spezifischen Leistungsangebote eines Unternehmens zum primären Bezugspunkt bei der Planung und Koordination seiner Marketing-Aktivitäten zu machen* (vgl. Köhler 1993, S. 174).

Die **Vorteile** des Produktmanagements bestehen in der erhöhten Flexibilität und Handlungsschnelligkeit, der direkten Unterstützung einer Markenartikelstrategie sowie in der unmittelbaren Kompetenz und Verantwortlichkeit der jeweils zuständigen Produktmanager. Da diese aufgrund ihrer umfassenden Produktzuständigkeit einen eher generalistischen Problemzugang besitzen und in der Auseinandersetzung mit einzelnen Funktionsbereichen oder „konkurrierenden" Produktmanagern gleichzeitig ihre individuelle Konfliktlösungsfähigkeit ausbilden können, werden derartige Positionen im Unternehmen oft zur Bewährung und zugleich praxisnahen Ausbildung der Marketing-Nachwuchskräfte verwandt.

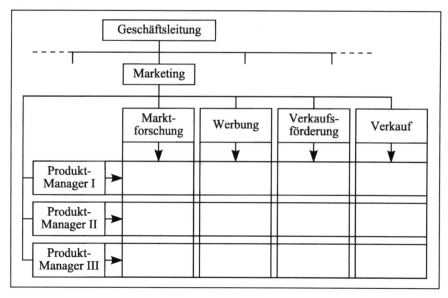

Abb. 41: Das Produktmanagement als Matrix-Organisation
(Köhler 1993, S. 178)

Diese Vorteile des Produktmanagements müssen jedoch mit diversen **Nachteilen** erkauft werden: Aufgrund der Mehrdimensionalität speziell der Matrix-Organisation kommt es häufig auch zu unproduktiven Konflikten mit angrenzenden Produkt- und Funktionsbereichen. Zudem kann eine zu einseitige Produktorientierung zur Vernachlässigung anderweitiger Unternehmensbelange führen. Darüber hinaus ist es den Produktmanagern aufgrund ihrer lediglich auf das einzelne Produkt bezogenen Kompetenz oft nicht möglich, in angemessener Weise für eine produktbezogene Gesamtangebotspolitik Sorge zu tragen. Hierdurch kann es zu einer Vernachlässigung relevanter Bedarfskomplexe des Kunden kommen, womit eine insgesamt zu geringe Kundennähe bzw. Kundenorientierung des Produktmanagers einhergehen kann.

Das Produktmanagement bietet sich letzten Endes insbesondere bei Unternehmen mit einem **stark diversifizierten Leistungsprogramm** an, also bei sehr unterschiedlichen Produkten und Produktlinien. Vorreiter dieser Organisationsform war denn auch in den späten 20er Jahren dieses Jahrhunderts der US-amerikanische Mischkonzern *Procter & Gamble*. In Deutschland wird das Produktmanagement ebenfalls vor allem von Großunternehmen der Konsumgüterindustrie, aufgrund sehr heterogener Leistungsangebote z.T. aber auch von Investitionsgüterherstellern praktiziert. U.a. aus den bereits erwähnten Schwierigkeiten heraus ist das Produktmanagement seit einigen Jahren allerdings rückläufig (vgl. auch Kotler/ Bliemel 1995, S. 1127 ff.).

6.2.2. Kategoriemanagement

In den letzten Jahren haben führende Unternehmen der Markenartikelindustrie (z.B. *Colgate*; *Procter & Gamble*) ein **Kategoriemanagement (Category Management)** eingerichtet (vgl. Köhler 1995b, Sp. 1642 f.; Kotler/Bliemel 1995, S. 1129 f.). Ein solches kann grundsätzlich in zwei Spielarten auftreten: Zum einen stellt das Kategoriemanagement eine Organisationsform dar, die Produkte, zwischen denen Verbundbeziehungen bestehen, zu einer **Produktkategorie** zusammenfaßt und dem Kategoriemanager die Zuständigkeit für die sachlich zusammengehörende Produktlinie zuweist (z.B. Kosmetika, Waschmittel, Kaffeeprodukte). Man kann diese Form der Marketing-Organisation auch als **Produktgruppenmanagement** bezeichnen, das dem Gruppenleiter die Verantwortung für den wirtschaftlichen Erfolg seiner Produktkategorie überträgt, und das in einem Unternehmen mit breitem und tiefem Angebotsprogramm einer Zersplitterung der Aktivitäten auf der Ebene des Einzelprodukts, die das herkömmliche Produktmanagement zwangsläufig mit sich brächte, entgegenwirkt (vgl. Bauer 1993, Sp. 2745).

Zum anderen kann das Kategoriemanagement in einer Form vorkommen, die die produktorientierte Sichtweise teilweise überwindet, indem keine Produktkategorien, sondern umfassendere **Bedürfniskategorien** gebildet werden, die nicht mehr verschiedene Produkte derselben Produktgruppe (z.B. Shampoos) bündeln, sondern alle Produkte und Produktgruppen, die zu einem bestimmten Bedürfniskomplex des Konsumenten zählen (z.B. Haarpflege). Dadurch ergeben sich besser aufeinander abstimmbare Zuständigkeiten für größere Teile des Angebotsprogramms, wodurch z.B.

die Zusammenarbeit zwischen Industrie und Handel erleichtert wird (vgl. Köhler 1995b, Sp. 1643). Speziell in der Pharmaindustrie existiert eine solche Form des Kategoriemanagements schon längere Zeit: Dort sind „Segmentmanager" für „Bedürfniskomplexe" wie Herz-Kreislauf, Magen usw. verantwortlich (Kieser/Kubicek 1992, S. 150). Dieser auf Bedürfniskategorien abstellenden Variante des Kategoriemanagements liegt somit eine stärkere Kundenorientierung zugrunde; sie repräsentiert daher auch eine Übergangsform zum Kundenmanagement.

6.2.3. Kunden- bzw. Marktmanagement

Das Kunden- bzw. Marktmanagement bündelt die Marketing-Aktivitäten des Unternehmens in erster Linie kundenspezifisch. Auf diese Weise entstehen nunmehr **Kundenmanager**, die für die Marketing-Belange jetzt nicht mehr eines Produkts oder einer Produktkategorie, sondern eines Kunden bzw. einer größeren Kundengruppe insgesamt zuständig sind. Diese Kundenmanager sollen somit der Verschiedenartigkeit der Kunden bzw. ihren spezifischen Nutzenerwartungen und Bedürfniskomplexen Rechnung tragen (vgl. Köhler 1995b, Sp. 1643 f.).

Diese Organisationsalternative kann verschiedene Ausprägungen aufweisen: Geht man nach Abnehmer*branchen* vor, ist von **Marktmanagement** die Rede; stehen dagegen verschiedene Abnehmer*gruppen* innerhalb einer Branche im Vordergrund, wird von **Kundengruppenmanagement** gesprochen, und werden schließlich einzelne Schlüsselkunden zum Maßstab – z.B. Generaleinkäufer oder Großhändler –, dann spricht man von einem **Key-Account-Management** oder Schlüsselkunden- bzw. Großkundenmanagement (vgl. Diller 1995b, Sp. 1365).

Das Kunden- bzw. Marktmanagement ist dann sinnvoll, wenn Nachfrager bzw. Nachfragergruppen existieren, die klar voneinander unterscheidbar sind und größere Mengen unterschiedlicher Produkte beziehen wollen. Diese Voraussetzungen sind heute auf vielen Märkten offenbar gegeben; denn es zeichnet sich eine steigende Tendenz zur Übernahme dieser Organisationsform ab, vor allem in solchen Branchen, in denen sich die Anbieter mächtigen Nachfragern gegenübersehen (z.B. in der Kfz-Zulieferindustrie und im Lebensmittelbereich).

Abbildung 42 veranschaulicht eine Form der kundenorientierten Marketing-Organisation.

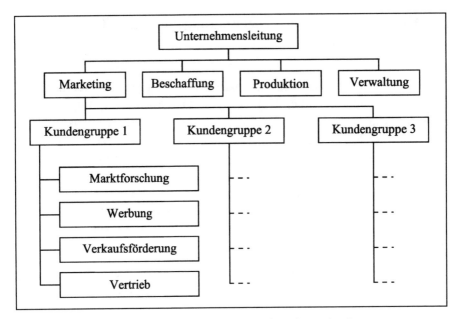

Abb 42: Kundengruppenorientierte Marketing-Organisation
(Nieschlag/Dichtl/Hörschgen 1997, S. 998)

Das Kundenmanagement ist letztlich der konsequenteste Ausdruck der heutigen Marketing-Philosophie: Der Kunde wird nicht nur bekenntnishaft, sondern faktisch in den Mittelpunkt der unternehmerischen Marketing-Bemühungen gestellt, was sich eben auch in einer entsprechenden Aufbauorganisation zeigt. Allerdings wird dieses Potential in der Praxis noch bei weitem nicht ausgeschöpft, denn nicht immer stehen die realisierten Formen des Kundenmanagements ausreichend konsequent im Dienste einer Kundenorientierung (vgl. Fritz 1995a, S. 360 f.). Darüber hinaus wird das Kundenmanagement in der Praxis oft mit dem Produktmanagement zu einer sogenannten *hybriden* oder *Tensor-Organisation* verschmolzen (vgl. Kotler/Bliemel 1995, S. 1131 f.; Köhler 1995b, S. 1645 f.; Meffert 1998, S. 995).

6.3. Kundenorientiertes Prozeßmanagement und Business Reengineering

Es ist erwiesen, daß die organisationale Umsetzung des Marketing in der Praxis meist außerordentlich lückenhaft ist. Das Ausmaß der Implementierung der Marketing-Konzeption in der gesamten Unternehmenswirklichkeit ist in der Regel bestenfalls als mittelmäßig zu bezeichnen (vgl. Fritz 1995a, S. 444). Besonders große Defizite der Marketing-Implementierung zeigen sich, wie erwähnt, in der Investitionsgüterindustrie (vgl. ebenda, S. 445; Backhaus 1997, S. 725 ff.). Es bedarf daher noch vielfach eines erheblichen und tiefgreifenden organisationalen Wandels, um das Marketing-Konzept in den Unternehmen zur vollen Entfaltung zu bringen.

Zahlreiche neuere Organisations- und Managementkonzepte betonen übereinstimmend u.a. die Notwendigkeit einer stärkeren Kundenorientierung der Organisation (vgl. Drumm 1996, S. 8) und entsprechen damit einem Grundpostulat des Marketing. Kennzeichnend für viele dieser Ansätze ist auch die verstärkte Orientierung an zentralen Leistungs- bzw. Geschäftsprozessen (vgl. Picot/Reichwald/Wigand 1998, S. 202 f.). Das sich daraus ergebende Modell der **Prozeßorganisation** beruht auf der Grundüberlegung, daß sämtliche Abläufe von der Beschaffung über die Produktion bis zum Vertrieb effizienter gestaltet werden können, wenn sie als ganzheitliche Prozesse betrachtet werden, d.h. als Ketten zusammenhängender, funktions- und abteilungsübergreifender Aktivitäten (vgl. Scholz 1997, S. 387). Das vorrangige Ziel eines daran ausgerichteten **Prozeßmanagements** ist es, organisatorische Schnittstellenprobleme im Leistungsprozeß (z.B. Kommunikationsbarrieren und Zielkonflikte zwischen Abteilungen) zu reduzieren. Der Leistungsprozeß soll dadurch beschleunigt, die Kundennähe und die Wettbewerbsfähigkeit sollen damit verbessert werden.

Das Modell der Prozeßorganisation ist in der Praxis meist noch nicht sehr weit fortgeschritten (vgl. Picot/Reichwald/Wigand 1998, S. 222). Eine Ausnahme bildet z.B. das Unternehmen *IBM*, das solche Geschäftsprozesse institutionalisiert und dafür jeweils verantwortliche Mitarbeiter („Process owner") benannt hat. Auch *BMW* hat nach dem Vorbild der Prozeßorganisation einen organisationalen Wandel vollzogen, der selbst die Aufgabenverteilung im Vorstand neu gestaltet: Seit dem 1. April 1998 existiert die sog. *M- und T-Organisation*, die die herkömmlichen Ressortgrenzen aufgibt und die Verantwortung für die fundamentalen Prozesse „Erfinden und Vermarkten" einerseits sowie „Entwickeln und Produzieren" andererseits den beiden neuen Vorstandsressorts *M ("Markt und Produkt")* bzw. *T ("Engineering und Produktion")* überträgt. Diese Reorganisation folgt dem Leitbild des „Borderless Management" und soll ein neues Niveau an Marktnähe und Effizienz in der Automobilindustrie schaffen (vgl. Ruf 1998). Zugleich hat das Marketing durch diese Umgestaltung eine ganz erhebliche unternehmenspolitische Bedeutung erhalten, was bei *BMW* nicht immer der Fall war (vgl. Fritz 1997, S. 209 f.).

Allerdings ist eine derartige Reorganisation des Unternehmens nicht immer auf dem Wege einer „sanften" Veränderung bestehender Verhältnisse möglich; häufig muß ein Unternehmen in radikaler Weise aus den eingefahrenen Gleisen gestoßen werden. Von dieser Prämisse geht auch das jüngste Restrukturierungskonzept aus. Gemeint ist damit das von Hammer und Champy erstmals 1993 skizzierte **Business Reengineering**, das sich nach wie vor großer Popularität erfreut (vgl. Hammer/Champy 1993; Kieser 1996, S. 22 f.; Gaitanides 1998). Business Reengineering bedeutet in seiner kürzesten Definition, ganz von vorne anzufangen und dabei das herkömmliche Organisationsdenken und Managementwissen beiseite zu schieben: „Business reengineering means starting all over, starting from scratch" (Hammer/Champy, 1993, S. 2).

Die Neugestaltung des Unternehmens soll sich nach folgenden **Grundideen** richten (vgl. ebenda, S. 32 ff.; Klimmer 1995, S. 257 f.):

- **Fundamentales Überdenken**: Nichts soll als selbstverständlich angenommen, Bestehendes soll ignoriert werden. Business Reengineering geht von keinerlei Annahmen oder Vorgaben aus.

- **Radikales Redesign**: Wichtige Unternehmensprozesse sollen nicht inkremental verändert oder geringfügig verbessert, sondern von Grund auf neugestaltet werden.

- **Dramatische Verbesserung**: Angestrebt und erreicht werden sollen mit dem Business Reengineering nicht etwa geringfügige Leistungsverbesserungen, sondern solche völlig neuer Größenordnung.

- **Orientierung an Unternehmensprozessen**: Die Prozeßorientierung ist auch für das Business Reengineering von zentraler Bedeutung: Das Unternehmen wird gedanklich in ein Bündel von Aktivitäten zerlegt, die unterschiedliche Inputs benötigen und letztlich für den Kunden ein Ergebnis von Wert erzeugen. Es wird somit die Schaffung durchgängiger Prozesse ohne Schnittstelle vom Lieferanten bis zum Kunden gefordert.

Die Unternehmensprozesse sollen damit im Dienste einer konsequenten *Kundenorientierung* stehen.

Die praktischen Erfahrungen, die bislang mit dem Konzept des Business Reengineering gemacht worden sind, zeigen kein einheitliches Resultat. Hammer und Champy weisen zwar auf einige Beispiele erfolgreicher Anwendung hin, räumen aber auch ein, daß das Business Reengineering in der Praxis aufgrund häufig auftretender Anwendungsfehler nicht immer die angestrebten Verbesserungen erzielt hat (vgl. Hammer/Champy 1993, S. 200 ff.). Zu einem ähnlichen Ergebnis gelangen auch andere Untersuchungen (vgl. Drumm 1996, S. 18; Homburg/Hocke 1996; Klimmer 1995, S. 259), während eine Studie des Lehrstuhls für Internationales Management der Universität Mannheim auch erfolgreiche Reengineering-Projekte identifiziert, die für die Durchschlagskraft des Reengineering-Konzepts sprechen (vgl. Perlitz et al. 1995; Dies. 1996). Insgesamt wird aber deutlich, daß zahlreiche Reengineering-Projekte gerade an einer *unzureichenden Kundenorientierung* scheitern.

Obwohl somit das Business Reengineering der Implementierung der Marketing-Konzeption prinzipiell neue Dimensionen eröffnet, kann derzeit nicht abschließend beurteilt werden, ob die hochgesteckten Erwartungen an eine konsequent kundenorientierte Organisation gerade mit diesem Managementkonzept in der Praxis letztlich auch erreicht werden können. Dazu erforderlich wäre offensichtlich eine stärkere Inspiration des Business Reengineering durch die Grundideen des Marketing, einschließlich einer konsequenten Einbeziehung der Perspektive des internen Marketing. Dies ist bisher jedoch bestenfalls in Ansätzen zu erkennen (vgl. Reiß 1994).

7. Marketing-Kontrolle

7.1. Der Gegenstandsbereich der Marketing-Kontrolle

Zu den grundlegenden Aufgaben des Marketing-Managements zählt auch die **Marketing-Kontrolle** (vgl. Abb. 5, Abschnitt 2.1.4.). Im Rahmen der Marketing-Kontrolle werden die Strukturen, Prozesse und Ergebnisse des Marketing überprüft (vgl. Böcker 1988, S. 24 f.). Davon zu unterscheiden ist das **Marketing-Controlling**, das über den Bereich der Kontrolle hinausgeht und sich auf die Koordination der marketingspezifischen Informationsversorgung, Marketing-Planung und Marketing-Kontrolle erstreckt (vgl. Bruhn 1997a, S. 281; Köhler 1993). Dem Controlling kommt somit eine ausgeprägte Führungsunterstützungsfunktion zu, und es wird daher besser mit Steuerung als mit Kontrolle gleichgesetzt (vgl. Böcker 1988, S. 32). Controlling wird heute, genauer gesagt, „als ein Konzept zur informationellen Sicherung der ergebnisorientierten Unternehmensführung verstanden, in dem Aufgaben der Informationsversorgung, Planung, Koordination und Kontrolle auf unterschiedlichen Ebenen miteinander verknüpft werden" (Meffert 1998, S. 1035 f.).

Die Marketing-Kontrolle, um die es im folgenden geht, umfaßt nach heutigem Verständnis nicht nur quantitative Soll-Ist-Vergleiche, d.h. die **Ergebniskontrollen** als das klassische Kontrollkonzept, sondern auch das **Marketing-Audit** als die kritische Prüfung der Entscheidungsprozesse und Verfahrensweisen im Marketing, wobei häufig nur auf qualitative Beurteilungskriterien zurückgegriffen werden kann (vgl. Böcker 1988, S. 48; Nieschlag/Dichtl/Hörschgen 1997, S. 945). Darüber hinaus wird auch die **strategische Überwachung**, d.h. die Prüfung der übergeordneten Unternehmensidentität und Unternehmenspolitik, der Marketing-Kontrolle zugeordnet (vgl. Böcker 1988, S. 54). Diese drei Grundformen der Marketing-Kontrolle sollen im folgenden kurz erläutert werden.

7.2. Formen der Marketing-Kontrolle

7.2.1. Ergebnisorientierte Marketing-Kontrolle

Ergebniskontrollen akzeptieren die formulierten Marketing-Ziele und prüfen die Resultate der Marketing-Aktivitäten am Ende einer Kontrollperiode vor dem Hintergrund der gesteckten Ziele. Dabei lassen sich Erfolgs-, Effizienz- und Budgetkontrollen unterscheiden (vgl. Bruhn 1997a, S. 285 ff.).

a) Erfolgskontrollen

Bei Erfolgskontrollen wird der **Erreichungsgrad der Marketing-Ziele** ermittelt, etwa der Ziele „Kundenzufriedenheit", „Ansehen in der Öffentlichkeit", „Umsatz" und „Marktanteil" (vgl. Abb. 18, Abschnitt 4.1.). Daraus ergeben sich Kundenzufriedenheits-, Image-, Umsatz- und Marktanteilskontrollen, die als konkrete Formen der Erfolgskontrolle in regelmäßigen, kurzen Zeitabständen vorgenommen werden sollten.

Von zentraler Bedeutung für die Durchführung solcher Erfolgskontrollen sind die im Rechnungswesen eines Unternehmens vorhandenen Erfolgsanalysen, die nach Marketing-Aspekten weiter ausgewertet werden können. Dies gilt insbesondere für die Umsatz- und Deckungsbeitragsrechnung, die z.B. im Hinblick auf bestimmte Produkte, Regionen und Kundengruppen differenziert werden kann (vgl. Böcker 1988, S. 43 ff.; Nieschlag/Dichtl/ Hörschgen 1997, S. 963 ff.; Meffert 1998, S. 1057 ff.). Diese Informationen geben in der Regel aber noch keinen ausreichenden Aufschluß z.B. über das Ausmaß der erreichten Kundenzufriedenheit oder das Image des Unternehmens in der Öffentlichkeit. Um Erfolgskontrollen dieser Art durchzuführen, sind häufig Studien der Primärforschung erforderlich (vgl. Abschnitt 3.2.2. sowie Nieschlag/Dichtl/Hörschgen 1997, S. 948 ff.).

b) Effizienzkontrollen

Zum Zwecke der Effizienzkontrollen werden **Kennzahlen** ermittelt, die bestimmte Zielgrößen (z.B. Umsatz oder Deckungsbeitrag) in Relation setzen zu anderen Größen aus dem Marketingbereich (z.B. Personal, Verkaufsfläche, Lagerraum). Diese Kennzahlen werden als **Indikatoren zur Effizienzbeurteilung** z.B. von Marketing-Maßnahmen, Verkaufspersonen, Verkaufsstätten und sogar ganzer Betriebe verwendet. Beispiele für solche Effizienzgrößen aus dem Vertrieb sind z.B. Anzahl der Kundenbesuche pro Verkäufer und Tag sowie Umsatz und Kosten pro Besuch, aus der Werbung z.B. die Werbekosten pro 1.000 erreichter Zielkunden, aufgegliedert nach einzelnen Werbeträgern (vgl. Abschnitt 5.5.2.1.a sowie Kotler/Bliemel 1995, S. 1165).

c) Budgetkontrollen

Ergebniskontrollen können sich auch auf die eingesetzten Budgets beziehen (vgl. Bruhn 1997a, S. 289). So lassen sich z.B. die für Werbung, Verkaufsförderung. Produktentwicklung und Marktforschung zur Verfügung gestellten Budgets formal und inhaltlich überprüfen (vgl. Böcker 1988, S. 153 ff.). Bei der **formalen Budgetkontrolle** werden die Planbudgets mit ihrer tatsächlichen Einhaltung verglichen. Diese Betrachtung läßt noch keine Beurteilung der Zweckmäßigkeit der Budgethöhe zu. Demgegenüber zielt die **inhaltliche Budgetkontrolle** darauf ab, dem Budget auch Erfolgs- und Effizienzgrößen gegenüberzustellen, um auf diese Weise zu einer Aussage über die Angemessenheit des Budgets zu gelangen. So werden z.B. im Rahmen der sog. **Gemeinkostenwertanalyse (GWA)** jene Budgetanteile identifiziert, die für die Erreichung eines vorgegebenen Ziels nicht unbedingt notwendig sind und daher Einsparpotentiale bieten (vgl. Böcker 1988, S. 155).

7.2.2. Marketing-Audit

Kontrollen, die wie die ergebnisorientierten Ansätze primär quantifizierbare Sachverhalte erfassen, erreichen nicht immer die mit der Kontrolle angestrebten Ziele, da sie Vorgänge und Prämissen übersehen, die häufig nur qualitativ beurteilt werden können, jedoch auf die Ergebnisse des Marketing Einfluß nehmen. Um auch diesen Gegenstandsbereich einer Kontrolle zugänglich zu machen, ist das Instrument des **Marketing-Audit** entwickelt worden (vgl. Böcker 1988, S. 48).

Unter dem Marketing-Audit versteht man die umfassende, systematische und regelmäßige **Revision** der marktgerichteten Planungs- und Kontrollverfahren, der Grundlinien der verfolgten Marketing-Strategie und des eingesetzten Marketing-Mix sowie der organisatorischen Verankerung des Marketing im Unternehmen (vgl. ebenda, S. 48 ff., Köhler 1993; Nieschlag/Dichtl/Hörschgen 1997, S. 945). Diese Objektbereiche werden unter

Konsistenz- und Wirtschaftlichkeitsaspekten durchleuchtet, d.h. auf ihre Vereinbarkeit mit bestimmten Wissens- und Gestaltungsstandards sowie auf ihre Kosten- und Nutzenaspekte überprüft. Dies geschieht im Rahmen einzelner Verfahrens-, Strategien-, Marketing-Mix- und Organisations-Audits (vgl. Köhler 1992, 1993):

- Beim **Verfahrens-Audit** wird geprüft, ob das Unternehmen auf dem aktuellen Stand der Informations-, Planungs- und Kontrolltechniken ist.
- Das **Strategien-Audit** kontrolliert die Prämissen, auf denen die Strategieplanung aufbaut (Prämissen-Audit), außerdem die Konsistenz der Strategieplanung und ihre Abstimmung mit den Unternehmens- und Marketing-Zielen.
- Das **Marketing-Mix-Audit** achtet auf die Abstimmung aller Marketing-Maßnahmen und auf ihre Vereinbarkeit mit der übergeordneten Strategie und den vorhandenen Budgets.
- Die Aufgabe des **Organisations-Audits** ist es schließlich, die Eignung der gewählten Form der Marketing-Organisation unter Kosten- und Effizienzgesichtspunkten sowie dem Aspekt der Kundennähe zu untersuchen.

Dieses Aufgabenspektrum macht deutlich, daß es beim Marketing-Audit nicht um die Kontrolle von Marketing-Ergebnissen geht, sondern vielmehr um die Prüfung der betrieblichen Voraussetzungen für die Erzielung von Ergebnissen. Solche Audits gehören teilweise bereits zum Bereich des Marketing-Controlling (vgl. Köhler 1992; Töpfer 1995).

7.2.3. Strategische Überwachung

Die strategische Überwachung stellt den fundamentalsten Aspekt der Marketing-Kontrolle dar. Ihre Aufgabe besteht darin, die Angemessenheit der Wahl der **grundlegenden Aktivitätsfelder** eines Unternehmens zu überprüfen sowie die generelle Unternehmenspolitik und die Unternehmensidentität bzw. **Corporate Identity** des Unternehmens in angemessenen Zeitabständen zu kontrollieren (vgl. Böcker 1988, S. 54 f.). Dies soll insbesondere dazu dienen, das Unternehmensleitbild und damit auch das Unternehmen insgesamt kontinuierlich weiterzuentwickeln (vgl. ebenda, S. 66 ff.). Insofern geht die strategische Überwachung noch über das Strategie-Audit hinaus. Allerdings ist ihr Name nicht sehr präzise, da im

Grunde die normative Managementdimension und weniger die strategische angesprochen ist (vgl. Abschnitt 2.2.1.).

Die strategische Überwachung will der Gefahr entgegenwirken, daß ein Unternehmen zwar effizient arbeitet, sich dabei aber in die falsche Richtung bewegt (vgl. Böcker 1988, S. 61). Dazu bedarf es einer regelmäßigen Überprüfung der Zukunftsträchtigkeit der bearbeiteten Geschäftsfelder und der Früherkennung neuer Geschäftsmöglichkeiten. Auch die regelmäßige Überprüfung des Selbstverständnisses eines Unternehmens, d.h. der Unternehmensidentität, gehört ebenso zur Aufgabe einer strategischen Überwachung wie die Kontrolle der unternehmensinternen Marketing-Situation (vgl. Abschnitt 2.2.1.). So muß insbesondere festgestellt werden, ob die grundlegenden Leitideen und Ziele des Marketing im Rahmen der Unternehmenspolitik jenen hohen Stellenwert einnehmen, der ihnen gebührt (vgl. Raffée/Fritz/Wiedmann 1994, S. 52 ff.; Nieschlag/Dichtl/Hörschgen 1997, S. 958 ff.). Zugleich wird deutlich, daß die strategische Überwachung die Marketing-Kontrolle mit der übergeordneten Unternehmensplanung und Unternehmenspolitik verbindet.

Literaturverzeichnis

Aaker, D. A. (1989): Strategisches Markt-Management, Wiesbaden 1989.

Ahlert, D. (1981) (Hrsg.): Vertragliche Vetriebssysteme zwischen Industrie und Handel, Wiesbaden 1981.

Ahlert, D. (1996): Distributionspolitik, 3. Aufl., Stuttgart u.a. 1996.

Albers, S. (1992): Außendienstgröße, in: Diller, H. (Hrsg.): Vahlens Großes Marketinglexikon, München 1992, S. 61-63.

Albers, S. (1993): Außendiensteinsatz, in: Wittmann, W. et al. (Hrsg.): Handwörterbuch der Betriebswirtschaft, 5. Aufl., Stuttgart 1993, Sp. 228-240.

Arthur D. Little Int. (1988): Innovation als Führungsaufgabe, Frankfurt/M. u.a. 1988.

Backhaus, K. (1995): Investitionsgütermarketing, 4. Aufl., München 1995.

Backhaus, K. (1997): Industriegütermarketing, 5. Aufl., München 1997.

Backhaus, K./Erichson, B./Plinke, W./Weiber, R. (1996): Multivariate Analysemethoden, 8. Aufl., Berlin 1996.

Backhaus, K./Piltz, K. (1990): Strategische Allianzen – eine neue Form kooperativen Wettbewerbs, in: Dies. (Hrsg.): Strategische Allianzen, Düsseldorf u.a. 1990, S. 1-10.

Backhaus, K./Weiss, P. (1989): Kompetenz – die entscheidende Dimension im Marketing, in: Harvard Manager, 11. Jg. (1989), Heft 3, S. 107-114.

Bänsch, A. (1998): Einführung in die Marketing-Lehre, 4. Aufl., München 1998.

Barthold, H.-M. (1997): Reserven beim Systemengineering in der Kraftfahrzeug-Entwicklung, in: Blick durch die Wirtschaft, 40. Jg. (1997), 18.12.1997.

Bauer, H.-H. (1993): Marketing-Organisation, in: Wittmann, W. et al. (Hrsg.): Handwörterbuch der Betriebswirtschaft, 5. Aufl., Stuttgart 1993, Sp. 2733-2751.

Bauer, H.-H. (1995): Marktabgrenzung, in: Tietz, B. et al. (Hrsg.): Handwörterbuch des Marketing, 2. Aufl., Stuttgart 1995, Sp. 1709-1727.

Becker, J. (1998): Marketing-Konzeption, 6. Aufl., München 1998.

Berekoven, L./Eckert, W./Ellenrieder, P. (1996): Marktforschung, 7. Aufl., Wiesbaden 1996.

Berndt, R. (1995): Marketing 2: Marketing-Politik, 3. Aufl., Berlin u.a. 1995.

Besig, H.-M./Maier, M./Meyer, A. (1996): Markenstrategien im Finanz-Marketing, in: Dichtl, E./Eggers, W. (Hrsg.): Markterfolg mit Marken, München 1996, S. 117-138.

Birkigt, K./Stadler, M./Funk, H. J. (Hrsg.) (1995): Corporate Identity, 8. Aufl., Landsberg/Lech 1995.

Bleicher, K. (1992): Das Konzept Integriertes Management, 2. Aufl., Frankfurt/M. u.a. 1992.

Bleicker, U. (1983): Produktbeurteilung der Konsumenten, Würzburg u.a. 1983.

Böcker, F. (1988): Marketing-Kontrolle, Stuttgart u.a. 1988.

Böhler, H. (1992): Marktforschung, 2. Aufl., Stuttgart 1992.

Bruhn, M. (1989): Planung des Kommunikationsmix im Unternehmen, in: Ders. (Hrsg.): Handbuch des Marketing, München 1989, S. 397-432.

Bruhn, M. (1990): Sozio- und Umweltsponsoring, München 1990.

Bruhn, M. (1992): Markenartikel, in: Diller, H. (Hrsg.): Vahlens Großes Marketinglexikon, München 1992, S. 640-641.

Bruhn, M. (1993): Integrierte Kommunikation als Unternehmensaufgabe und Gestaltungsprozeß, in: Bruhn, M./Dahlhoff, H. D. (Hrsg.): Effizientes Kommunikationsmanagement, Stuttgart 1993, S. 1-33.

Bruhn, M. (1995): Sponsoring, in: Tietz, B. et al. (Hrsg.): Handwörterbuch des Marketing, 2. Aufl., Stuttgart 1995, Sp. 2341-2354.

Bruhn, M. (1997a): Marketing, 3. Aufl., Wiesbaden 1997.

Bruhn, M. (1997b): Kommunikationspolitik, München 1997.

Bruhn, M. (1997c): Multimedia-Kommunikation, München 1997.

Bruhn, M./Tilmes, J. (1994): Social Marketing, 2. Aufl., Stuttgart 1994.

Brunner, F. (1992): Produktplanung mit Quality Function Deployment, in: io Management Zeitschrift, 61. Jg. (1992), S. 42-46.

Buzzell, R. D./Gale, B. (1989): Das PIMS-Programm, Wiesbaden 1989.

Dahlhoff, H. D. (1993): Management und Anwendung integrierter Kommunikation, in: Bruhn, M./Dahlhoff, H. D. (Hrsg:): Effizientes Kommunikationsmanagement, Stuttgart 1993, S. 35-65.

Dahrendorf, R. (1974): Pfade aus Utopia, 2. Aufl., München 1974.

Dallmer, H. (1995): Direct Marketing, in: Tietz, B. et al. (Hrsg.): Handwörterbuch des Marketing, 2. Aufl., Stuttgart 1995, Sp. 477-492.

D'Aveni, R. A. (1995): Hyperwettbewerb, Frankfurt/M. u.a. 1995.

Dawson, L. M. (1969): The Human Concept: New Philosophy for Business, in: Business Horizons, 12. Jg. (1969), Dec., S. 29-39.

Dichtl, E. (1992): Grundidee, Varianten und Funktionen der Markierung von Waren und Dienstleistungen, in: Dichtl, E./Eggers, W. (Hrsg.): Marke und Markenartikel als Instrumente des Wettbewerbs, München 1992, S. 1-23.

Dichtl, E. (1994): Strategische Optionen im Marketing, 3. Aufl., München 1994.

Dichtl, E./Raffée, H./Niedetzky, H.-M. (1981): Reisende oder Handelsvertreter, München 1981.

Diller, H. (1991): Preispolitik, 2. Aufl., Stuttgart 1991.

Diller, H. (1995a): Beziehungsmanagement, in: Tietz, B. et al. (Hrsg.): Handwörterbuch des Marketing, 2. Aufl., Stuttgart 1995, Sp. 285-300.

Diller, H. (1995b): Kundenmanagement, in: Tietz, B. et al. (Hrsg.): Handwörterbuch des Marketing, 2. Aufl., Stuttgart 1995, Sp. 1363-1376.

Diller, H./Kaffenberger, A./Lücking, J. (1993): Das „Schicksal" von Marktführern, in: Marketing – Zeitschrift für Forschung und Praxis, 15. Jg. (1993), Heft 4, S. 271-281.

Droege, W. P./Backhaus, K./Weiber, R. (Hrsg.) (1993): Strategien für Investitionsgütermärkte, Landsberg/Lech 1993.

Drumm, H. J. (1996): Das Paradigma der Neuen Dezentralisation, in: Die Betriebswirtschaft, 56. Jg. (1996), Heft 1, S. 7-20.

Ebers, M. (1995): Organisationskultur und Führung, in: Kieser, A./Reber, G./Wunderer, R. (Hrsg.): Handwörterbuch der Führung, 2. Aufl., Stuttgart 1995, Sp. 1664-1682.

Engelhardt, W. H. (1993): Absatz, Verkauf, Vertrieb, Marketing, in: Wittmann, W. et al. (Hrsg.): Handwörterbuch der Betriebswirtschaft, 5. Aufl., Stuttgart 1993, Sp. 15-22.

Freter, H. (1983): Marktsegmentierung, Stuttgart 1983.

Fritz, W. (1984): Warentest und Konsumgüter-Marketing, Wiesbaden 1984.

Fritz, W. (1986): Was ist Franchising und welche Chancen bietet es?, in: Schmidt, D./Ferrero, D./Rottland, L. (Hrsg.): Praktisches Marketing für mittelständische Unternehmen, Beitrag VIII.12.1., Köln 1986.

Fritz, W. (1990): Ansätze der Wettbewerbstheorie aus der Sicht der Marketingwissenschaft, in: Die Betriebswirtschaft, 50. Jg. (1990), Heft 4, S. 491-512.

Fritz, W. (1994): Die Produktqualität – ein Schlüsselfaktor des Unternehmenserfolgs?, in: Zeitschrift für Betriebswirtschaft, 64. Jg. (1994), Heft 8, S. 1045-1062.

Fritz, W. (1995a): Marketing-Management und Unternehmenserfolg, 2. Aufl., Stuttgart 1995.

Fritz, W. (1995b): Marketing. Grunddimension und Erfolgsfaktor der Unternehmensführung, in: Der Betriebswirt, 36. Jg. (1995), Heft 4, S. 8-13.

Fritz, W. (1995c): Marketing als Orientierung für Wirtschaft und Wissenschaft, Bericht des Instituts für Wirtschaftswissenschaften der TU Braunschweig, AP-Nr. 95/06, Braunschweig 1995.

Fritz, W. (1995d): Umweltschutz und Unternehmenserfolg, in: Die Betriebswirtschaft, 55. Jg. (1995), Heft 3, S. 347-357.

Fritz, W. (1997): Erfolgsursache Marketing. Warum marktorientiert geführte Unternehmen erfolgreich sind, Stuttgart 1997.

Fritz, W./Effenberger, J. (1995): Strategieprofile als Erfolgsfaktoren von Investitionsgüterherstellern, in: Marktforschung und Management, 39. Jg. (1995), Heft 2, S. 68-74.

Fritz, W./Förster, F./Wiedmann, K.-P./Raffée, H. (1988): Unternehmensziele und strategische Unternehmensführung, in: Die Betriebswirtschaft, 48. Jg. (1988), Heft 5, S. 567-586.

Fritz, W./Kerner, M. (1997): Online Marketing By WWW In Germany, in: Dholakia, N. et al. (Hrsg.): COTIM '97 Conference Proceedings, Kingston, RI 1997, S. 39-42.

Fritz, W./Thiess, M. (1986): Das Informationsverhalten des Konsumenten und seine Konsequenzen für das Marketing, in: Unger, F. (Hrsg): Konsumentenpsychologie und Markenartikel, Heidelberg 1986, S. 141-176.

Gaitanides, M. (1998): Business Reengineering/Prozeßmanagement – von der Managementtechnik zur Theorie der Unternehmung?, in: Die Betriebswirtschaft, 58. Jg. (1998), Heft 3, S. 369-381.

Gerken, G. (1990): Abschied vom Marketing, Düsseldorf u.a. 1990.

Geschka, H. (1998): Zufall ist bei Marktführern ein Fremdwort, in: Wissenschaftsmanagement, 4. Jg. (1998), Heft 1, S. 15-21.

Gilbert, X./Strebel, P. J. (1987): Strategies to Outpace the Competition, in: Journal of Business Strategy, 8. Jg. (1987), Heft 1, S. 28-36.

Gomez, P. (1981): Modelle und Methoden des systemorientierten Managements, Bern u.a. 1981.

Green, P. E./Tull, D. S. (1982): Methoden und Techniken der Marketingforschung, 4. Aufl., Stuttgart 1982.

Gutenberg, E. (1958): Einführung in die Betriebswirtschaftslehre, Wiesbaden 1958.

Gutenberg, E. (1984): Grundlagen der Betriebswirtschaftslehre, Band 2: Der Absatz, 17. Aufl., Berlin u.a. 1984.

Hammann, P./Erichson, B. (1994): Marktforschung, 3. Aufl., Stuttgart u.a. 1994.

Hammer, M./Champy, J. (1993): Reengineering the Corporation, New York 1993.

Hansen, U. (1990): Absatz- und Beschaffungsmarketing des Einzelhandels, 2. Aufl., Göttingen 1990.

Hauschildt, J. (1993): Innovationsmanagement, München 1993.

Hauser, J. R./Clausing, D. (1988): Wenn die Stimme des Kunden bis in die Produktion vordringen soll, in: Harvard Manager, 10. Jg. (1988), Nr. 4, S. 57-70.

Heinen, E. (1976): Grundlagen betriebswirtschaftlicher Entscheidungen. Das Zielsystem der Unternehmung, 3. Aufl., Wiesbaden 1976.

Hentze, J. (1994): Personalwirtschaftslehre 1, 6. Aufl., Bern u.a. 1994.

Hentze, J./Brose, P./Kammel, A. (1993): Unternehmungsplanung, 2. Aufl., Bern 1993.

Hermanns, A. (1989): Sponsoring – Zukunftsorientiertes Instrument der Marktkommunikation, in: Ders. (Hrsg.): Sport- und Kultursponsoring, München 1989, S. 1-14.

Hermanns, A./Naundorf, S. (1992): Public Relations (P.R.), in: Diller, H. (Hrsg.): Vahlens Großes Marketinglexikon, München 1992, S. 982-984.

Hippel, E. von (1988): The Sources of Innovation, New York u.a. 1988.

Hoffmann, K. (1972): Der Produktlebenszyklus, Freiburg 1972.

Homburg, Ch. (1998): Kundennähe von Industriegüterunternehmen, 2. Aufl., Wiesbaden 1998.

Homburg, Ch./Hocke, G. (1996): Change Management durch Reengineering?, Forschungsbericht, WHU, Vallendar 1996.

Hüttner, M. (1997): Grundzüge der Marktforschung, 5. Aufl., München und Wien 1997.

Hüttner, M./Pingel, A./Schwarting, U. (1994): Marketing-Management, München u.a. 1994.

Kieser, A. (1996): Moden und Mythen des Organisierens, in: Die Betriebswirtschaft, 56. Jg. (1996), Heft 1, S. 21-39.

Kieser, A./Kubicek, H. (1992): Organisation, 3. Aufl., Berlin 1992.

Kirchgeorg, M. (1990): Ökologieorientiertes Unternehmensverhalten, Wiesbaden 1990.

Kirchgeorg, M. (1995): Öko-Marketing, in: Tietz, B. et al. (Hrsg.): Handwörterbuch des Marketing, 2. Aufl., Stuttgart 1995, Sp. 1943-1954.

Kleinaltenkamp, M. (1987): Die Dynamisierung strategischer Marketing-Konzepte, in: Schmalenbachs Zeitschrift für betriebswirtschaftliche Forschung, 39. Jg. (1987), Heft 1, S. 31-52.

Kleinschmidt, E. J./Geschka, H./Cooper, R. G. (1996): Erfolgsfaktor Markt. Kundenorientierte Produktinnovation, Berlin u.a. 1996.

Klimmer, M. (1995): Business Reengineering, in: Die Betriebswirtschaft, 55. Jg. (1995), S. 257-260.

Knigge, J. (1995): Franchising, in: Tietz, B. et al. (Hrsg.): Handwörterbuch des Marketing, 2. Aufl., Stuttgart 1995, Sp. 701-710.

Knoblich, H. (1974): Absatztheorie, warenorientierte, in: Tietz, B. (Hrsg.): Handwörterbuch der Absatzwirtschaft, Stuttgart 1974, Sp. 167-179.

Köhler, R. (1992): Marketing-Audit, in: Diller, H. (Hrsg.): Vahlens Großes Marketinglexikon, München 1992, S. 656-657.

Köhler, R. (1993): Beiträge zum Marketing-Management, 3. Aufl., Stuttgart 1993.

Köhler, R. (1995a): Marketing-Management, in: Tietz, B. et al. (Hrsg.): Handwörterbuch des Marketing, 2. Aufl., Stuttgart 1995, Sp. 1598-1614.

Köhler, R. (1995b): Marketing-Organisation, in: Tietz, B. et al. (Hrsg.): Handwörterbuch des Marketing, 2. Aufl., Stuttgart 1995, Sp. 1636-1653.

Kotler, P. (1976): Eine allgemeine Marketing-Konzeption, in: Fischer-Winkelmann, W. F./Rock, R. (Hrsg.): Markt und Konsument, Teilband II, München 1976, S. 227-250.

Kotler, P. (1978): Vom Umsatzdenken zur Marketing-Philosophie, in: Manager Magazin, 8. Jg. (1978), Heft 8, S. 78-87.

Kotler, P./Bliemel, F. (1995): Marketing-Management, 8. Aufl., Stuttgart 1995.

Kreutzer, R. T. (1995): Database-Marketing, in: Tietz, B. et al. (Hrsg.): Handwörterbuch des Marketing, 2. Aufl., Stuttgart 1995, Sp. 403-414.

Kroeber-Riel, W. (1993a): Bildkommunikation, München 1993.

Kroeber-Riel, W. (1993b): Marketing-Kommunikation, in: Wittmann, W. et al. (Hrsg.): Handwörterbuch der Betriebswirtschaft, 5. Aufl., Stuttgart 1993, Sp. 2720-2733.

Kroeber-Riel, W./Weinberg, P. (1996): Konsumentenverhalten, 6. Aufl., München 1996.

Kühn, R. (1995): Marketing-Mix, in: Tietz, B. et al. (Hrsg.): Handwörterbuch des Marketing, 2. Aufl., Stuttgart 1995, Sp. 1615-1628.

Kupsch, P. (1979): Unternehmungsziele, Stuttgart u.a. 1979.

Kuß, A. (1991): Käuferverhalten, Stuttgart 1991.

Lammoth, F. (1998): Zufriedene Kunden ist zu wenig, in: Blick durch die Wirtschaft, 41. Jg. (1998), 30.06.1998.

Lenz, M./Fritz, W. (1986): Die Aktivierungsforschung im Urteil der Marketingpraxis, in: Marketing – Zeitschrift für Forschung und Praxis, 8. Jg. (1986), S. 181-185.

Littek, F. (1997): Luftverkehr: Zukunftssicherung durch internationale Allianzen, in: Internationales Verkehrswesen, 49. Jg. (1997), Heft 9, S. 452-454.

Loudon, D. L./Della Bitta, A. J. (1993): Consumer Behavior, 4. Aufl., New York u.a. 1993.

Meffert, H. (1992): Marketingforschung und Käuferverhalten, 2. Aufl., Wiesbaden 1992.

Meffert, H. (1993): Aufschwung aus engeren Märkten?, in: Absatzwirtschaft, 36. Jg. (1993), Sondernummer Oktober, S. 8-17.

Meffert, H. (1994): Marketing-Management, Wiesbaden 1994.

Meffert, H. (1995): Marketing, in: Tietz, B. et al. (Hrsg.): Handwörterbuch des Marketing, 2. Aufl., Stuttgart 1995, Sp. 1472-1490.

Meffert, H. (1998): Marketing, 8. Aufl., Wiesbaden 1998.

Meffert, H./Kirchgeorg, M. (1997): Marktorientiertes Umweltmanagement, 3. Aufl., Stuttgart 1997.

Meyer, M. (1995): Ökonomische Organisation der Industrie, Wiesbaden 1995.

Müller-Stewens, G. (1993): Strategische Partnerschaften, in: Wittmann, W. et al. (Hrsg.): Handwörterbuch der Betriebswirtschaft, 5. Aufl., Stuttgart 1993, Sp. 4063-4075.

Naisbitt, J./Aburdene, P. (1990): Megatrends 2000, New York 1990.

Neuberger, O./Kompa, A. (1987): Wir, die Firma, Weinheim/Basel 1987.

Nieschlag, R./Dichtl, E./Hörschgen, H. (1997): Marketing, 18. Aufl., Berlin 1997.

Oehme, W. (1994): Vom Beeinflussungs- zum Beziehungsmanagement im Marketing, in: Thexis, 11. Jg. (1994), S. 38-44.

Oelsnitz, D. von der (1992): Total Quality Management als Ausdruck und Methode einer erweiterten Qualitätspolitik der Unternehmung, in: Hentze, J./Oelsnitz, D. von der (Hrsg.): Probleme bei der Umstellung von der Planwirtschaft auf die Marktwirtschaft, Bamberg 1992, S. 106-134.

Oelsnitz, D. von der (1995a): Investitionsgüter als Markenartikel, in: Markenartikel, 14. Jg. (1995), Heft 6, S. 252-258.

Oelsnitz, D. von der (1995b): Individuelle Selbststeuerung – der Königsweg „moderner" Unternehmensführung?, in: Die Betriebswirtschaft, 55. Jg. (1995), Heft 6, S. 707-720.

Oelsnitz, D. von der (1995c): Das Heterarchieprinzip, in: Das Wirtschaftsstudium, 24. Jg. (1995), Heft 6, S. 500-502.

Oelsnitz, D. von der (1996a): Ist der „Firstcomer" immer der Sieger? Einflußfaktoren für die Wahl des optimalen Markteintrittszeitpunkts, in: Marktforschung und Management, 40. Jg. (1996), Heft 3, S. 108-111.

Oelsnitz, D. von der (1996b): Der Erfolg des Pioniers: Zufall oder Gesetz?, in: Der Markt, 35. Jg. (1996), Heft 4, S. 181-190.

Oelsnitz, D. von der (1997): Dienstleistungsmarken: Konzepte und Möglichkeiten einer markengestützten Serviceprofilierung, in: Jahrbuch der Absatz- und Verbrauchsforschung, 43. Jg. (1997), Heft 1, S. 66-89.

Oelsnitz, D. von der (1998): Als Marktpionier zu dauerhaftem Erfolg, in: Harvard Business Manager, 20. Jg. (1998), Heft 4, S. 24-31.

Ohmae, K. (1985): Macht der Triade, Wiesbaden 1985.

Olbrich, R. (1995): Vertikales Marketing, in: Tietz, B. et al. (Hrsg.): Handwörterbuch des Marketing, 2. Aufl., Stuttgart 1995, Sp. 2612-2623.

o.V. (1993): Die West-Fun-Story, in: Absatzwirtschaft, 36. Jg. (1993), Heft 7, S. 10.

o.V. (1995a): Sondersteuer wäre Wahnsinn, in: Wirtschaftswoche, 49. Jg. (1995), Heft 45, S. 68-71.

o.V. (1995b): Lizenz zum Verkaufen, in: Blick durch die Wirtschaft, 38. Jg. (1995), 22.12.1995.

o.V. (1995c): Marketing – Immer schön im Kreis herum, in: Focus (1995), Nr. 46, S. 228-229.

o.V. (1996): Die Schnellen fressen die Langsamen, in: Blick durch die Wirtschaft, 39. Jg. (1996), Nr. 18/4 vom 23.1.1996, S. 1.

o.V. (1997a): Barbie künftig mit entschärften Kurven, in: Handelsblatt (1997), Nr. 227, S. 56.

o.V. (1997b): Der Kampf um die Großkunden schweißt die Telekom-Konzerne zusammen, in: Frankfurter Allgemeine Zeitung (1997), Nr. 286, S. 27.

o.V. (1997c): Die teuerste Litfaßsäule der Welt, in: Stern (1997), Heft 52, S. 166-169.

o.V. (1998): Mangel an Kundenorientierung in der High-Tech-Industrie, in: Blick durch die Wirtschaft, 41. Jg (1998), 19.5.1998.

Palmer, A. J. (1995): Relationship Marketing: Local Implementation of a Universal Concept, in: International Business Review, 4. Jg. (1995), Heft 4, S. 471-481.

Perlitz, M. et al. (1995): Business Process Reengineering. Ergebnisse einer empirischen Untersuchung, Arbeitspapier des Lehrstuhls für Allgemeine Betriebswirtschaftslehre und Internationales Management der Universität Mannheim, Nr. 1, Mannheim 1995.

Perlitz, M. et al. (1996): Reengineering-Projekte erfolgreich umsetzen, in: Dies. (Hrsg.): Reengineering zwischen Anspruch und Wirklichkeit, Wiesbaden 1996, S. 181-207.

Picot, A./Reichwald, R./Wigand, R. T. (1998): Die grenzenlose Unternehmung, 3. Aufl., Wiesbaden 1998.

Porter, M. E. (1992): Wettbewerbsstrategie, 7. Aufl., Frankfurt/M. 1992.

Raffée, H. (1974): Grundprobleme der Betriebswirtschaftslehre, Göttingen 1974.

Raffée, H. (1976): Perspektiven des nicht-kommerziellen Marketing, in: Schmalenbachs Zeitschrift für betriebswirtschaftliche Forschung, 28. Jg. (1976), Heft 2, S. 61-76.

Raffée, H. (1979): Marketing und Umwelt, Stuttgart 1979.

Raffée, H./Fritz, W. (1992): Dimensionen und Konsistenz der Führungskonzeption von Industrieunternehmen, in: Schmalenbachs Zeitschrift für betriebswirtschaftliche Forschung, 44. Jg. (1992), Heft 4, S. 303-322.

Raffée, H./Fritz, W. (1997): Die Unternehmensidentität als Erfolgsfaktor in der Investitionsgüterindustrie, in: Backhaus, K. et al. (Hrsg.): Marktleistung und Wettbewerb, Wiesbaden 1997, S. 293-307.

Raffée, H./Fritz, W./Wiedmann, K.-P. (1994): Marketing für öffentliche Betriebe, Stuttgart 1994.

Raffée, H./Wiedmann, K.-P. (1995): Nonprofit-Marketing, in: Tietz, B. et al. (Hrsg.): Handwörterbuch des Marketing, 2. Aufl., Stuttgart 1995, Sp. 1929-1942.

Raffée, H./Wiedmann, K.-P./Abel, B. (1983): Sozio-Marketing, in: Irle, M. (Hrsg.): Handbuch der Psychologie, Band 12, 2. Halbband: Methoden und Anwendungen in der Marktpsychologie, Göttingen u.a. 1983, S. 675-768.

Reiß, M. (1994): Kann die Reengineering-Revolution gelingen?, in: Absatzwirtschaft, 37. Jg. (1994), Sondernummer Oktober, S. 38-44.

Rosenstiel, L. von/Neumann, P. (1991): Einführung in die Markt- und Werbepsychologie, 2. Aufl., Darmstadt 1991.

Rossiter, R. (1982): Visual Imagery: Applications to Advertising, in: Mitchell, A.G. (Hrsg.): Advances in Consumer Research, Band IX, Ann Arbor 1982, S. 101-106.

Ruf, A. (1998): Interview, in: Management-Brief der BMW AG, Nr. 03/1998.

Sattler, H./Schrader, S. (1995): Innovationsmarketing, in: Tietz, B. et al. (Hrsg.): Handwörterbuch des Marketing, 2. Aufl., Stuttgart 1995, Sp. 996-1008.

Scharf, A./Schubert, B. (1995): Marketing, Stuttgart 1995.

Schlicksupp, H. (1995): Kreativitätstechniken, in: Tietz, B. et al. (Hrsg.): Handwörterbuch des Marketing, 2. Aufl., Stuttgart 1995, Sp. 1289-1309.

Schmalen, H. (1995): Preispolitik, 2. Aufl., Stuttgart 1995.

Schmitt-Grohé, J. (1972): Produktinnovation, Wiesbaden 1972.

Schneider, D. J. G. (1995): Marketing-Ziele, in: Tietz, B. et al. (Hrsg.): Handwörterbuch des Marketing, 2. Aufl., Stuttgart 1995, Sp. 1682-1696.

Scholz, Ch. (1997): Strategische Organisation, Landsberg/Lech 1997.

Schulze, G. (1992): Die Erlebnisgesellschaft, Frankfurt/M. u.a. 1992.

Schweiger, G./Schrattenecker, G. (1995): Werbung, 4. Aufl., Stuttgart u.a. 1995.

Seidenschwarz, W. (1993): Target Costing – durch marktgerechte Produkte zu operativer Effizienz, oder: Wenn der Markt das Unternehmen steuert, in: Horváth, P. (Hrsg.): Target Costing, Stuttgart 1993, S. 29-52.

Silberer, G. (1989): Marketing und Kultur am Beispiel des Product Placement, in: Specht, G. et al. (Hrsg.): Marketing-Schnittstellen, Stuttgart 1989, S. 265-285.

Silberer, G. (1991): Werteforschung und Werteorientierung im Unternehmen, Stuttgart 1991.

Silberer, G. (1995): Marketing mit Multimedia im Überblick, in: Ders. (Hrsg.): Marketing mit Multimedia, Stuttgart 1995, S. 3-31.

Simon, H. (1983): Pulsierende Werbung, in: Absatzwirtschaft, 26. Jg. (1983), Heft 5, S. 60-63.

Simon, H. (1988): Schaffung und Verteidigung von Wettbewerbsvorteilen, in: Ders. (Hrsg.): Wettbewerbsvorteile und Wettbewerbsfähigkeit, Stuttgart 1988, S. 1-17.

Simon, H. (1992a): Preismanagement, 2. Aufl., Wiesbaden 1992.

Simon, H. (1992b): Marketing-Mix-Interaktion, in: Schmalenbachs Zeitschrift für betriebswirtschaftliche Forschung, 44. Jg. (1992), Nr. 2, S. 87-110.

Simon, H. (1995): Preispolitik, in: Tietz, B. et al. (Hrsg.): Handwörterbuch des Marketing, 2. Aufl., Stuttgart 1995, Sp. 2068-2085.

Specht, G. (1997): Einführung in die Betriebswirtschaftslehre, 2. Aufl., Stuttgart 1997.

Specht, G. (1998): Distributionsmanagement, 3. Aufl., Stuttgart 1998.

Spiegel, B. (1970): Werbepsychologische Untersuchungsmethoden, Berlin 1970.

Stauss, B. (1994): Dienstleistungsmarken, in: Bruhn, M. (Hrsg.): Handbuch Markenartikel, Stuttgart 1994, S. 79-103.

Stauss, B. (1995): Internes Marketing, in: Tietz, B. et al. (Hrsg.): Handwörterbuch des Marketing, 2. Aufl., Stuttgart 1995, Sp. 1045-1056.

Stauss, B./Schulze, H. S. (1990): Internes Marketing, in: Marketing – Zeitschrift für Forschung und Praxis, 12. Jg. (1990), Heft 3, S. 149-158.

Stauss, B./Seidel, W. (1996): Beschwerdemanagement, München u.a. 1996.

Stone, M./Woodcock, N./Wilson, M. (1996): Managing the Change from Marketing Planning to Customer Relationship Management, in: Long Range Planning, 29. Jg. (1996), Heft 5, S. 675-683.

Strothmann, K.-H. (1995): Messen und Ausstellungen, in: Tietz, B. et al. (Hrsg.): Handwörterbuch des Marketing, 2. Aufl., Stuttgart 1995, Sp. 1886-1896.

Töpfer, A. (1995): Marketing-Audit, in: Tietz, B. et al. (Hrsg.): Handwörterbuch des Marketing, 2. Aufl., Stuttgart 1995, Sp. 1533-1541.

Tolle, E. (1995): Product Placement, in: Tietz, B. et al. (Hrsg.): Handwörterbuch des Marketing, 2. Aufl., Stuttgart 1995, Sp. 2095-2101.

Tomczak, T. (1992): Incentive, in: Diller, H. (Hrsg.): Vahlens Großes Marketinglexikon, München 1992, S. 439.

Tomczak, T./Belz, C. (1993): Marketingbudgets in der Rezession, in: Thexis, 10. Jg. (1993), Heft 5/6, S. 14-21.

Trommsdorff, V. (1998): Konsumentenverhalten, 3. Aufl., Stuttgart 1998.

Ulrich, H. (1990): Unternehmungspolitik, 3. Aufl., Bern u.a. 1990.

Urban, G. L./Hippel, E. von (1988): Lead User Analysis for the Development of New Industrial Products, in: Management Science, 34. Jg. (1988), S. 569-582.

Weinberg, P. (1981): Das Entscheidungsverhalten der Konsumenten, Bern u.a. 1981.

Weinberg, P. (1992): Erlebnismarketing, München 1992.

Weinberg, P. (1995): Kommunikation im Erlebnismarketing, in: Tomczak, T. et al. (Hrsg.): Die Nicht-Klassiker der Unternehmungskommunikation, St. Gallen 1995, S. 98-103.

Wiedmann, K.-P. (1988): Corporate Identity als Unternehmensstrategie, in: Wirtschaftswissenschaftliches Studium, 17. Jg. (1988), Heft 5, S. 236-242.

Wiedmann, K.-P./Raffée, H. (1995): Social Marketing, in: Tietz, B. et al. (Hrsg.): Handwörterbuch des Marketing, 2. Aufl., Stuttgart 1995, Sp. 2298-2308.

Wildemann, H. (1998): Zulieferer: Im Netzwerk erfolgreich, in: Harvard Business Manager, 20. Jg. (1998), Heft 4, S. 93-104.

Witte, T. (1993): Simulation und Simulationsverfahren, in: Wittmann, W. et al. (Hrsg.): Handwörterbuch der Betriebswirtschaft, 5. Aufl., Stuttgart 1993, Sp. 3837-3849.

Zwicky, F. (1966): Entdecken, Erfinden, Forschen im morphologischen Weltbild, München u.a. 1966.

Stichwortverzeichnis

Absatz 18
Absatzfunktion 18, 23
Absatzhelfer **38 f.**, 166 ff.
Absatzkanal 156 ff.
Absatzkanalmanagement 154, 160
Absatzmarkt 18, 22, 32, 38
Absatzmittler 38 f., 154, 156, **160 ff.**
Absatzpolitik 17 f.
absatzpolitisches Instrumentarium 18, 109 f.
Absatzpotential 85
Absatzvolumen 85
Absatzwege 154, **156 ff.**
Absatzwegemanagement 154 f., 159
Absatzwirtschaft 17
Abschöpfungsstrategie 148 ff.
ADBUDG 177
Adoptertypen 127 f.
Adoptionskurve 127 f.
After-Sales-Marketing 46 f.
Agentursystem 164
Ähnlichkeitshypothese 169 f.
Aktivierung 48, **51 ff.**
 - aktivierende Prozesse 48
 - allgemeine Aktivierung 51 ff.
Alleinvertriebssystem 163
Arbeitslastmethode 166
Attributdominanz 57
augmentiertes Produkt 110 f.
Außendienst 164 ff.
 - Außendiensteinsatz 155
 - Außendienstgestaltung 164 ff.

 - Außendienstmitarbeiter 156, **166 ff.**
 - Außendienstorganisation 164 ff.
 - Außendienstpromotions 180
 - Außendienststeuerung 170 ff.
 - nicht-verkaufender Außendienst 165

Außenhandel 95
Ausstellungen 181 f.
Austauschbeziehungen 19 f., 22, 26, 28
Austauschprozeß 19 f., 22, 26

Bartergeschäft 135
Bedürfniskategorien 203 f.
Befragung 75 ff.
Beobachtung 77 ff.
Berechnungsexperiment 78
Beschaffungsmarkt 19 f., 22, 38, 71
Beschwerdemanagement 29, 117
Betriebsneuheit 115
Beziehungsmanagement 29, 159 f.
Beziehungsmanager 29
Beziehungsmarketing 28 f.
Bezugsgruppe 62
Bildinformationen 59
bivariate Verfahren 82
Blickverlauf 58
Brainstorming 119 f.
Brainwriting 120
BRANDAID 195
Break-Even-Analyse **123 f.**, 195
Broadening 23, 27

Budgetkontrolle 211
Budgetmethode 165
Business Reengineering 15, **206 ff.**
Buying Center 64, **67 f.**, 170

clear payment 135
Clusteranalyse 82 f.
computergestützte Befragung 76
Conjointanalyse 82 f.
convenience goods **45 f.**, 112
Corporate Identity 35, **198**, 212
Cost-plus-Pricing 137
Coverage 80

Data-Base-Marketing 179
Datenanalyse 73 f., **81 ff.**
Datenerhebung 73, **74 ff.**
Decision Calculus-Ansatz 195
Deckungsbeitrag 139
Deepening 23, 30
DEMON 124, 196
Denken 50
dependenzanalytische Verfahren 82
diagonale Kooperationen 104 f.
Dienstleistungen **112**, 134, 156
Differenzierung 93, **101 ff.**
Differenzierungsstrategie 101 ff.
Direct Mail 178
Direct Marketing 178 f., 188
Direct-Response-Werbung 178
Direktabsatz 156 f., 164
Direktvertrieb 156 f.
Diskriminanzanalyse 82 f.
Distribution 153 ff.
  - akquisitorische Distribution 154
  - Distributionslogistik 155
  - Distributionspolitik 18, **153 ff.**

- Distributionsstandorte 154
- exklusive Distribution 161
- intensive Distribution 161
- physische Distribution 154
- selektive Distribution 161

Diversifikation 94
divisionale Organisationsstruktur 200 f.
Doppelnutzen-Differenzierung 102
Dreifach-Nutzenpositionierung 102
Dumping 146
dynamische Preispolitik 147 ff.

echte Kaufentscheidungen 44
Effizienzkontrolle 210 f.
Ego-Drive 169
Eigenforschung 71 f.
Einkaufsgremium 67, 170
Einstellungen 49
Einstufenkanal 157
Ein-Themen-Befragung 76
Einzelhandel 46, 79, 153, 157, 159, 163
Einzelkosten 137, 139
Einzelmarke 134 f.
elektronische Medien 175, 190
elektronischer Mini-Testmarkt **79 f.**, 178
Eliminationskriterien 133
Emotionen 48
Empathy 169
empirische Erfolgsfaktorenforschung 32
empirische Zielforschung 87
Engpaßorientierung 20 f.
Erfahrungsgüter 113
Erfahrungskurveneffekt 101
Erfolgsfaktor 15, 32
Erfolgskontrolle 210
Ergebniskontrolle 210 f.
Erlebnisgesellschaft 189

Erlebnismarketing 102
Erstkauf 67 f.
erwartetes Produkt 110 f.
Event-Marketing 188 f.
Experiment 78 ff.
extensive Kaufentscheidungen 44
externe Datenbanken 74

Fachgeschäfte 161
Factory Outlets 156
Faktorenanalyse 82 f.
Feldbeobachtung 77 f.
Feldexperiment 79
Filtermodelle der Wahrnehmung 55 f.
first-to-market 126 f.
Fixkosten 137
Fokussierungsstrategie **103**, 161
Folgerstrategie 126 f.
formale Gruppe 61
Franchising **105 f.**, 163 f.
Fremdforschung 71 f.
Fremdgruppe 62
Führerstrategie 126 f.
fünf „Ds" der Marketing-Forschung 72 ff.
funktionale Organisationsstruktur 200 f.

Gebrauchsgüter 44, 46, **111**
Gedächtnis 50
Gemeinkosten 137
Gemeinkostenwertanalyse 211
generisches Produkt 110 f.
Geschäftsbeziehungen 28 f.
Geschäftsprozesse 206
Gesellschaftsorientierung 21 f., 24, 35
Gewinnvergleichsrechnung 195
gewohnheitsmäßige Kaufentscheidungen 44

Global Marketing 62
Gratifikationsorientierung 20 f.
Großhandel 157, 163
Großkundenmanagement 204
Grundnutzen 111
Gruppe 61 f.

habituelle Kaufentscheidungen 45
Halo-Effekt 57
Handelsbetrieb 65, 129, 161 f.
Handelsmacht 159
Handelsspanne 160
Handelsvertreter 39, 164, **166 f.**
Händlerpromotions 180
Haushaltswerbung 178
horizontale Kooperationen 106 f.
House of Quality 125
Human Concept 29 f.
hybride Organisation 205
Hyperwettbewerb 107
Hypothesentheorie der Wahrnehmung 56

Identitätsproblem 75
Imagetransfer 134, 184, 187 f.
impulsive Kaufentscheidungen 46
Incentives 172
indirekter Absatz (Vertrieb) 157 ff.
Individualkommunikation 190
individuelle Kaufentscheidungen 43 ff.
informale Gruppe 61
informale Strukturen 200
Informationsüberlastung des Konsumenten 183
Inkrementalmethode 166
innerbetriebliche Kunden-Lieferanten-Beziehungen 28

Innovations- bzw. Suchfeldbestimmung 117 ff.
Inspektionsgüter 113
Integrationsstufen des Marketing 200
Integrierte Kommunikation 190 ff.
interaktives Fernsehen 179
interdependenzanalytische Verfahren 82
Intermediaselektion 175
interner Kunde 27 f.
Internet 76, 175, 179, **190 f.**
Intervallskalen 81
Interview 75 f.
Intramediaselektion 175 f.
Investitionsgut 64 ff., **111**
Investitionsgüterindustrie 15, 181 f., 197 ff.
Investitionsgütermärkte 65, 97, 156, 170
Investitionsrechnung 124
Involvement 48
Irradiation 57

kalkulatorischer Ausgleich 152 f.
Kategoriemanagement 203 f.
Kaufverhalten 43 ff., 64 ff.
Kernnutzen 110 f.
Key-Account-Management 169, 204
Kiosk-Systeme 190
kognitive Prozesse 48, 49 f., 54 f.
Kommunikationspolitik 18, 27, **172 ff.**
komparativer Konkurrenzvorteil 100
Kompensationsgeschäft 135
komplementäre Güter 84, 152
Konditionenpolitik 136
Konflikte zwischen Industrie und Handel 159 f.
Konfliktmanagement 91
konkurrentenorientierte Preisbestimmung 145 ff.

konkurrentenorientierte Strategien 99 ff.
Konkurrenzforschung 100
Konsumentenrente 150 f.
Konsumentenverhalten 43 ff.
Konsumgüter **111**, 134, 156, 194 f.
Konsumgüterhandel 65
Konsumgüterindustrie 171, 203
Konsumgütermärkte 97, 156, 194 f.
Konsumpionier 128
Kontaktqualität 176
Konzentration auf Schwerpunkte 103 f.
Konzeptionsebenen des Produkts 110 f.
Konzepttests 122
Kooperation 28, **104 ff.**, 129, 155, 163 f.
kooperationsinternes Marketing 28
Kostenführerschaft 100 f.
Kovarianzstrukturanalyse 82 f.
Kreativitätstechniken 117 ff.
Kreuzpreiselastizität 84
kritischer Umsatz 166 ff.
Kultur 60 ff.
Kulturmanagement 198
Kultursponsoring 185
Kunden 38 f.
Kundenbindung 29, 45 f., 103, 178
Kundenclub 29, 117
Kundengruppenmanagement 204
Kundenloyalität 29
Kundenmanagement 29, **204 f.**
Kundenmanager 204
Kundennähe 15, 37, 178, **198**
kundenorientierte Preisbestimmung 141 ff.
kundenorientierte Strategien 94 ff.
kundenorientiertes Prozeßmanagement 28, 206 ff.
Kundenorientierung 20
kurzfristige Preisuntergrenzen 139 f.

Laborbeobachtung 78
Laborexperiment 79
Lambda-Hypothese 52 f.
late-to-market 126 f.
Lead User 124 f.
Leitpreis 145
Lernen 50
Lieferungs- und Zahlungsbedingungen 136
limitierte Kaufentscheidungen 45
lineare Programmierung 195
LISREL 83
Low-Interest-Erzeugnisse 193 f.

Marginalanalyse 195
Marke 133 ff.
- Dachmarke 134 f.
- Dienstleistungsmarke 135
- Einzelmarke 134 f.
- Firmenmarke 135
- Handelsmarke 135
- Herstellermarke 135
- internationale Marke 135
- Markenfamilie 135
- Markengruppe 135
- Markentreue 134
- Markentypen 135
- nationale Marke 135
- regionale Marke 135
- Tandemmarke 134 f.

Markenartikel **133 ff.**, 153, 194
Markenartikelindustrie 162, 203
Markenartikelstrategie 102, 201
Marketing
- Absatzmarketing 19 ff.
- Beschaffungmarketing 19 ff.
- Beziehungsmarketing 29
- Business Marketing 19, **23**
- Business-to-Business-Marketing 64
- differenziertes Marketing 98 f.
- externes Marketing 19 ff., 26 f.
- Generic Concept of Marketing 26 f.
- Gleichgewichts-Marketing 20
- internes Marketing 19 f., **27 f.**, 198
- kommerzielles Marketing 19 f., **23**
- konzentriertes Marketing 98 f.
- Leitideen des Marketing 20 f., 33
- Marketing interner Leistungen 27 f.
- $MARKETING_0$ 17 f.
- $MARKETING_1$ 18 f., 21
- $MARKETING_2$ 19 ff.
- Marketing-Analyse 34
- Marketing-Audit 211 ff.
- Marketing-Basisstrategien 91 ff.
- Marketing-Begriff 17, **22**
- Marketing-Budget 165, 182, 195
- Marketing-Controlling 209
- Marketing-Ethik 29 f.
- Marketing-Forschung 69 ff.
- Marketing-Grundhaltungen 37
- Marketing-Implementierung 197 ff.
- Marketing-Kontrolle 209 ff.
- Marketing-Konzeption 16, 20, **22 ff.**, 33
- Marketing-Logistik 154
- Marketing-Management 33
- Marketing-Maßnahmen 33
- Marketing-Mix 96, 98 f., 109, **192 ff.**
- Marketing-Mix-Audit 212
- Marketing-Organisation 197 ff.
- Marketing-Ressort 37, 199
- Marketing-Ressourcen 37

- Marketing-Situation 34 ff.
- Marketing-Studien 70 ff.
- Marketing-Vorstand 199 f.
- Marketing-Ziele 16, 37, **86 ff.**, 212
- nicht-kommerzielles Marketing 19
- Non-Business Marketing 19, **24**
- Non-Profit-Marketing 24
- Öko-Marketing 30 f.
- Public Marketing 19 ff.
- Relationship-Marketing 29 f.
- Social Marketing 20, **24 f.**
- Sozio-Marketing 20, 24 f., 31
- teilintegriertes Marketing 200
- undifferenziertes Marketing 98 f.
- vertikales Marketing 159
- vollintegriertes Marketing 200
- wohlfahrtsbedachtes Marketing 25, **29 ff.**

Marketing-Strategien 16, 33, 37, 84, **92 ff.**
- Diversifikation 94
- Marktarealstrategie **95**, 128
- Marktdurchdringung 94
- Marktentwicklung 94
- Marktfeldstrategie 94
- Marktnischenstrategie 99
- Marktparzellierungsstrategie 95
- Marktsegmentierung 62, **95 f.**, 161, 194
- Marktstimulierungsstrategie 94 f.
- Massenmarktstrategie 98, 161
- Produktentwicklung 94

Markierung 133 ff.
Markt 17
Marktanalyse 84 f.
Marktanteil 85
Marktausschöpfung 85
Markteintrittszeitpunkt 126

Markterkundung 69
Marktformen 39 f.
Marktforschung 70 f.
Marktkapazität 85
Marktmanagement 204 f.
Marktneuheit 115
marktorientierte Unternehmensführung 17 ff., **22**, 31 f.
Marktorientierung 32
Marktpotential 85
Markttest **78**, 125 f., 178
Marktumwelt 38
Marktvolumen 85
Matrixorganisation 201 f.
Mediaselektionsmodelle 176
Media-Sponsoring 185
Mediawerbung 173 ff.
Mehrfach-Nutzenpositionierung 102
Mehrstufenkanal 157
Meinungsführung 47, 128
Mengenrabatt 150
Messen 181 f.
Methode 635 120
metrische Skalen 82
Mitgliedschaftsgruppe 62
modifizierter Wiederholungskauf 68
morphologische Analyse 118 f.
Motiv 49
multidimensionale Skalierung 82 f.
Multimedia-Kommunikation 189 ff.
multivariate Verfahren 82 f.
mündliche Befragung 75, 77

nachfrageorientierte Preisbestimmung 141 ff.
natürliche Umwelt 30
Netzwerkarrangement 104
Neuproduktideen 117 ff.

nichtmetrische Skala 82
nicht-teilnehmende Beobachtung 77
Nischenstrategie 99, 103, 145 f.
Nominalskalen 81
Non-Profit-Organisationen 20, 24
normatives Management **35**, 198, 213
Normen 59
Nullstufenkanal 157
Nutzwertanalyse 121

öffentliche Betriebe 20 f., 64
öffentliche Unternehmen 39
öffentliche Verwaltungen 24, 39
Öffentlichkeitsarbeit 180 ff.
 - absatzorientierte 180
 - strategische 180
ökologische Umwelt 42 f.
ökonomische Umwelt 40 f.
Omnibusbefragung 76
Online-Befragung 76
Online-Systeme 190
Ordinalskalen 81
organisationale Kaufentscheidungen 64 ff.
organisationaler Wandel 206 f.
Organisations-Audit 212
Organisationsprinzipien 200 ff.
Organisationsstruktur 198 f.
Outpacing-Ansatz 93, 104
Outsourcing 28

Panel 79 ff.
 - Handelspanel 80
 - Paneleffekte 80 ff.
 - Panelerstarrung 81
 - Panelsterblichkeit 80
 - Verbraucherpanel 80

Penetrationsstrategie 147, 149 f.
personalpolitische Instrumente 27
persönliche Dienstleistung 27
persönliche Preisdifferenzierung 150
persönlicher Verkauf 27, 155, **165 ff.**
Persönlichkeit 51
politisch-rechtliche Umwelt 41
potentielles Produkt 110 f.
PR 180
Präferenzstrategie **94 f.**, 102, 148, 194
Präsenzleistung 109
Preis 135
 - Preisänderung 144
 - Preisbestimmung 136 ff.
 - Preisbündelung 152
 - Preisdifferenzierung 150 f.
 - Preiselastizität der Nachfrage **141 ff.**, 149
 - Preisführerschaft 145 f.
 - Preiskalkulation 136 ff.
 - Preispolitik 18, 135 ff.
 - Preiswettbewerb 101
 - produktübergreifende Preispolitik 151 ff.
Preis-Absatz-Funktion 142 f.
Preis-Mengen-Strategie **94 f.**, 101, 149
Preis-Werbe-Konsistenz 196
Primärforschung 74
Printmedien 175
Product Placement 183 ff.
Produkt 110
 - Produktdifferenzierung **130**, 135
 - Produktelimination **130 ff.**, 133
 - Produktentsorgung 132 f.
 - Produktentwicklung 94
 - Produktgestaltung 113 f.
 - Produktinnovation 115 ff.
 - Produktinnovationsprozeß 116 ff.

- Produktkonzept 122 ff.
- Produktlebenszyklus **130 ff.**, 194
- Produktleistung 109
- Produktlinie **114**, 130
- Produktmarkierung 133 ff.
- Produktmodifikation 129 f.
- Produktpolitik 18, 62, **110 ff.**, 187 f.
- Produktprogramm 113 f.
- Produktrelaunch 130 ff.
- Produkttest 79
- Produkttypologien 111 ff.
- Produktvariation 129

Produktgruppenmanagement 203 f.
Produktmanagement **201 ff.**, 205
Produktmanager 201
Produktstandardkosten 140 f.
Profilleistung 109
Programm 114

- Programmbreite 114
- Programmgestaltung 114
- Programminhalt 114
- Programmpolitik 18, **114**
- Programmtiefe 114
- Programmumfang 114

Programm-Sponsoring 185
Prototyp 124
Prozeßmanagement 206
Prozeßorganisation 206 f.
Public Affairs 180 f.
Public Relations 180 f.
Pull-Kommunikation 190
Pull-Strategie 162
Punktbewertungsverfahren **121 f.**, 169
Push-Kommunikation 190
Push-Strategie 162

Qualitätsführerschaft 101 f., 104
Quality Function Deployment 125
quantitative Preisdifferenzierung 150

Rabatt 136
Reaktanz **184**, 188
Realexperiment 78
Redistribution 155
Regalplatzknappheit 162
regionale Preisdifferenzierung 150
Regressionsanalyse 82 f.
reiner Wiederholungskauf 68
Reisende 164, 166 ff.
Reize 51
Relationship-Marketing 28 f.
relativer Marktanteil 85
relevanter Markt 39, 84 f.
Responseproblem 75
retikuläres Aktivierungssystem 52
Retrodistribution 155

Sachleistungen 111 f.
Sales Promotion 180
Schleichwerbung 184 f.
Schlüsselinformationen 58 f.
Schlüsselkundenmanagement 169, **204**
schriftliche Befragung 75, 77
Scoring-Modell **121 f.**, 169
Screening 121
second-to-market 126
Segmentierungskriterien 62, **96 f.**
Sekundärforschung 74
Selling Center 68, 170
shopping goods 113
Simulationsexperiment 78
Skalen 81 f.
Skalenniveaus 81 f.
Skimmingstrategie 147 f.

Sonderaktionen 153
soziale Schicht 60 f.
soziale Verantwortung 30, 87
sozio-kulturelle Umwelt 41 f.
Sozio-Sponsoring 25, **185**
specialty goods 44, 113
Sponsoring 185 ff., 189
Sportsponsoring 185 f., 192
SPRINTER 124, 196
Stichprobe 73
Stichtagsproblem 75
Store-Test 79
Strategien-Audit 212
Strategietypen 93 ff.
strategische Allianz 28, **106 ff.**
strategische Partnerschaft 93, **104 ff.**, 129
strategische Überwachung 212 f.
strategisches Netzwerk 104 f.
Streuplanung 177
Subkultur 60
subliminale Wahrnehmung 55 f.
substitutive Güterbeziehung 39, 84
Synektik 120 f.

Target Costing 140 f.
Tausendkontaktpreis 176
technologische Umwelt 41
Teilerhebung 73
teilnehmende Beobachtung 77
telefonische Befragung 76 f.
Tensor-Organisation 205
Total-Quality-Management-Konzept 28

Übergreifende Strategien 93, 104 ff.
Ubiquität 161
umfassende Kostenführerschaft 100 f.
Umsatzpotential 85

Umsatzvolumen 85
Umwelt 30, 35, **38 ff.**
Umwelt I 38 ff.
Umwelt II 40 ff.
Umweltschutz 30 f.
Umweltsponsoring 25, 185
Unique Selling Proposition 102
univariate Verfahren 82
Unternehmenserfolg 30, **32**
Unternehmensführung 15
Unternehmensidentität 35, 37, 212 f.
Unternehmenskultur 29, 34 f., 60, **197 f.**
Unternehmenspolitik 30, **35**, 212 f.
Unternehmensziele 86 ff.
unterschwellige Wahrnehmung 55 f.

variable Kosten 137 f.
Varianzanalyse 82 f.
Verbraucherpromotions 180
Verbrauchsgüter 111 f.
Verbundpreispolitik 151 ff.
Verfahrensaudit 212
Verhältnisskalen 82
Verkäufertypologien 169 f.
Verkaufsaußendienst 165
Verkaufsförderung 180
Verkaufsgremium 170
Verkaufsniederlassungen 156
Verpackungsgestaltung 114
vertikale Kooperationen 104 f.
vertragliche Vertriebsform 162
vertragliche Vertriebssysteme 162 f.
Vertragshändlersystem 163
Vertrauensgüter 113
Vertriebsbindungen 163
Vertriebskooperationen 162 ff.
vier Ps des Marketing-Mix 109
Vollerhebung 73

Wahrnehmung 50, **54 ff.**
Wahrnehmungsvereinfachungen 56 f.
Werbung 173 ff.
- Direktwerbung 178 ff.
- Mediawerbung 173 ff.
- pulsierende Werbung 177
- Sprungwerbung 162
- Werbebotschaft 174 f.
- Werbebudget 177
- Werbeelastizität 145
- Werbeerfolgskontrolle 177 f.
- Werbemedien 175
- Werbemedienauswahl 175 f.
- Werbemittel 175
- Werbeplanung 174
- Werbestrategie 175
- Werbeträger 175
- Werbeverbote 184, 187
- Werbeziele 174
- Werbung in Massenmedien 174 ff.

Wertanalyse 123
Werte 49
Wettbewerbsorientierung **18 f.**, 30, 37
wettbewerbsstrategische Grundtypen 100 ff.
Wettbewerbsvorteil **100**, 104
Wiederholungskauf 68
World Wide Web (WWW) 190 f.

Zahlungsbedingungen 136
Zapping **183**, 184, 187
zeitliche Preisdifferenzierung 150
Ziele 22, **86 ff.**
- Formalziel 86
- Oberziel 91
- Sachziel 86
- Unterziel 91
- Zielantinomie 90
- Zielausmaß 89
- Zielbeziehungen 90 f.
- Zieldivergenzen zwischen Hersteller und Handel 160
- Zielharmonie 90
- Zielhierarchie 89
- Zielindifferenz 90
- Zielinhalt 89
- Zielkomplementarität 90
- Zielkonflikt 90
- Zielkonkurrenz 90
- Zielneutralität 90
- Zieloperationalisierung 88 f.
- Zielsystem 89 ff.
- Zwischenziel 91

Ziele-und-Aufgaben-Methode 177
Zielkostenmanagement 140 ff.
Zusatznutzen 111
Zuschlagskalkulation 137

Andreas Schmidt
Kostenrechnung
Grundlagen der Vollkosten-, Deckungsbeitrags-, Plankosten- und Prozeßkostenrechnung
2. überarb. u. erw. Auflage 1998.
320 Seiten, 53 Abb. und zahlr. Tab. Kart.
DM 39,80
ISBN 3-17-015430-3

Die Kosten- und Leistungsrechnung unterstützt die erfolgsorientierte Steuerung und das Controlling in privaten wie öffentlichen Betrieben.

Dieses Lehrbuch vermittelt systematisch das Gedankengut und die Instrumente der Kosten- und Leistungsrechnung. Neben den Grundlagen werden die Bausteine und die Zusammenhänge der Kostenrechnung in der traditionellen Vollkostenrechnung dargestellt. Darauf aufbauend erfolgt kapitelweise eine Erweiterung zu den modernen Formen der Kostenrechnung.

Zahlreiche Abbildungen und Beispiele veranschaulichen den Lehrstoff. Zu allen Kapiteln stehen dem Leser Aufgaben und Lösungen zur Festigung des erworbenen Wissens zur Verfügung.

Kohlhammer

W. Kohlhammer GmbH · 70549 Stuttgart · Tel. 0711/78 63 - 280

Wolfgang Hoffmeister

Quantitative Methoden

*Eine Einführung für
Wirtschaftswissenschaftler*
1997. 341 Seiten. Kart.
DM 44,–
ISBN 3-17-015010-3

Erstmalig werden in einem Lehrbuch alle betrieblich relevanten quantitativen Methoden zur Analyse, Bewertung, Prognose, Entscheidung und Kontrolle behandelt. Die einzelnen Methoden werden anhand kleiner Fallstudien erörtert.

Theoretische Zusammenhänge werden – soweit diese zum Verständnis notwendig sind – dargestellt oder hergeleitet, jedoch liegt der Schwerpunkt des Lehrbuches in der Vermittlung der Leistungsmerkmale und damit der Einsatzmöglichkeiten der einzelnen Methoden.

"Für das Buch ... ist kennzeichnend, daß es mit ausgeprägtem Praxisbezug eine anschauliche Einführung in quantitative Methoden bietet."
Agrarwirtschaft 11/97

Kohlhammer

W. Kohlhammer GmbH · 70549 Stuttgart · Tel. 0711/78 63 - 280